公共治理研究丛书

合约制治理
一种国家治理的新方式

陈振明 等／著

中国人民大学出版社
·北京·

目 录

第一章 合约制治理研究论纲 ·················· 1
 一、合约制治理的研究价值 ················ 2
 二、合约制治理的研究现状与发展动态 ········ 4
 三、合约制治理的研究内容与难点 ············ 8
 四、合约制治理的研究目标 ················ 11
 五、合约制治理的研究方法及技术路线 ········ 13

第二章 新公共管理与合约制治理 ············· 17
 一、新公共管理的核心：合约制 ············· 18
 二、合约与合约制治理 ···················· 20
 三、合约制治理的理论来源 ················ 22
 四、新公共管理运动中的合约制实践 ········· 26
 五、合约制治理的启示 ···················· 28

第三章 网络理论与公共部门合约制 ··········· 31
 一、委托-代理理论运用于公共部门合约制的有限
  适用性 ······························ 32
 二、理解公共部门合约制的网络理论途径 ······ 35
 三、对公共部门合约制的一些操作性建议 ······ 42
 四、结论 ······························· 46

第四章 合约制治理视角下的政府与社会组织关系 ····· 47
 一、问题提出与文献回顾 ·················· 48
 二、主体行动策略-约束机制：合约运行的全流程
  分析框架 ···························· 58

三、合约缔结—合约实施—合约终结各阶段的政府与社会组织关系
　　运行机理 ·· 62
四、结论 ··· 78

第五章　合约制治理有效性检验 ··· 81
一、合约制治理有效性检验的研究背景 ······································ 82
二、合约制治理有效性检验的理论基础 ······································ 85
三、合约制治理有效性检验的文献综述 ···································· 100

第六章　合约制治理风险的识别与评估 ····························· 121
一、合约制治理风险的内涵与特征 ·· 122
二、合约制治理风险的识别过程及方法 ···································· 123
三、合约制治理风险的识别与分析 ·· 125
四、合约制治理风险评估的风险矩阵模型 ································ 146

第七章　跨界公共事务的合约制治理 ································· 155
一、跨界公共事务合约制治理的兴起与实践 ···························· 156
二、跨界公共事务合约制治理应用框架分析 ···························· 161
三、跨界治理合约的缔结 ·· 165
四、跨界治理合约的实施 ·· 170
五、跨界治理合约的纠纷解决 ·· 176
六、跨界治理合约的实施效果评估 ·· 179
七、跨界公共事务合约制治理的改进 ·· 183

第八章　公共服务购买中的合约机制 ································· 189
一、公共服务购买中合约机制的研究进展 ································ 190
二、公共服务购买中合约机制的框架设计 ································ 198
三、公共服务购买中合约机制的实证检验 ································ 211
四、公共服务购买中合约机制框架设计的完善 ························ 221
五、结论 ··· 223

第九章　从购买到委托：英国公共服务提供机制的变化 ………… 225
　　一、公共服务委托概述 ……………………………………… 226
　　二、公共服务委托的政策框架 ……………………………… 233
　　三、公共服务委托的实施过程 ……………………………… 241
　　四、英国公共服务委托的启示 ……………………………… 255

后　记 …………………………………………………………… 261

第一章
合约制治理研究论纲[*]

一、合约制治理的研究价值

二、合约制治理的研究现状与发展动态

三、合约制治理的研究内容与难点

四、合约制治理的研究目标

五、合约制治理的研究方法及技术路线

---

[*] 本章的主体内容已发表。参见：陈振明. 合约制治理研究论纲. 厦门大学学报（哲学社会科学版），2017（4）.

合约制是国家治理（或政府治理）的一种新方式或新机制，它推动了国家治理方式从单向依赖走向双向互动、从行政指令走向契约合作，适应了我国激发市场活力、调动社会创造力的改革发展需要。可以围绕合约制如何在交易成本、有限理性、公众偏好、技术水平、社会规范等多重约束条件的影响下达成委托方和代理方的激励兼容等方面进行研究，形成一个有别于哲学、政治学、法学、经济学视角的公共部门管理的合约制理论，并对合约制的有效性进行检验，梳理合约制在当代国家治理中的实践方式和应用路径，为公共部门推广应用合约制提供有益的理论指导和对策建议。

一、合约制治理的研究价值

作为国家治理（或政府治理）的一种新方式或新机制，合约制在当代公共部门尤其是政府管理中得到了广泛应用，以至于有西方学者宣称新公共管理运动创造了一个"契约型国家""合约制政府""合约制组织"[1][2][3][4][5]。合约制推动了国家治理方式从单向依赖走向双向互动、从行政指令走向契约合作，适应了我国激发市场活力、调动社会创造力的改革发展需要。在当前国家治理转型的大背景下，有必要探讨公共部门合约制的设计机理，并对合约制的有效性进行检验，在借鉴哲学、政治学、法学、经济学的合约、契约或合同理论的基础上，形成一个公共管理的合约制理论；通过对作为国家治理新方式的合约制进行有效性检验，运用仿真模拟、政策实验等方法构建使用合约制的"真实情境"，为各个领域或部门应用合约制建立系统的"证据库"，梳理合约制在当代国家治理中的实践方式和应用路径，为公共部门推广应用合约制提供理论指导和对策建议，这有助于推进国家治理的现代化，拓展公共管理学的研究视野与理论内容。

---

[1] LEWIS N, GRAHAM C, HARDEN I. The contracting state. Milton Keynes: Open University Press, 1992.
[2] DOMBERGER S. The contracting organization. New York: Oxford University Press, 1998.
[3] GUTTMAN D. Governance by contract: constitutional visions, time for reflection and choice. Public Contract Law Journal, 2004, 33 (2).
[4] SALAMON L M. The tools of government: a guide to the new governance. New York: Oxford University Press, 2002.
[5] 莱恩. 新公共管理. 北京：中国青年出版社，2004.

党的十八届三中全会通过《中共中央关于全面深化改革若干重大问题的决定》，提出了"全面深化改革的总目标是完善和发展中国特色社会主义制度，推进国家治理体系和治理能力现代化"。这一表述反映了新形势下党执政治国价值理念和方式的深化。推进国家治理体系和治理能力现代化，既需要权力结构以及政府、市场和社会关系的制度化调整，也需要国家治理方式向民主化、科学化和法治化方向发展。合约制作为一种更多地依赖于权力共享、伙伴关系、信息沟通、资源分享、责任分担的新型国家治理方式，有助于我国改变传统依赖于命令体系和权威机制来维持社会发展和提供公共服务的治理方式，使国家和政府更好地对社会公众日益分散和特殊的需求迅速做出反应，为社会和公众提供高质量、低成本的公共产品和服务。通过合约制的机制设计和实践应用研究，为国家提升治理能力提供一种不同于传统治理途径的新方式，是合约制治理研究的核心旨趣和总体价值之所在。

市场经济的发展要求转变政府职能，建立一个法治、灵活、高效、廉洁的服务型政府，形成政府治理的新模式。合约制所内蕴的平等、自由、合作协商、互惠、公民权利、参与等价值理念，以及公民与政府间权利、利益平衡等原则，顺应了民主化与分权化趋势，并以前所未有的态势塑造着公共管理的新面貌，这些对我国形成科学的现代国家治理模式具有一定的参考价值。大力倡导并推广运用合约制，有助于我们改变以行政干预特别是以行政审批为主导的传统的治理方式，形成一种以政府与社会平等合作伙伴关系为基础的治理体系，这无疑对我国推进国家治理变革具有重要的理论与实践意义。

当前加强对作为一种治理方式或机制的合约制的研究具有重大的理论与实践意义。在理论上，从国家治理的视野出发探讨公共部门合约制的设计机理与有效性检验，系统梳理作为国家治理新方式的合约制的内涵、应用方式和有效性，构建一个有别于经济学、法学视角的公共部门合约制的理论，进而加深对现代国家治理体系、机制和方式的理解，开辟公共管理学新的主题领域及新的研究途径。在实践上，对作为国家治理（政府治理）新方式的实践应用的研究，对合约制有效性进行多角度、多层次的检验，运用仿真模拟、政策实验等方法构建使用合约制的"真实情境"，并进行试点研究，探索公共部门合约制的新应用范围和方式，在此基础上梳理合约制在当代国家治理中的基本功能、设计思路和应用路径，为国家释放市场活力、激发社会活力、提升治理能力提供新的经验和启示。

二、合约制治理的研究现状与发展动态

20世纪70年代以来，合约作为政府再造的一个主要工具，不仅拓展了公共服务供给的制度空间，提升了公共服务供给的效率，而且推动公共事务乃至国家治理（政府治理）走向新的发展形态，即所谓的"契约型国家"或"合约制政府"。正如美国学者库珀（Copper）所说，在当代，政府改革与治理的一个基本趋势是由"权威治理转向合约化治理"——由政府机构来行使政府权力的行动转向通过合约来治理，这是公共管理领域发生的一个重要转变。[①]

在公共部门，合约既可以表现为内部合约，即将传统的科层官僚组织分为购买方和提供方两个角色，购买方制定政策，而提供方则执行该政策；也可以表现为外部合约，即通过合约的方式创造一个竞争的环境，让相关的营利组织、非营利组织和其他公共组织通过竞标获得某项公共产品和服务的生产权。近30年来，合约制治理机制或方式的研究已成为国外尤其是西方公共管理研究的一个重大话题。这些研究涉及合约制治理的理论基础和法律基础，合约制应用的机制、范围、条件、方式、效果和局限性，"契约型国家"或"合约制政府"模式及其与传统的政府治理模式的区别等方面的问题。从研究过程来看，合约制的理论与实践大致经历了以下四个发展阶段。

（一）作为公司治理机制的合约制研究

1937年，新制度经济学的先驱科斯（Coase）发表了《企业的性质》（The Nature of the Firm）一文，将企业的本质理解为"一系列合约关系"，由此开辟了经济学意义上的"企业合约制"研究。此后，阿尔钦（Alchian）和德姆塞茨（Demsets）、威廉姆森（Williamson）、张五常、杨小凯和黄有光等国内外学者不断拓展企业合约理论，尤其是通过应用交易成本、代理成本等分析框架来拓宽人们对现代公司和市场制度的认识。在制度经济学家看来，合约给个人和国家提供了增进财富的有效激励，是现代市场经济运行的基础。可以说，作为公司治理机制的合约理论为现代公司制度、现代金融制度、劳动力市场、经理市场、资本市场以及技术市场等提供了理论基础。

[①] 库珀. 合同制治理：公共管理者面临的挑战与机遇. 上海：复旦大学出版社, 2007.

(二) 作为法律实施机制的合约制研究

按照传统行政法学的观点，政府与公民之间不可能发生契约关系，正如德国行政法学者迈耶（Mayer）所言，"国家与私人之间，前者之意思恒居单方及支配地位，契约实难想象，即所谓国家不与百姓订合约"。不过，当代法学家从大量的公共事业民营化实践中形成了新的观点，即把传统私法意义上的合约视为公共治理的新手段。正如英国公法学者哈登（Harden）所描述的那样，现代国家已经成为"契约型国家"。从法律实施的角度看，合约制治理作为一种正式的、靠法律保障的、经济利益性的治理方式，对于采用非书面的、基于人际关系的方式无疑是一种巨大的进步；同时，合约制取代了作为管制典范的命令与控制，改变了传统的韦伯式行政科层制，突破了传统法律规制手段的僵化性，使公共治理更加具备回应型法（responsive law）的特性，更好地适应了现代公共行政的弹性需求。①

(三) 作为服务生产机制的合约制研究

在 20 世纪 80 年代政府改革运动中，合约制被视为一种重要的公共服务生产机制来减少政府成本、提升效率。在公共管理学者看来，合约制提供了内在的激励，并使服务生产变得更加有效和节约；合约制为政府提供了更多的机会选择——当竞标价过高或服务无效率时，则可以选择其他生产者。② 威廉姆森曾运用交易成本经济学的方式来解释生产还是购买公共服务的选择，其基本观点建立在西蒙（Simon）所提出的两个人类行动的行为假设基础上，即"有限理性"（bounded rationality）和"机会主义"（opportunism）。首先，"有限理性"意味着所有的合约都有可能是不完全的，因为人类无法完全预测并有效处理合约过程中的复杂性；其次，合约不能自动执行（self-enforced），也不意味着它是可信承诺（credible commitments），因为参加合约的都是寻求自身利益最大化的机会主义者。根据这些限制，每个组织都从不同的替代性组织模型——市场（market）、混合（hybrid）或科层（hierarchy）——中选择最能够减少交易成本的模型。③

---

① VINCENT-JONES P. Responsive law and governance in public services provision: a future for the local contracting state. The Modern Law Review, 1998, 61 (3).
② 萨瓦斯. 民营化与公私部门的伙伴关系. 北京: 中国人民大学出版社, 2002.
③ WILLIAMSON O E. Transaction-cost economics: the governance of contractual relations. The Journal of Law and Economics, 1979, 22 (2).

（四）作为国家治理（政府治理）机制的合约制研究

在现代社会，环境保护、国土开发、社会保障等诸多领域问题层出不穷，国家日益扩充的行政任务被传统的治理手段掣肘。在此背景下，合约作为一种更加柔和、富有弹性的国家治理新机制，适应了时代需求。在当代西方发达国家，几乎所有的公共服务都可以通过合约来提供，或是通过外部合约由私营部门或志愿部门来提供，或是通过内部合约由政府部门或代理机构来提供。这种合约制的形式还包括有关个人绩效的人事合约，以及政府以规章形式与顾客或公众订立的合约等。事实上，合约制的广泛应用已成为全球政府改革的一种基本趋势，它是当代公共部门尤其是国家治理的一种新机制或新方式。甚至，我们已经走向"一种合约制国家，在这个国家里，人事和其他资源都通过一系列的合约来管理"[1]。

自20世纪90年代以来，我国一些公共部门、相关领域已开始尝试引入合约制，如政府采购制度，公共工程的招标投标，土地的有偿使用，营业执照的拍卖，公共服务如环保、治安、公交的委托承包，自然垄断行业的开放竞争，民营化以及政府购买社会公共服务等，都是将合约制引入公共部门的具体体现。同时，作为政府内部合约制的合同聘任制、绩效合同等管理方法及技术也逐步在公共部门管理中得到推广，如人事聘用与培训合同、管理业绩合同、协作开发合同、服务咨询合同等。作为一种国家治理（政府治理）机制的合约制实践模式已初露端倪。

在合约制实践不断推进的过程中，国内的相关理论研究也逐渐增多。不少学者对政府购买公共服务的制度机制、操作流程、责任机制、依赖关系和交易成本展开了广泛的研究。[2][3][4][5] 有些学者指出，政府在未来的国家治理网络中

---

[1] 莱恩. 新公共管理. 北京：中国青年出版社，2004.
[2] 王浦劬，萨拉蒙. 政府向社会组织购买公共服务研究：中国与全球经验分析. 北京：北京大学出版社，2010.
[3] 陈振明. 竞争型政府. 北京：中国人民大学出版社，2006；陈振明，贺珍. 合约制政府的理论与实践. 东南学术，2007（3）.
[4] 李学. 不完全契约、交易费用与治理绩效：兼论公共服务市场化供给模式. 中国行政管理，2009（1）.
[5] 苏明，贾西津，孙洁，等. 中国政府购买公共服务研究. 财政研究，2010（1）.
[6] 陈江. 西方公共服务"准"市场化合约研究. 国外社会科学，2012（1）.

主要培养的是一种软实力，政府很大程度要从操作层面逐渐退出，其直接职能范围向政府核心职能收缩，而构建一个政府主导、各方受益的多层次多中心的协作网络，使政社关系从单向依赖走向双向互动、从行政指令走向契约合作。①②

然而，公共部门合约制在实践过程中也暴露了不少问题，包括合约制的作用范围不明晰，合约制的程序不规范，存在着严重的徇私舞弊现象以及大量的寻租腐败行为，达不到节省成本的效果，合约制应用的不确定性和政策风险过高，政策频繁变动，容易出现违约行为等。此外，如何确保中标商严格遵守和履行合同约定，按期保质保量地提供公共产品和服务，也是摆在政府面前的重要问题。正如库珀所言："如果说外包是个好主意，那么为什么政府所做的交易看上去老是失败？为公众做个好交易指的是什么？就此事而言，为什么有如此之多的公共管理者与公民在此问题上争论不休，即便争论的事是为纳税人做好事？如果说政府服务承包给他人是一种有效的省钱办法，那么为什么报纸会报道一些滥花钱的例子？"③

实际上，合约制的大量关键理论问题仍有待解决。人们对合约制在整个国家治理（政府治理）体系中的作用缺乏深刻认识，在合约制的机制设计、应用范围、约束因素和有效性方面存在大量模糊不清、含混的观点。例如，合约制如何解决委托者和代理者之间的激励相容与约束问题？如何解决个人偏好和集体偏好之间的置换问题？如何减少因有限理性和交易成本导致的合约不完备性？如何提升合约的管理能力和绩效水平？显然，公共部门合约制的应用有着广泛的前景，但又饱受争议，只有通过系统深入的理论研究与经验分析，才是唯一的选择。

目前国内学界关于合约及合约制的研究，更多地集中在经济学（如契约经济学等）和法学（如民法、合同法、行政法等）领域。而在公共管理领域，除了少数的论文和散布在相关论著中的论述外，未见全面系统的研究。国内公共管理理论界对合约制这一新的政府治理方式在公共部门中的应用缺乏系统的实践研究，也缺乏深入的理论探索，迄今还没有一部完整的专著阐述其理论基础。因此，加强对作为一种新的国家治理（政府治理）方式的合约制研究，就显得十分迫切和重要。

---

① 吕纳，张佩国. 公共服务购买中政社关系的策略性建构. 社会科学家，2012（6）.
② 彭少峰，张昱. 政府购买公共服务：研究传统及新取向. 学习与实践，2013（6）.
③ 库珀. 合同制治理：公共管理者面临的挑战与机遇. 上海：复旦大学出版社，2007.

三、合约制治理的研究内容与难点

(一) 合约制治理的研究内容

合约制治理研究涉及合约制的内涵与特征、合约制的功能与应用、国家治理变革过程中应用合约制存在的问题和争议、合约制在特定条件下的有效性检验、公共管理实践中合约制的推广运用等方方面面的问题。研究的基本主题包括如下五个方面。

1. 作为国家治理新方式的合约制的理论基础

需要系统梳理合约制的基础理论，跟踪研究国外合约制研究的新趋势和新理论，深入研究合约制的概念、内涵及设计逻辑，尤其是从合约制的理论渊源、发展历程和精神内核出发总结分析其在现代国家治理体系中的地位、作用和意义。

2. 多重约束因素下合约制的机制设计

从合约的不完备性出发探讨合约制的多重约束因素，明晰交易成本、有限理性、公众偏好、技术水平、社会规范等因素在合约制实施过程中的制约作用和影响方式，特别是从激励相容的角度对委托-代理机制进行深入的分析。在多重约束因素的基础上，明确公共部门合约制应用的条件和方式（如合同承包、代理、拍卖、招标、绩效合同、聘任制等），并就合约制在公共部门中能否引入、如何引入以及政府运行过程中的代理问题进行探讨。同时，必须探索在合约制引入绩效管理机制，构建合约主体之间的履约责任规则，培育政府和私人部门、第三部门或公民个体之间的合作意识与信任机制。

3. 公共部门合约制的有效性检验

合约制的机制设计面对与公共利益息息相关的政策场域，关系到相关人群的经济和社会福利。因此，任何一个合约在实施应用之前，都需要对其可行性和效果进行评估，才能推广到真实的世界。项目组将进行合约制实验研究，构造一个由制度和环境组成的微观治理系统，研究在给定的真实政治激励条件下，合约制相关利益主体的真实行为反应。项目组拟应用多主体建模的仿真模拟方法，了解合约制相关利益主体（委托人、代理人）之间的交互方式和博弈行为，模拟不同领域应用合约制的可能效果，对合约制机制设计进行有效性检验。通过对合约制机制设计开展基于实验的有效性评估，可以在真实使用合约制时减少试错成本，并为构建公共部门合约制理论体系提供新的实证基础，从而进一步完善合约制理论，形成理论与实践相互交融的局面。

4. 公共部门合约制的"证据库"（"案例库"）建设

由于面临多重约束因素，合约制的实践结果具有不确定性，由此增加了决策者的难度和风险。可以根据循证决策（evidence-based policy-making）的理念，建立能够接受时间和实践检验的高质量合约制"证据库"，明确合约制有效实施的行为证据和制度证据，并以通俗易懂的方式呈现给决策者和公众。在作为国家治理新方式的合约制在我国公共管理实践运用（包括应用现状、取得的成效、存在的问题与困难、争议等）的基础上，对合约制的证据进行分类和分级，并根据实践的需求明确证据的内涵、外延和应用方式，为决策者应用合约制提升治理能力提供循证依据。可以选择若干典型领域进行跟踪案例研究，进一步分析合约制在公共部门应用的方式、条件、约束及存在的问题等，在此基础上形成一个全面、系统的"证据库"（"案例库"）。

5. 公共部门推广应用合约制的政策实验和对策建议

与地方政府合作，选择一个或若干个典型领域进行合约制（如政府雇员制、合同外包等）的试点改革和政策实验，进行跟踪研究，在具体的实践操作上总结经验、发现问题、完善模式。在此基础上，研究合约制在我国公共管理的推广与国家治理新机制或模式构建等相关问题。根据合约的基本分类，即代理型合约和交易型合约，从宏观上明确公共部门内引入合约制的指导原则、构建模式、技术标准、组织构架、财政保障和推进措施等，探索建构一种公共部门通过合约制与私人部门、非营利组织或公民个人共享公共权力，协商共治的国家治理新机制或新模式。

根据上述研究内容，建立合约制治理研究框架（见图1-1）。

(二) 合约制治理的研究难点

合约制治理研究中会遇到一些难点，其中包括：

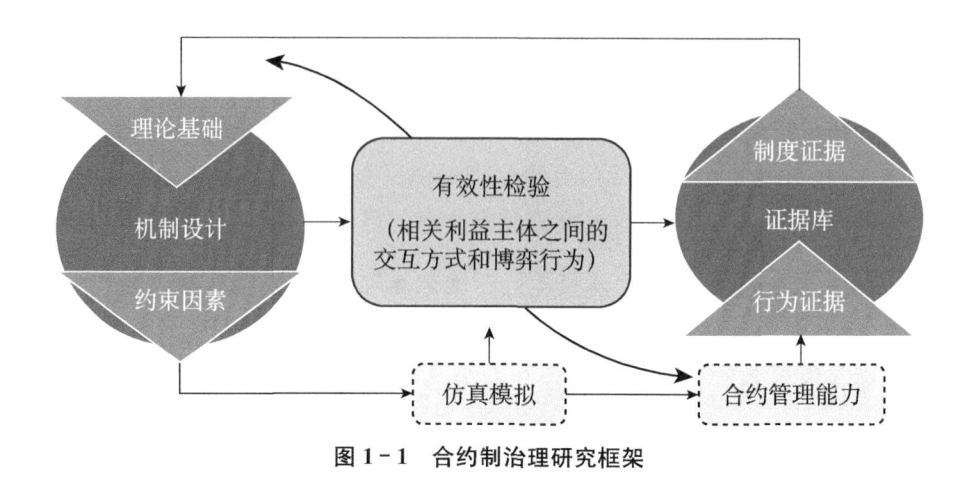

图 1-1 合约制治理研究框架

1. 国家治理视野下合约制的理论基础问题

目前，国内缺乏系统完整的公共部门合约制理论体系，对合约（如法学、经济学等不同学科视角下的合约概念）、合约制、合约制政府等相关概念的内涵尚没有准确的解释，对于合约制的理论渊源、理论基础及其发展也没有系统的梳理与把握。尤其是对合约制的理解仍停留在一种工具性、技术性的认识上，对其作为现代国家治理机制在分享权力、合作共治中的作用缺乏深入的分析。因此，需要从提升国家治理能力的角度对以上问题进行理论梳理，对合约制的基础理论及其发展前沿进行研究，并进行理论提炼与理论建构。

2. 多重约束因素下公共部门合约制的委托-代理问题

合约制并非新鲜事物，然而人们对合约制的约束因素，包括交易成本、公共偏好、社会规范、技术水平乃至有限理性等，仍缺乏全面系统的把握，这就使得合约制的应用容易产生委托-代理问题、信任问题。因此需要着重从合约制的多重约束因素入手，探索建立一个激励相容的委托-代理关系，发挥共识、信任以及社会资本等激励约束机制的作用，促成不同主体间的合作与集体行动，减少合约制的交易成本。

3. 合约制交易主体间的博弈行为问题

合约活动是众多行为主体共同参与的过程，是相互影响、相互依赖和相互制约的一种博弈行为。因此，必须解决的一个关键问题就是具体描述出合约行为主体的目标利益函数以及博弈主体的不同利益组合。我们拟应用多主体建模的方法来建构公共部门合约制应用的"真实情境",探讨不同主体间的博弈行为和选择,预测不同合约制在不同情境下的可能结果,为机制设计提供一个最优或满意方案。

4. 公共部门合约制应用的有效性问题

公共部门合约制已积累了大量成功或失败的案例,决策者在合约制的实际应用中存在着不确定性和风险。为此,需要对合约制的机制设计进行有效性检验,从效益、效率、公正性、回应性、充分性、适当性等不同角度建立公共部门合约制的检验标准,进而评估当前不同领域、不同部门、不同地区应用合约制的有效性水平,探寻合约制有效实施的行为证据和制度证据,建设合约制应用的"证据库"和"知识池"(包括合约制的综合目录、实施应用"地景图"、评估机制等),促进不同政策领域的最佳实践以及部门之间的信息和数据共享。

四、合约制治理的研究目标

合约制治理研究需要从理论上的机制设计与实践中的有效性检验两大层面进行深入探讨,既从理论上论证在公共部门管理尤其是国家治理(政府治理)过程中运用合约制的机理,设计合约制运行机制,又从经验研究得来的证据说明采用这种治理新机制是如何改善政府功能和提高行政效率的。同时,通过仿真模拟获得的数据以及其他经验数据,分析合约制在我国国家治理(政府治理)变革过程中运用的具体条件、运用范围以及约束因素;将设计的合约制运行机制付诸实践,通过政策实验的方式对一些公共服务领域的合约制实践进行有效性检验,进一步修正和完善机制,为合约制的推广和应用提供对策建议。

合约制治理研究的目标在于:一是从提升国家治理能力的基本思路出发,形成作为一种国家治理新机制的合约制的理论基础;二是从交易成本、有限理性、公众偏好、技术水平、社会规范等多重约束因素出发,建立合约制应用的"真实情境",提出公共部门合约制的设计逻辑和路径;三是对合约制的机制设计的效果和质量进行有效性检验,应用多主体建模方法模拟行为主体之间的博弈行为;四是总结公共部门在公共事务领域应用合约制的典型案例,建设公共部门合约制"证据库",明确合约制有效应用的行为证据和制度证据;五是与地方政府开展政策实验,提出推广应用合约制的对策建议,推动一种以平等合作、协商共治为基础的国家治理新方式的形成。

具体来说,通过对合约制治理方式的前述内容及难点的探索,力求在理论建构上有所突破与创新。

第一,从提升国家治理能力视角,解释作为一种治理方式的合约制的运行机制。国家治理能力的提升取决于国家治理体系中的各个要素,合约制作为一种运行方式,尤为关键。然而目前学术界和理论界对合约制的认识仍更多地停留在工具性的阶段,把合约制看成一种服务购买机制,对合约制作为一种权力分享、集体行动、民主协同和资源交换机制在提升国家治理能力的作用、影响和方式上缺乏深刻的认识。合约制正在改变当代公共事务治理的基础,使国家治理更多地依靠柔性、协商、合作和共赢的方式,而不是依靠以权威、命令、控制为核心的硬机制。从提升国家治理能力这一基本目标出发,系统论述合约制作为一种国家治理新方式在整个国家治理体系中的作用、地位与性质,深入分析合约制的设计逻辑、应用机理和约束条件,提出一种不同于传统法学、经济学的关于公共部门合约制理论,为合约制的推广应用提供理论基础或依据。

第二,从多重约束因素出发构建合约制的"真实情境"。对于决策者而言,应用合约制所面临的主要问题就是使自己在既定情况下的交易成本最小化。同时,外部环境因素(如制度结构、合约期限、技术水平、社会规范等)作为重要的外生变量影响着合约制的制度选择和实施绩效。研究的突破之一就是从多重约束因素出发,将合约制的理论细化到能够贴近现实的政策情境,确立衡量一种合约制是否有效的分析框架,并用演进的视角来探讨合约制不同制度安排之间的效率区别和选择方式。

第三,建立合约制有效实施的"证据库"。合约制在我国的使用范围已经相当广泛,力度也很大。但是,我们对合约制的实施绩效还缺乏一个系统的有效性评估框架,以致人们对什么是"好的合约制"和"坏的合约制"无从判断。通过研究建立一个合约制有效实施的评估框架,搜集"好的合约制"的行为证据和制度证据,建立一个完整的历史绩效数据库,使政策制定者的决策建立在最佳可利用的证据基础上,确保合约制能够产生最佳结果。

第四,应用仿真模拟和政策实验的研究方法。仿真模拟是构建合约制真实运行情境的重要实验手段,在相关理论、数据与模型的基础上进行充分论证,围绕决策的相关方开展多主体建模，展现合约制不同利益主体的博弈过程、论证过程以及不同环境变量对决策结果的关联影响。同时，运用政策实验方法将理论层次的合约制推入真实世界，在具体的实践中获取合约制的真实约束条件、交易成本规模和有效性评估框架，为更大范围内科学使用合约制并以此来提升国家治理能力提供针对性的政策支持和改革措施。

五、合约制治理的研究方法及技术路线

在合约制治理研究中，应对定性研究方法与定量研究方法进行合理分配和使用，以增强研究成果的科学性和针对性。具体研究方法包括：

（一）文献分析

以国内外对于治理机制、合约制等理论相关的文献作为研究对象，对其进行系统梳理、归纳和分析，为理论研究提供支持。文献分析的内容包括合约制的理论渊源、发展历程、精神内核以及合约制在现代国家治理体系中的角色、作用和意义。除相关学术研究资料以外，还需要搜集和梳理有关合约制的各类政府文件和实例，为合约制治理模式的构建提供制度环境描述。

（二）关键因素分析

在政府合约制实际运作过程中，存在着多重约束因素（交易成本、有限理性、公众偏好、技术水平、社会规范等）。在相关研究中，需要应用关键因素分析法，识别合约制实际运作过程中的关键和主要变量，即成功变量和失败变量，找出有效实现合约制的关键信息集合，确定约束因素的优先次序。

（三）比较分析

根据不同的标准（时间标准、空间标准、经验或理论标准），将我国目前政府治理变革中合约制的应用情况与西方政府治理中合约制的应用情况加以比较，对正在应用的合约制政府治理新机制与传统政府治理机制进行比较；对政府内部合约与外部合约进行比较；对不同领域或不同公共部门引入合约制治理方式的应用情况进行比较。在比较的基础上，做出客观的评价，探索合约制治理方

式的基本规律和趋势。

（四）个案分析

对国内外政府合约制实施的典型案例和创新实践进行总结和归纳，建立"证据库"（"案例库"），提炼出理性认识和一般规律。在个案分析中，可以重点利用 Meta 分析法，该方法主要从定量的视角对案例进行分析和提炼，能够以量化的结果呈现不同案例中发现的一般性规律，与定性研究相互补充。Meta 分析法的优点在于能够储存大量的案例，并系统地对这些案例进行分析，从而提供质量高、科学性强、可信度大、重复性好的证据。例如，在政府采购、医疗卫生、环境保护、公共教育、公共交通、供水供电、林权改革、绩效合同方面选取案例，在福建省厦门市人民政府和福建省平潭综合实验区相关政府部门中选取案例，了解地方政府运用合约制的情况，包括成效、约束因素以及存在的问题。

（五）统计分析

通过设计问卷，抽样调查获取福建省厦门市人民政府和福建省平潭综合实验区相关政府部门中的相关人员对合约制的评价和态度，并对项目设计的合约制机制进行政策实验，以对其有效性进行检验，对所获得的数据进行聚类分析、回归分析以及模型化分析，为合约制机制设计的改进提供数据支持和现实依据。

（六）仿真模拟

通过多主体系统（multi-agent system，MAS）对主体进行博弈仿真模拟。这一系统主要针对复杂的主体在经济社会生活中的博弈与竞争，从仿真模拟大量主体行为中观测一般规律，总结约束因素，提出解决问题的方案。仿真模拟的目的在于通过重复模拟合约制实施过程，从理论上为机制设计找到最佳方案，同时对实施过程中的合约制进行重复模拟，检验现实中合约制实施的有效性。通过构建合约制多主体系统，对合约制实施过程中的委托方、代理方以及其他相关主体的行为、选择与竞争进行仿真模拟，模拟不同领域应用合约制的可能结果，找出约束合约制有效实施的因素，并探索如何通过设计合理的机制，最大限度地降低合约制实施过程中产生的成本以及规制相关主体的行为，从而推动有序博弈。

（七）政策实验

应用"从局部地区或试点中加以实验，以取得经验，不断修正与完善，再全面铺开"的实验方法，与厦门市思明区、福建省平潭综合实验区开展合作，以这两地为政策实验基地和平台，将政策前期设计的合约制机制付诸实践，通过具体实施检验其有效性。在此过程中，通过参与观察、焦点团体、深度访谈等方式跟踪实践的开展，进一步对合约制的有效性进行评估，并据此不断修正和完善合约制机制，总结合约制实施的规律、难点和关键影响因素，以期提出适合我国政府治理实践的政策建议。

合约制治理的技术线路如图1-2所示。

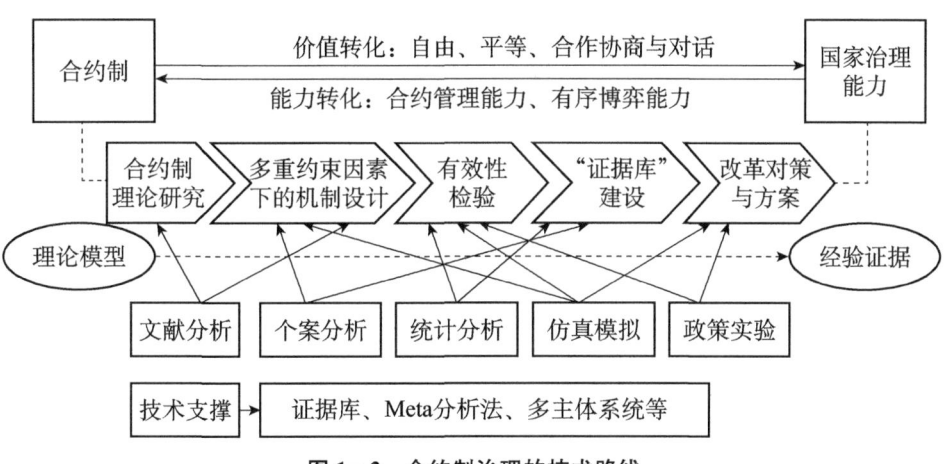

图1-2 合约制治理的技术路线

本章提出了一个关于合约制治理的研究论纲，特别是提出如何围绕合约制在交易成本、有限理性、公众偏好、技术水平、社会规范等多重约束因素的影响下达成委托方和代理方的激励相容等方面的研究，形成系统公共部门管理的合约制理论；并探索合约制在当代国家治理中的实践方式和应用路径，从实践上推动公共部门推广应用合约制。

第二章
新公共管理与合约制治理[*]

一、新公共管理的核心：合约制

二、合约与合约制治理

三、合约制治理的理论来源

四、新公共管理运动中的合约制实践

五、合约制治理的启示

---

[*] 本章的主体内容已发表。参见：陈振明，贺珍. 合约制政府的理论与实践. 东南学术，2007（3）.

公共部门改革和治理是公共管理学研究的永恒主题。虽然致力于研究该主题的学者们采用的研究视角、方法和途径各有不同，但他们追求的目标却相同，就是期望构建一种理想、完美的政府治理模式。在这种模式下，政府能够持续、良性、有效地运作，不断提高自身管理社会和有效配置公共资源的能力；能够对社会公众日益分散和特殊的需求迅速作出反应，为社会和公众提供高质量、低成本的公共产品和服务，以便有效解决社会问题，避免形成潜在的执政危机。20 世纪 80 年代，随着公共部门管理所处的政治与政策环境的不断变化，公共部门不得不对"某些相互关联的紧迫问题"[①] 作出反应：以英国为代表的西方各国政府掀起了一场以追求"3E"，即经济（economy）、效率（efficiency）和效益（effectiveness）为主旨的新公共管理浪潮。"为促进政府管理方式以及管理方法、技术与手段的创新"，各国在大规模的政府改革运动中，不断"引入市场化工具、工商管理技术和社会化手段"，逐渐形成了一种新的公共治理模式——合约制治理。

一、新公共管理的核心：合约制

新公共管理运动发端于英国撒切尔政府的改革。撒切尔夫人于 1979 年出任英国首相，在她及继任者梅杰执政的 17 年间，其所领导的英国保守党进行了大刀阔斧的行政改革，被称为新公共管理改革，英国则成为新公共管理运动的先驱。[②] 同一时期，美国、新西兰、澳大利亚、加拿大、荷兰等西方国家也在本国开始了不同程度的新公共管理改革。在改革理念上，经济合作与发展组织（OECD）认为，"在各个层级之间、在监督机构与执行机构之间、在公共或私人的各生产单位之间应当引进一种更为契约化、更具参与性、选择更为自由的关系"[③]。在实践中，公共部门把大量的理论和方法从私人部门移植过来，使公共选择理论、委托-代理理论、交易成本理论等主流理论与市场机制相结合，形成了新合约主义，并在改革中得到充分运用，取得了意想不到的成效。"在许多

[①] 休斯认为这些紧迫问题包括：(1) 对公共部门的抨击；(2) 经济理论变革；(3) 私营部门变革，特别是全球化成为一种经济力量产生的影响；(4) 技术变革。参见：休斯. 公共管理导论：第 2 版. 北京：中国人民大学出版社，2001.

[②] 陈振明. 政府再造：西方"新公共管理运动"述评. 北京：中国人民大学出版社，2003.

[③] 休斯. 公共管理导论：第 2 版. 北京：中国人民大学出版社，2001.

国家中，合约行为早已超出提供有限的商品和服务的范围，而覆盖了公共服务的所有设计和方式，政府在这些领域表现得越来越像个合同转包商。"① 在政府人员雇佣及报酬支付方面，大部分国家采取了更具弹性的方式，"终身雇佣""永久性职业"等观念被认为是过时的，根据短期合约雇佣人员和根据绩效合约实施奖惩的方式被普遍采用，"在防止出现任意解雇或政治性解雇的情况下，没有效率的雇员很快就会被解雇"②。胡德（Hood）认为把所有事务都诉诸合约是新公共管理模式的一部分；戴维斯（Davis）把新合约主义模式看作新公共管理的进一步发展；休斯（Hughes）认为新合约主义"只不过是管理主义或新公共管理的比较极端化的表现而已"③。莱恩（Lane）认为"新公共管理等同于在政府中使用'合约主义'"④。但更准确的说法应该是，合约制是新公共管理的核心。

在新公共管理运动中，合约主义理论是一种对传统的政治控制理论的替代，一种更为高超的管理和控制模式逐渐形成，即以委托-代理关系为基本框架，以合约制为治理机制，以提高公共产品和服务供给效率为主要目标的合约制治理模式。莱恩所构建的新公共管理的基本框架体现了合约制治理模式的基本框架（见表2-1）。

表2-1 新公共管理的基本框架

委托人	代理人	招标/投标	赛局参与者
（a）政府	（a）执行代理机构	（1）竞赛	（ⅰ）企业家
（b）国家	（b）购买机构		（ⅱ）公共或私人公司
（c）部门		（2）拍卖	（ⅲ）私人、公共或第三部门组织
	（c）管制机构	创造公平竞争环境	第三方线路

资料来源：莱恩. 新公共管理. 北京：中国青年出版社，2004.

在传统公共治理过程中，政府往往同时承担着公共产品和服务的安排者、生产者和提供者多重角色，政府既要完成"掌舵"的任务又要完成"划桨"的

---

① 休斯. 公共管理导论：第2版. 北京：中国人民大学出版社，2001.
② 同①.
③ 同①.
④ 莱恩. 公共部门：概念、模式和方法. 北京：国家行政学院出版社，2003.

工作。然而，随着社会和经济发展的日益复杂，政府面临着越来越多的诸如技术革命、全球范围的经济竞争、市场的日益分化等不易解决的问题，政府的"掌舵"任务日趋繁重；与此同时，公众对公共产品和服务的种类需求日益增多和细化，对公共产品和服务品质需求不断提高。但是，政府能力的有限性，以及交易成本的现实存在，致使政治家们陷入只能将有限的精力集中在"掌舵"任务上，而无法集中在既不容忽视又无法包揽的"划桨"工作上的困境。因此，政府必须建立一个有效的协调和运作机制使自身摆脱此种困境。

合约制治理模式是现代公共部门治理的最新理论范式，它能够使政府有效地摆脱"掌舵"与"划桨"所产生的职责困境。合约制治理模式引入委托-代理理论，构建了一个包含多重委托-代理关系在内的框架。在这个框架中，政府、国家和部门不是作为公共产品和服务的直接生产者和提供者出现，而是作为委托人，把公共产品和服务的供给等管理工作委托给代理人——执行代理机构、购买机构或管制机构来完成。执行代理机构等代理人又可以通过招标或投标的方式把公共产品和服务委托给企业家、公共企业或私人公司完成。在这些委托-代理关系互动运行过程中，合约制作为有效的协调和运作机制，在委托人和代理人、赛局参与者之间的互动中起着核心作用，委托人和代理人通过各种形式的合约来约束双方的职责和行为结果。

二、合约与合约制治理

（一）合约的概念

合约又称合同、契约，源于罗马法中的合同概念，其英文本意是"众多人共同从事交易"的契约概念。18世纪至19世纪，霍布斯（Hobbes）、洛克（Locke）、卢梭（Rousseau）、孟德斯鸠（Montesquieu）等人创立了社会契约论，奠定了古典契约理论的基础，合约的内涵远远超出了交易性契约的范畴。到了现代，世界不同国家的法律领域以及不同时期对合约的定义不同。一般来说，在大陆法系国家，合约被认为是当事人之间的一种合意。如《法国民法典》第1101条规定，所谓合同实际上就是一种协议，当事人一方根据此种协议对另一方承担给予某物、从事或不从事某种行为的债务；而在英美法系国家，合约被认为是一种允诺、协议或法定债务（详见美国《合同法复述第二版》第1条、

第 3 条；《统一商法典》第 1-201（1）条）。①

新公共管理中的合约与上述一般意义上的合约内涵大致相同。大部分由指导公共产品和服务提供的各种协议构成，但也有一些允诺性和意向性合约。一般的合约内容包括签约双方的工作目标、工作任务、应达到的工作质量和所付出的工作成本，以及双方商定的报酬等。允诺性合约"只是陈述某种承诺，至于这些承诺是否实现，则取决于事态的进展，这种合约不需要严格地执行"②。意向性合约的内容更加灵活，仅表达签约双方的意图和希望，不具有具体约束力。

（二）合约的特征和性质

虽然在合约制国家中，公共部门的产生仍然建立在公法的基础之上，行政法也仍然存在，但是合约所具有的基本特征却表明，政府在协调公共产品和服务配置时所运用的合约是属于私法层面上的合约。我们可以从合约的一般概念中总结其三个基本特征：(1) 一种承诺或协议；(2) 不违反合约的义务；(3) 公共产品和服务的一种补偿。③ 这三个基本特征明确了合约作为一种调整民事权利与义务关系的法律行为，是属于私法范畴，而不属于公法范畴。因此，在新公共管理中，诸如委托人和代理人之间的雇佣合约，代理人和提供公共产品和服务的赛局参与者之间的合约，以及为了安排各种公共产品和服务的供应，委托人和代理人之间签订的合约是真正的私法合约，包含公法因素的绩效合约，以及"当事人之间达成的那些不属于真正私法意义上的合约"等都接近私法合约的范畴，或者"即使不属于私法范畴，但合约的所有重要特征都与私法合约类似"，以便于在具体实践和操作中，使合约能够通过普通法院的诉讼程序加以执行。

总之，新公共管理中的合约是一种真正的私法合约或者说是"作为一种代替传统的政府指挥权力管理工具"④ 的准合约。

（三）合约的实现

合约制治理实践的重点是如何实现合约，即如何谈判、签订和执行合约。

---

① 张民安，王红一. 合同法. 广州：中山大学出版社，2003.
② 莱恩. 新公共管理. 北京：中国青年出版社，2004.
③ 同②.
④ 同②.

在现实中，由于政治家在知识上以及可用信息的限度决定了其能力在完整性上的限度，使之无法对合约中所涉及的真正复杂的问题采取完全理性的分析方法，从而作出决策；同时，由于谈判和签订经常性合约，存在着大量的交易成本，所以政治家无法亲自处理大量的各种形式的合约，而必须选择专业代理人代表自己谈判、签订和执行合约中的相关事务，这些专业代理人被称为首席执行官（CEO）。① 因而，在合约制治理模式下，受雇于政府的专业代理人——首席执行官作为管理者和正式的"订约人"管理合约的相关事务，而政治家们只需负责监督首席执行官签订有效和可执行的合约，并作为"合约担保人"②，在合约纠纷中承担相应的法律责任。

（四）合约制治理

在合约制治理模式下，合约制"不仅仅是民营化过程中的签约外包制（contracting-out），而是签约外包制和政府内部合约制（contracting-in）的综合"③。20 世纪 80 年代以来，世界各国在现代公共治理过程中，大力推行民营化工具，采取合约外包等制度安排提供公共产品和服务，如美国在道路、学校和政府的办公设施等物品的采购就是通过合约的安排由私人提供，在垃圾收集、救护车服务、路灯维修和其他多样化的社会服务方面以签约外包的形式承包给私人组织来完成。但是，合约制治理模式"极大地扩展了签约外包的领域，在教育、医疗卫生以及许多基础性行业等新的领域中运用这一手段，并且在国家治理中运用了内部合约制这一管理手段，也就是说，政府主要是通过竞争性的合约制度安排，来决定一项公共产品和服务是由政府体系内还是体系外的组织来提供"④，这具有很强的操作性。

三、合约制治理的理论来源

合约制治理理论是在批判反应迟钝、效率低下的传统官僚制体制的理论过程中，通过分析导致公共部门低效率的成因而逐渐形成的。

---

① 莱恩. 新公共管理. 北京：中国青年出版社，2004.
② 莱恩. 公共部门：概念、模式和方法. 北京：国家行政学院出版社，2003.
③ 同①.
④ 同①.

1922 年，韦伯（Weber）在《官僚制》中对官僚制进行了界定，认为官僚制至少具有以下六个特征：一是官僚权力法定；二是严格的等级制与按等级授权；三是以公文作为开展管理工作的基础；四是以行政命令维护管理的稳定；五是担任公职的官僚由上级委派；六是官僚任期终身制。① 韦伯的官僚制理论成为传统公共行政学派理论的最基本的内容，并形成了传统公共行政的一些基本原理，在相当长的时期内占据主流的理论地位，并在实践中取得了较好的效果。而在这一时期内，官僚制被认为是公共部门治理的最佳范式，官僚制组织是政府提供公共产品和服务的有效和唯一的方式。

但是到 20 世纪四五十年代，随着西方各国由工业社会向后工业社会转变，传统公共行政学派理论在实践过程中受到了质疑和挑战，官僚制开始被人们认为是一种"过时的、僵化的和无效率的政府体制模式"②。1948 年，沃尔多（Waldo）在《行政国家》中宣告传统公共行政学派开始衰落，之后又进一步指出，官僚制理论中的效率概念缺乏可靠的基础，"随着思维层次上升，目标的分歧变得重要，'科学'和'客观'就更困难，'效率'的判断更缺乏精确性，更容易引起争论"③。沃尔多的批评虽然推动了传统理论的瓦解，但他仅仅是对传统的公共行政理论的概念和方法提出了批评，没有提出新的替代理论。也许正因为如此，社会学、政治学和经济学领域对官僚制的挑战和对官僚制组织的批评越来越激烈，在社会学家们的眼中，官僚制组织甚至成了"形式主义和官样文章的代名词"④。

随后，对传统官僚制理论批评的最激烈和最有代表性的人物是尼斯坎南（Niskanen）。1971 年，尼斯坎南在《官僚制与代议制》一书中运用公共选择理论和经济学分析途径构建了尼斯坎南模型，用于分析官僚制的效率问题。尼斯坎南假定，如果官僚制组织中的成员都是自我利益的追求者，在工作中以追逐个人利益最大化为主要目的，那么在传统的财政预算体制下，由于信息不对称，官僚制组织中的成员就会一味地制造社会需求以追求供给预算的最大化，使自身获得更多的准租金的机会，如扩展职能、增加雇员以享受更优越的办公条件等，而无视社会对公共产品和服务的真实需求。最终导致官僚制组织规模的需

---

① 彭和平. 竹立家. 国外公共行政理论精选. 北京：中共中央党校出版社，1997.
② 陈振明. 评西方的"新公共管理"范式. 中国社会科学，2000（6）.
③ 莱恩. 新公共管理. 北京：中国青年出版社，2004.
④ 同③.

求和供给的互动平衡，而不是社会公共产品和服务的需求和供给的互动平衡，人们所期望的"帕累托最优"根本无法实现，反而会因为官僚制组织总是倾向于过度供给（从事比实际需求多两倍的活动）而导致"配置非效率"，从而造成社会效率的全部损失。[①]

尼斯坎南模型对韦伯关于传统官僚体制的论断进行了全盘否定，正如布莱斯（Blais）和迪奥（Dior）所说的："尼斯坎南模型的伟大意义在于，它能够考虑官僚寻求更大预算的固有习性。它确实假定，官僚企图使其预算最大化，并且使这个假定成为官僚行为理论的核心命题。"[②] 在理论上实现了新的突破，而且在随后而来的西方资本主义各国的新公共管理运动实践中被加以运用。

20 世纪 70 年代末 80 年代初，由于凯恩斯理论在市场干预作用中的失败，西方资本主义各国陷入了通货膨胀和失业交织的经济"滞胀"危机，巨大的财政压力使政府产生了合法性危机。[③][④] 于是，一场以追求"3E"为主旨的新公共管理运动全面展开。公共选择理论中把"经济人"假设引入官僚行为的分析，使改革家们深信由于官僚们追求预算最大化而使政府规模和支出不断增长是造成政府财政拮据的主要原因；并且绝大多数的公共选择的论点都倾向于以市场机制来替代原有的官僚机制。于是倡导小政府意识形态，通过民营化等市场手段缩减政府规模、控制财政预算以节约成本、提高效率，成为政府改革和治理的主要手段。根据西方各国公共管理改革"国家档案"显示：推行新公共管理运动的十个主要国家中，绝大多数国家进行了不同程度的政府裁员或机构重组。[⑤] 美国著名公共管理学者费斯勒（Fesle）和凯特尔（Kettl）在《行政过程的政治》一书中，总结了新公共管理运动所具有的三个典型特征，就是精简、重建和不断改进。其中，精简就是缩小公共部门规模、减少政府机构数量。然而，缩减公共部门规模带来的仅仅是理论上所谓的新的高效率，"而实践中，节约几乎完全独立于行政改革"[⑥]。萨瓦斯（Savas）在探讨政府预算增长的原因时认为："官僚采取预算最大化行动，并不仅仅是出于个人物质利益的动机，同样

---

① 莱恩. 新公共管理. 北京：中国青年出版社，2004.
② 尼斯坎南. 官僚制与公共经济学. 北京：中国青年出版社，2004.
③ 胡代光，厉以宁，袁东明. 凯恩斯主义的发展和演变. 北京：清华大学出版社，2004.
④ 波利特，鲍克尔特. 公共管理改革：比较分析. 上海：上海译文出版社，2003.
⑤ 波利特，鲍克尔特. 公共管理改革：比较分析. 上海：上海译文出版社，2003.
⑥ 陈振明. 政府再造：西方"新公共管理运动"述评. 北京：中国人民大学出版社，2003.

出于与公共利益相关的高尚的目的。如果一个公共官员力图提高机构效能，借助机构膨胀要容易得多，便捷得多，痛苦也少得多……简言之，即使最大公无私的公共官员也虔诚地认为扩大预算有助于自己更好地为公共利益服务，其最终结果只能是追求预算最大化。"① 官僚们发现只要通过提高公共产品和服务的单位成本就能轻而易举地俘获"租金"，而不必承受扩大组织规模的压力。官僚制组织中存在的普遍怠工现象和有意惰性更无法用尼斯坎南模型和假定来解释。

对尼斯坎南模型和假定的质疑，引发了莱恩对官僚制组织中"效率"概念的重新诠释。他认为，事实上"官僚制组织的供给的基本问题，不是预算的最大化或所提供的服务数量过大而导致的配置非效率，而是 X-非效率（X-inefficiency）的发生"。X-效率理论是莱宾斯坦（Leibenstein）在 1966 年发表的《一般 X-效率理论与经济发展》一文中提出的。莱宾斯坦认为："公共组织的效率损失源于过高的单位成本而不是尼斯坎南模型中过度供给所导致的过高配置成本。而缺乏竞争的长期合约是导致 X-非效率出现的原因。由于缺乏竞争，公共组织及其雇员可以免受其他组织及其雇员在市场中所遭遇的压力，长期稳定的合约和轻松、富足的工作待遇使他们倾向于追求干得更少而生活得更安逸。同时，政府不仅仅为公共组织提供丰富的资源以维持其长期存续，怠工甚至成为组织赋予个人的附加福利。当怠工造成产出减少时，公共组织就会通过提高公共产品和服务的单位价格来达到组织利益的最大化。"②

20 世纪末，OECD 各成员国的新公共管理运动实践对公共部门改革和治理理论提出了真正的挑战，并推动了公共管理范式的转变。为了提高公共组织的 X-效率，在实践中，人们开始试图建立一种超越韦伯的官僚制的公共组织治理机制，"确保政府变得越来越强大，而不再成为自己的雇员的牺牲品"③。此时，在私人部门，现代契约理论成为主流经济学最前沿的研究领域，与之密切相关的交易成本理论和委托-代理理论等被成功地运用于现代企业管理实践中，成为解决市场制度弊端、保证经济市场高效率的最佳选择。而公共部门随着新公共管理运动的深入，越来越多地将私人部门的现代契约理论引入公共部门改革中，公私部门的制度界限被打破，市场和官僚制的融合成为趋势，大量的交易合约和雇佣合约被运用，于是一种全新的综合了委托-代理理论、契约经济理论和投

---

① 萨瓦斯. 民营化与公私部门的伙伴关系. 北京：中国人民大学出版社，2002.
② 莱恩. 新公共管理. 北京：中国青年出版社，2004.
③ 莱恩. 公共部门：概念、模式和方法. 北京：国家行政学院出版社，2003.

标招标及合约外包理论的合约制治理理论在新公共管理运动中逐渐形成了。

四、新公共管理运动中的合约制实践

事实上，在西方新公共管理运动的实践中，合约制治理模式所涵盖的两种主要合约类型包括：交易型合约（现货市场合约）和代理型合约（关系合约）。这两种合约已被普遍成功地加以运用。

首先，在公共产品和服务的供给中，合约外包等典型的交易合约形式被普遍运用。政府抛弃了传统的公共产品和服务的"自给自足"模式，除了从私人部门购买所需的公共产品和服务外，为了消除官僚机构和公共企业要价过高的行为，还在供给方面打破公共企业的垄断地位，引入竞争机制，更多地采取合约外包的形式通过招标把公共产品和服务发包出去，由参与的公共企业或是私人企业甚至其他组织进行公平竞标，胜出者获得公共产品和服务的生产和供给权。20世纪80年代至90年代，撒切尔政府时期的英国行政改革运动成为西方行政改革的典范和先驱。为了加强中央集权，撒切尔夫人代表的英国保守党进行了强有力的地方政府改革，除了在建筑、道路、垃圾收集、环卫、学校和福利等公共产品和服务的供给方面推行强制性招标外，还把强制性竞争投标延伸到法律、财政金融、住房管理、安全和道路管理等领域，在地方政府中广泛建立一种合约文化。一些地方政府还在某些工程领域试行了志愿竞争投标。由于合约限制，中标组织在提供公共产品和服务过程中为了自身利益，不得不采取有效措施提高生产效率、降低成本，从而使竞争招标节约了大量的资金。例如美国的里根政府在推行公共部门民营化改革过程中，利用合约承包把能够承包出去的公共产品和服务全部外包出去，根据1987年的一项调查：99%的地方政府实施过合约外包，在美国，至少有200种服务是由承包者向政府提供的。1997年统计数据显示，就461家州政府机构而言，平均每个机构有7.5项服务实施民营化改革，其中合约外包占民营化总数的80%。[①] 合约外包降低了成本、提高了效率。有关研究表明：在美国，由承包者提供的服务，成本和费用降低了35%～95%。[②]

---

① 陈振明．政府再造：西方"新公共管理运动"述评．北京：中国人民大学出版社，2003．
② 萨瓦斯．民营化与公私部门的伙伴关系．北京：中国人民大学出版社，2002．

其次，短期合约替代长期合约不仅运用于签订交易型合约，并且也广泛运用于签订代理型合约。在传统的公共治理中，政府在很大程度上依赖拥有长期合约的公共企业，采用内部生产的方式来提供公共产品和服务。而合约制治理模式中的合约外包则在市场体制中的招标投标过程中运用大量的短期合约，使公共企业置身于外部市场，与私营企业或其他组织公平地参与获取公共产品和服务的生产权竞争。此外，在新公共管理运动中，由于"文官终身制"观念遭受强烈批评，使短期雇佣和临时雇佣成为公共部门用人的主要方式；由于政府"掌舵"与"划桨"职能的分离，使执行机构从决策部门中分离出来，走向职业化和专门化，使得短期合约在不同层面的代理关系中推广应用。最典型的一种短期合约是政府与首席执行官之间的雇佣合约，如在美国，首席执行官的雇佣合约期限通常是2~5年。另一种是政府与代理机构签订的短期合约，如在新西兰，所有的高级行政部门都必须在5年后才能重新申请自身的职能；在英国，每个执行机构与各自部长签署的"框架性文件"期限为3年。短期合约的运用使政府能够更加中立地看待赛局参与者、代理人（代理机构），并在它们之间形成现实或潜在的竞争，促使它们在相互竞争和博弈的过程中不断提高生产效率。[1]

最后，绩效合约作为交易型合约和代理型合约的补充，激励和约束着代理人（代理机构）的行动。由于短期合约会造成代理人过于关注降低成本和提高效率，而逃避责任，政府通常会以一个包含公法因素在内的绩效合约作为补充来激励代理人更加负责任地工作，包括高薪聘请首席执行官、支付高额的绩效奖金以及其他与代理人权利和义务相关的绩效合约。如在英国，雷纳（Reyna）的"效率小组"在名为《改善政府管理：下一步行动》的报告中指出：要解决政府管理问题，就必须通过与这些代理机构签订绩效合约使其对服务结果负责，倡导政策制定部门与服务供给机构之间要建立密切的绩效合约关系。[2] 在美国，政府在环境保护、公园管理及维护公共安全等部门实行以绩效合约为基础的有序竞争。

---

[1] 莱恩. 新公共管理. 北京：中国青年出版社，2004.
[2] 奥斯本，普拉斯特里克. 摒弃官僚制：政府再造的五项战略. 北京：中国人民大学出版社，2002.

五、合约制治理的启示

任何事物都有其优劣，合约制治理机制作为一种全新的公共部门治理模式，相对于传统的公共部门治理模式既有强大的优势也有其劣势。优势集中体现在：一是能够降低成本，提高效率。公共选择学派所揭示的所有问题，包括单位成本过高、官僚机构规模过于庞大等，都得到了缓解。二是透明性。合约的透明性"使政府对于自己所做的事情、自己所要为之支付和所要获得的东西有了更清楚的认识"[①]。劣势主要是：在合约制实践过程中，所产生的信任、民主、公共意识、交易成本衡量等问题正遭受强烈抨击；签约者的理性策略和签约前后的机会主义造成的帕累托次优的合约选择结果；在相关部门中，合约制并不总是能够提高效率等问题还没有得到有效的解决。但是，在目前的市场经济体制下，政府在实现公共产品和服务的供给过程中，将不可避免地介入经济市场，而现代契约理论在经济学领域的主流地位以及在私营部门的成功实践，为公共部门运用合约制提供了可靠的理论基础和实践经验，并且合约制在不同国家的实践中都显示了其优势大于劣势。更重要的是，合约制能够避免传统的公共部门治理所遭遇的困难，为现代公共部门治理提供了一种可供选择并且能够替代传统的行政权威的途径，它不仅体现了公共服务的成本内容，更有助于展示它们所具有的价值，使政府能够迅速了解社会对公共产品和服务的需求，有针对性地调整供给，以达到社会资源的有效配置和平衡。同时，合约制治理模式作为一种理想的政府治理形式具有巨大的潜力，并将在今后的政府治理和改革中产生富有价值的成效。

西方各国政府在新公共管理运动过程中已经"开始注意到行政能力是一种非常重要的竞争性资源，互相借鉴改革的思路的事例正在迅速增多"[②]。我国正处于改革发展的关键时期，"加强执政能力建设已成为关系中国社会主义事业兴衰成败的重大战略课题；随着市场经济的不断成熟和发展，社会要求转变政府职能，建立起一个灵活、高效、廉洁的政府"[③]。因此，我国在不断借鉴世界各国政府已有改革的先进理论和成功实践经验的基础上，结合我国国情先后进行

---

① 莱恩. 公共部门：概念、模式和方法. 北京：国家行政学院出版社，2003.
② 休斯. 公共管理导论：第2版. 北京：中国人民大学出版社，2001.
③ 陈振明. 政府再造：西方"新公共管理运动"述评. 北京：中国人民大学出版社，2003.

了多项改革，如政府机构改革、国有企业改革、事业单位改革等。在改革过程中，我国还对合约制的运用进行了部分尝试，如推广政府采购和工程招标办法、政府招聘年薪制高级雇员等。合约制治理理论是在新公共管理运动实践中总结出来的，是现代公共部门治理的一个新的理论范式，对我国今后的政府改革和治理具有一定的借鉴意义，只有结合我国国情，智慧地加以运用，才会从中受益，获得成效。

第三章
网络理论与公共部门合约制 *

一、委托-代理理论运用于公共部门合约制的有限适用性

二、理解公共部门合约制的网络理论途径

三、对公共部门合约制的一些操作性建议

四、结论

---

* 本章的主体内容已发表。参见：陈振明. 走向规范化的中国公共管理学研究. 东南学术，2009(3).

公共部门合约制是这样一种制度安排：政府和私营企业、非营利组织或其他政府签订关于公共产品和服务提供的合同。在这种安排下，私营企业等是公共产品和服务的生产者，与之签订合同的政府则是安排者和付费者。历久不衰的公共管理改革运动已经在全世界范围内造就了一个"合约制国家"。从固体垃圾收集到信息与数据处理，从公共设施管理到军事装备提供，无论发达国家还是发展中国家，在提供公共产品和服务的时候，只要有机会，就会采取合约交换方式。政府与私营组织和非营利组织的服务合约，与其他政府的跨权限安排等，都标志着由过去政府单方面行使权力的权威机制向合约制的转化。正是这种随处可见的变化使库珀宣称，合约制治理是一种"安排社会公共事务的基础发生的唯一重要的转变"[①]。

长期以来，委托-代理理论为理解公共部门合约制提供了一个主导性的视角。然而越来越多的学者开始认识到，由于公共组织和私人组织在特征上的根本不同，源于私营企业管理的委托-代理理论并不能为公共合约提供具有说服力的解释，相应地也不足以指导公共部门的合约制实践。网络理论的发展已经为公共部门合约制提供了一种替代性的分析框架。本章将首先指出委托-代理理论在分析公共合约时的一些缺陷，随后在此基础上讨论网络理论的适用性，最后探讨网络理论能否对合约管理过程中的若干问题提供解决的方案。

一、委托-代理理论运用于公共部门合约制的有限适用性

根据委托-代理理论，合约制关系下的政府是公共服务的委托人，与之签订合同的一方是其代理人。委托-代理理论的一个关键假设是，委托人和代理人的首要动机是实现自我利益，这决定了缔约双方的动机和目标可能不一致，所谓的"代理成本"就会出现。委托人和代理人打交道时主要面临两个困难。一是逆向选择，即委托人无法直接观察到代理人的主要特点，只能依赖粗略的指标做决定；二是道德风险，即委托人难以评估所选择的代理人在其工作环境中所取得的工作成效。结果便是，就代理人在何种程度上有效地达到所预定的目标，委托人必须自己做判断。委托-代理理论为减少代理成本提供了一系列的解决方案，例如针对逆向选择的问题，委托人可以利用各种检测机制来降低缔约风险；

[①] 库珀. 合同制治理. 上海：复旦大学出版社，2007.

而道德风险则可以通过监督代理人行为来加以改善，也可以通过改良制度设计使代理人的利益和委托人的工作目标相一致。

委托-代理理论为合约关系做了颇为精到的解释，但近年来学者们逐渐认识到该理论在应用到公共部门时的不足，并且从不同角度进行了完善。例如，伍德（Wood）和沃特曼（Waterman）认为以前的委托-代理理论在进行制度设计时控制的重点都是代理人，因而是一种单向的关系。他们主张在制度设计中将委托人的问题也包括在内，建立一种双向的委托-代理模型。沃特曼和梅尔（Meier）发现公共部门存在八种不同的委托-代理关系，而传统的经济学中所分析的只是其中的一种。沃特曼、罗斯（Rouse）和赖特（Wright）则分析了多委托人条件下官僚对于这些委托人的认识与感知。[①] 这些研究不仅推动了我们对公共部门委托-代理理论的理解，并且也发展了委托-代理理论本身。

尽管对理论进行了完善，公共组织和公共政策过程的复杂性依然使委托-代理理论在运用到公共部门合约制时面临着失效。库珀对此的解释是，决定合约的政治过程、用来达到这一目的的拨款，以及用来监督合约运作的问责技术来自垂直的、以等级权威为基础的程序。这一程序受到宪法、法令、行政令、条约、规章以及司法先例的约束。而商业合约的运作是在横向模式上进行的，这一模式不是基于权威，而是基于谈判。从此意义上说，合约又具有传统的私法性质。由于公共官员既有官职又是合约的参与者，他们其实是在纵向的和横向的交叉点上运作。这就使得公共合约的运作有别于私人领域的合约。[②] 委托-代理理论的失效具体表现在：

第一，公共部门存在远比私营部门更复杂的委托-代理关系。政府中的委托-代理问题主要出现在三个层面上。[③] 首先，作为委托人的公众必须控制其代理人，即选举产生的政府官员。但公众并没有共同的目标，而且缺乏有效地表达其多样化意愿的能力。其次，政府官员本身同时也是委托人，他们必须对其代理人，也就是公务员实施有效控制。由于公务员的职业保障，这一任务比在私营部门更困难。最后，政府作为委托人必须对其代理人，即公共产品和服务的承包者进行控制，促使承包者以最小的成本实现组织目标，降低风险，并且鼓励创新和提高效率。

---

① 马骏，叶娟丽. 西方公共行政学理论前沿. 北京：中国社会科学出版社，2004.
② 库珀. 合同制治理. 上海：复旦大学出版社，2007.
③ 萨瓦斯. 民营化与公私部门的伙伴关系. 北京：中国人民大学出版社，2002.

第二，在存在多重委托-代理关系的时候，委托-代理理论会假定在委托人和代理人之间存在着线性的等级结构，彼此相邻的层级间形成委托-代理关系，从而在总体上构成一个多重委托-代理关系系统。但现实中的关系却往往不是这么一目了然。格姆雷（Gormley）和巴拉（Balla）举了这样一个例子：美国的医疗救助项目是由联邦政府和州政府共同提供财政支持的，因此美国马里兰州贝塞斯达的"庄园看护"疗养院同时也将是联邦政府和州政府的代理人。在联邦体制下，联邦政府可以告诉马里兰州怎样花联邦的拨款，但是如果不涉及联邦拨款，联邦政府就没有类似的权力。此外，"庄园看护"疗养院作为一个营利性的企业须对持股人和顾客负有责任。使问题更加复杂化的是，这个疗养院还加盟了一个连锁经营的疗养院，这意味着它还负有另一套责任。[①] 显然，这个例子中的多重委托-代理关系不能简单地归为等级制的关系。

第三，委托-代理理论倾向于把委托人的目标看作是单一、既定和相对不变的，然而在现实生活中，委托人可能会有多重目标，并且目标会随着时间的推移而发生变化，这在公共部门中尤为如此。衡量公共产品和服务好坏的标准不仅要看服务提供的效率，有效性、回应性及责任也都是重要的标准。更重要的是，这些不同的标准之间时常相互冲突，因此公共管理的过程也就不可避免地成为一个在这些因素之间权衡的过程。另外在公共政策的执行过程中，政策目标会根据环境的变化而不断地被修正，因此基于前期目标而建立的委托-代理关系在新的状况下有可能不再适用。可见，公共政策的目标特性也是委托-代理关系应用于公共部门时所面临的障碍。

第四，委托-代理理论关于合同缔约方的自利假设不能完全成立。合约制下的委托人会有一种固有的偏见，即代理人完全是出于一己私利而谋求合约关系的。但这不是现实生活的真实写照。越来越多的私营企业将社会责任看作是其使命的一部分，在追求私人利益的同时也力图创造公共价值。而大量非营利组织则将提供服务、帮助他人和改造社会等目标放在首位，这些组织的特征是奉献与无私，它们通常会尽力让获得的资金支持产出更多更好的公共产品和服务。

第五，委托-代理理论虽然认为公民是公共服务的终极委托人，但是在解释公共合约外包时，却倾向于将合约看作是政府部门和提供外包服务的私营企业或非营利组织两方之间博弈的均衡结果，公民只能作为合约关系之外的第三方

---

① 格姆雷，巴拉. 官僚机构与民主. 上海：复旦大学出版社，2007.

被动地接受服务,其命运完全取决于委托人和代理人之间的较量。① 但是公民作为公共产品和服务的对象,实际上却是构成服务提供链条的关键一环。公共产品和服务归根结底是为了满足公民的需求,公民作为公共产品和服务的接受者对服务具有切身感受,他们对服务好坏的评价是最具权威性的。因而,当公共部门将某项产品和服务的生产委托给营利性企业或非营利组织时,其出发点是要"为公众做个好交易"②。在外包合约的签订与运作的过程中必须使公民积极参与,充分考虑他们对公共服务的感受与评价,而不是将其看作是合约关系的"局外人"。

总之,政府签约中涉及众多的政治责任、政治标准以及完全不同于企业的服务提供动机,多委托人代理和多重任务代理等现象导致委托-代理理论很难明确地说明它应如何运用到公共部门。委托-代理理论的困境迫使人们寻找一种理解公共部门合约制的替代方案。理想的状况是,这种替代的理论可以有效地将公共合约关系的非等级性、动态性和复杂性纳入其研究范畴。近年来,网络理论的出现和发展已适时地为公共部门合约制指出了新的解释性路径。

二、理解公共部门合约制的网络理论途径

(一) 公共管理中的网络和网络理论

网络是一种不同参与者之间构成的相对稳定和持久的关系,通过网络可以汇集动员各个参与者的资源,从而策划集体行动,实现共同目标。20世纪80年代,西方学者开始认识到企业组织并非孤立存在,而是内嵌于社会网络之中。③ 经过近30年的发展,以资源依赖、互补活动和协作网络为特征的网络理论已成为传统官僚制和市场机制之外的解释组织间关系的新型理论,广泛应用于工商管理、社会学、政治学和公共管理等领域。

在公共管理研究中,强调多元参与主体的网络理论经过几十年的发展已经形成一个较为完善的理论体系,并与强调多级规则制定结构的制度主义一起构

---

① YEATMAN A. Contracting out and public values: a symposium. Australian Journal of Public Administration, 2001, 60 (2).
② 库珀. 合同制治理. 上海:复旦大学出版社, 2007.
③ 林闽钢. 社会学视野中的组织间网络及其治理结构. 社会学研究, 2002 (17).

成了当代治理理论的两大板块。[1] 为整合与网络有关的各种相关理论，拉波特（La Porte）曾提出三种审视公共组织网络的角度：第一个角度是从网络内部审视网络，作为网络的一个构成部分平行地审视网络的其他部分。这个角度使权变理论、资源依赖理论、减少不确定性理论等在网络中有了作为。第二个角度是从网络上方俯瞰网络。拉波特认为新制度主义是一种特殊形式的网络理论，它解释了作为整体的网络行为，因此网络是各种合作形式的制度化安排。第三个角度是从网络侧面审视网络，这个位置可以让我们以非网络成员的身份对网络进行观察。从这个角度来看，联邦主义理论、政府间关系理论、政策执行理论等都可看作各种形式的网络理论。[2]

公共管理网络一般由政府机构、私营企业、非营利组织等官方与非官方的行为者结合而成。网络形成的原因是它能产生最大可能的公共价值，而这种价值要比个体在不合作的情况下独自实现目标的总和还要大。[3] 公共管理网络理论认为，形形色色的网络行为者之间存在各种正式或非正式的联系，如交换和互惠、共同利益、共享信念和职业观念等。具体来说，"网络包括机构间合作项目、政府间的项目管理结构、复杂的合约安排和公私伙伴关系。此外网络还包括由公共机构、私营企业、非营利的或志愿组织构成的服务提供系统，这些行为者因为相互依赖和共享项目利益而联系在一起"[4]。因此，网络理论为公共管理提供了理解政府机构、私营企业、非营利组织等彼此互动的重要途径。

从网络理论的视角来观察政府机构和私营企业、非营利组织等的互动具有如下意义。首先，它既包含了等级制关系，也包含了非等级制关系。网络是由各种组织或其部分组成的相互依赖的结构，其中的一个单位不再仅仅是在某些更大规模的等级制安排下的另一个单位的形式上的下属机构。[5] 相反，对资源的互相依赖会导致网络行为者之间产生非等级制的关系。网络的外延相对较广，只要包含两个或两个以上的组织，它们之间的关系就不是严格的等级制。由于

---

[1] FREDERICKSON G M. The repositioning of American public administration. Political Science and Politics, 1999, 32 (4).

[2] LA PORTE T R. Shifting vantage and conceptual puzzles in understanding public organization networks. Journal of Public Administration Research and Theory, 1996, 6 (1).

[3] 戈德史密斯，埃格斯. 网络化治理. 北京：北京大学出版社，2008.

[4] O'TOOLE L J. Treating networks seriously: practical and research-based agendas in public administration. Public Administration Review, 1997, 57 (1).

[5] 同[4].

公共管理身处不断变化的行政生态之中，这种以非等级制和非市场型合作为特点的网络视角显得尤其重要。

其次，网络理论表明，资源交换使网络参与者的目标得以实现。任何参与者自身都无法主导整个网络。网络行为者除共同利益之外还具有各自的利益，除共有目标之外还兼备各自的目标，这些利益和目标的实现都要依靠资源的交换。行为者彼此之间由于对他人的资源需求及其获取资源的方式被或多或少地联系在一起，所以网络将一直存在，直至目标的实现或目标的更改、放弃。

再次，网络理论还突出了责任问题，当等级制的关系转变为更具流动性和更为复杂的网络关系时，责任的问题就更重要了。[1] 不同行为者资源上的相互依赖、行动上的协同与互补、个体目标和集体目标的渗透影响所导致的结果是，当网络出现问题的时候，责任应当由多元行为者来承担，而不是归咎于某个个体行为者。

最后，我们还应认识到的，公共管理网络并不是自发形成的，而是由特定政策工具的选择所推动的。"在大部分政策领域中存在的是一种密集的政策工具集合体，而许多工具又都将公共机构推入了与第三方合作伙伴相互关联的各种复杂关系之中。"[2] 根据萨瓦斯的观点，公共服务的提供有十种不同的制度，可划归为四种基本类型：（1）公共部门既是服务生产者又是服务安排者，例如政府服务和政府间协议；（2）公共部门作为服务生产者，私人部门作为服务安排者，例如政府出售；（3）私人部门是服务生产者，而公共部门作为服务安排者，例如合约承包、特许经营及补助；（4）私人部门既是服务生产者又是服务安排者，例如自由市场、志愿服务、自我服务和凭单制。[3] 其中，只有在政府服务、政府间协议和政府出售这三种安排中，政府是生产者，而在其余几种安排中，政府不再垄断公共服务的生产，而必须仰仗私营企业、非营利组织、社区或公民自己来提供。这些年来由于政府资源受限和对政府角色的反思，公共产品的提供不再被认为是政府的"天职"。当政府必须减少自身职能，并同时增加来自其他政府、私营企业或非营利组织的创议时，其实就是在为包含多方平等参与者的网络治理结构的形成创造契机。例如奥图尔（O'Toole）发现，"权力下放、放松规制、私有化以及采取市场机制的种种决策导致了跨组织安排和组织间项

---

[1] 格姆雷，巴拉．官僚机构与民主．上海：复旦大学出版社，2007.
[2] 戈德史密斯，埃格斯．网络化治理．北京：北京大学出版社，2008.
[3] 萨瓦斯．民营化与公私部门的伙伴关系．北京：中国人民大学出版社，2002.

目的出现"①。根据他的研究，在美国，网络治理的出现源于联邦政府降低了对地方政府的资助承诺，而各州政府出于补偿地方的考虑建立了周转贷款基金。周转贷款基金诱发新的治理结构，使具有必要资源和技术的新的行为者得以参与进来。

（二）公共服务提供的网络本质

公共管理的目标之一是提供公共服务。现在人们已清楚地认识到，公共服务的提供具有网络特性，也就是说，公共服务的提供不能只依靠单一的政府主体，而必须依靠包括私营企业、非营利组织、社区或公民等多方主体的服务网络来提供。

第一，对政府角色的重新思索为非政府行为者参与公共服务的提供开启了方便之门。公共产品和服务的非排他性和共同消费性特征为集体行动提供了充分的理由。在过去，集体行动被理所当然地认为是政府行动，但是现在人们已经意识到公共产品和服务还可以依靠其他的集体方式来获得，比如社区和志愿者的联合行动。更重要的是，削减公共开支的压力也迫使政府不再将公共服务的"提供"和公共服务的"生产"之间画上等号。"政府可以做出用公共开支来提供某种服务的决定，但不意味着必须依靠政府雇员和设施来提供这种服务。"② 一旦明确公共服务的生产和提供可以一分为二时，一种新的共识就产生了：公共部门雇员可以直接生产公共服务，其他纳入多元参与主体的制度安排，如合约外包、特许经营、志愿服务等也同样能够提供。

第二，服务的个性化特征也使包含多元参与者的网络安排成为必然。公共服务的最终目标是让公民满意，然而由于个体公民对服务的需求和对服务质量的期许各不相同，若想客观地测量"公民满意度"便是难上加难。例如，我们通常能够客观地测量救护车到达事故现场的时间，但是决定这样的回应是否达到质量标准则完全是一种主观判断。服务的个性化特征曾使李普斯基（Lipsky）认为，基层官僚应被赋予自由裁量权，方能为公众提供量身定做、令其满意的服务；政策执行的关注焦点应是公共服务中所有的公共与私人的参与者，他们

---

① O'TOOLE L J. Hollowing the infrastructure: revolving loan programs and network dynamics in the American states. Journal of Public Administration Research and Theory, 1996, 6 (2).
② 萨瓦斯. 民营化与公私部门的伙伴关系. 北京：中国人民大学出版社, 2002.

的个人和组织目标及战略，以及他们在执行政策过程中形成的连接网络。[1]

萨瓦斯也从服务的具体性出发，进一步论证了这种存在于消费者、生产者和提供者之间的网络关系。他认为，多数社会服务并不能被精确描述，质量也难以测定。在此情况下，"任何人或任何安排方式都难以保证其满意供给……因此只能通过广泛的监测、严密的控制、消费者对生产者的经常性信息反馈、生产组织中上下层之间的紧密合作、经常的调整和矫正、消费者和生产者之间持久性对话以协调期望、能力和成就等，才能使该项服务得到满意的提供"[2]。所以说，良好的公共服务提供取决于介入服务各方之间的伙伴关系，而这种关系超越了建立在消极假设基础上的委托-代理理论。

以上表明，公共服务的提供只有在网络中方能顺利进行，当我们在思考公共部门合约制的时候，应充分考虑介入服务各方高度的相互依赖与合作关系。相互依赖意味着政府和营利或非营利服务提供者之间相互需要，联系紧密；合作关系意味着它们要在承诺和共担风险的基础上为同一目标而进行资源的整合。事实上，当政府建立合约关系不只是为了简单购买商品，而是为了获得公共服务的时候，它往往会期待一种更为长久的伙伴关系，而不是"一锤子买卖"。库珀说，"通常政府没有终止合约的想法，因为合作不是购买协议，而是一项长期的事业"[3]。这一点在政府自身服务提供能力不强，或在给定部门中可选择的供应者的数量受到限制时尤其如此。

（三）从网络理论的视角理解公共合约

网络理论为理解公共部门合约提供了一个新的视角。委托-代理理论的分析单位是个体行为者，而网络理论的分析单位是由不同行为者构成的整个网络；委托-代理理论强调的是个体利益和个体目标，而网络理论在承认个体利益的同时，进一步强调共同利益和共同目标；委托-代理理论倾向于将委托人和代理人的利益对立起来，把合约看作是存在利益冲突的委托人与代理人之间的零和博弈，而网络理论则认为合约制不能简单地解释为等级制的委托-代理关系，在很多情况下更是一种建立在协商基础上的共赢的伙伴关系。总之，公共部门合约

---

[1] HOWLETT M, RAMESH M. Studying public policy: policy cycles and policy subsystems. London: Oxford University Press, 2003.
[2] 萨瓦斯. 民营化与公私部门的伙伴关系. 北京：中国人民大学出版社，2002.
[3] 库珀. 合同制治理. 上海：复旦大学出版社，2007.

虽然可以用委托-代理理论来解释，但是合约终究是两个独立组织之间的自愿联系，其组织关系是商谈而不是命令。从这个角度来理解合约，网络理论比委托-代理理论更适用。

第一，网络理论提供了看待参与合约制治理各方的一种"伙伴关系"视角。网络的力量和效率来自网络是由具有不同特性、功能和价值观的组织构成的结合体。网络行为者彼此间可以互补资源、协同行动并共享利益，最终成就单个行为者无法做到的事情。因此，一个有效的公共合约要着眼于建立和维持一种伙伴关系。假使我们从委托-代理的视角将合约关系看作一场零和博弈，这就喻示着出于公共利益的考虑，政府必须"赢过"承包者，处心积虑地对其加以控制，并尽可能地将风险转嫁到承包者身上，即使这样有害于公共服务的持续提供。而伙伴关系则意味着"共赢"，不仅政府要从网络治理过程中实现公共服务的目标，承包者同样要从合作中实现各自的使命，促进其不断成长。公共合约还往往扮演着公私部门变革媒介的角色。例如美国审计署发现，一些扩大合约运作的政府机构或城市自身在这一过程中进行了组织内部和外部运作的再造。[①]而对于私营企业来说，政府合约长期以来一直是影响其管理实践和创新行为的推动力量。

此外，网络理论提出了公民在公共服务中的作用，而这是委托-代理理论极易忽略的。公民是公共服务最重要的消费主体。网络理论清晰地阐明，公民不仅仅是被动的服务接受者，更是重要的服务网络参与者。目前各国治理改革的核心是使公共服务的提供实现顾客导向和结果导向，而了解公民的确切需要是实现这些目标的前提。公民的需求只有他们自己最了解，而不应是政府所决定的。有关公民服务偏好的信息对政府和服务承包者来说都是至关重要的。因此在公共服务网络中，公民同样是重要的参与者，而不应只是"温顺地坐在服务运行体系的底层，等着接受千篇一律的公共产品和服务"[②]。在合约制治理中，公民担负着将服务信息反馈给政府和承包者的责任。

第二，网络理论意味着公共管理者在合约制下的新职能。虽然网络产生于各种试图缩小政府规模的目的，但网络的出现实际上延展了公共行政的边界。阿格拉诺夫（Agranoff）和麦克奎尔（McGuire）在回顾早期公共服务网络的经

---

① 库珀. 合同制治理. 上海：复旦大学出版社，2007.
② 戈德史密斯，埃格斯. 网络化治理. 北京：北京大学出版社，2008.

验时指出:"网络环境中成功运作所需的能力和成功管理一个单一组织所需的能力是有区别的。一个多世纪来指导公共行政的那种传统的、大部分由组织内产生的管理观点已经不适应多组织、多政府、多部分形式的治理了。"[1] 简言之,网络的运作模式昭示着公共管理的新挑战。

作为公共利益的代表者和政府资源的合法使用者,公共管理者理所当然地成为网络的管理者。他们现在要做的是引导网络参与者分享彼此的信息,学习从不同角度认识问题,以及通过谈判达成共识,以此来积累网络得以运行的社会资本。具体来说,除了计划、组织、人事、预算和组织内其他一些传统职能外,公共管理者还应从事以下活动[2]:(1)激活,即明确网络参与者和利益相关者,并探明其技能、知识和资源,以便在不同的治理任务中纳入适当的参与者及资源。(2)建构,即建立并影响网络的运行规则、主导规范与价值,改造网络参与者的观念。公共管理者可以通过向参与者输入新理念或者建立共同目标来建构网络。(3)动员,即吸引人们对共同事业做出承诺并付诸实现。(4)综合,即为网络参与者之间富有成效的互动创造有利的环境条件。在合约制治理中,公共管理者作为"掌舵者"必须从事以上四种活动。公共管理者作为直接服务提供者的作用已越来越不重要了,更为重要的是作为公共价值的促进者,在具有现代政府特质的由多元组织、多级政府和多种部门组成的关系网络中发挥作用。[3]

第三,网络理论促使人们对合约制下的责任问题重新进行思考。网络治理面临的最大质疑是责任归属的问题。合约制下多组织网络中的问责机制不同于传统科层机构下的问责机制。当多方利益——辖区的、部门的、组织的——都介入政策规划和执行过程中时,想要确定谁是委托人、谁是代理人不仅不可能,甚至是毫无意义的。[4] 在此情况下,"责任的疏漏"[5] 就发生了。每个网络参与者都多少承担一些责任,但却无人能负全责。因此,有人认为网络会导致公共部门传统问责机制的失效。

---

[1] 库珀. 合同制治理. 上海:复旦大学出版社,2007.
[2] AGRANOFF R, MCGUIRE M. Big questions in public network management research. Journal of Public Administration Research and Theory,2001,11(3).
[3] 戈德史密斯,埃格斯. 网络化治理. 北京:北京大学出版社,2008.
[4] 同[3].
[5] BARDACH E, LESSER C. Accountability in human service collaboratives:for what? and to whom?. Journal of Public Administration Research and Theory,1996,6(2).

针对这种观点，一些学者认为网络治理的出现唤起人们对"责任"概念的重新认识。罗兹（Rhodes）认为，网络中的责任不应归咎于某个组织。他引进了"系统责任"的概念，认为"政策不应是某个单一组织的责任，而是产生于组织间的互动"[1]。其他学者则主张将目光从科层问责制投射到一种更大视野下的民主治理上，以期对网络的效用做全面评价。民主治理不仅关注公共部门所担负的公共利益责任，并且还关注对公众偏好的回应、对政治审议、公民素质与信任的培育。奥图尔认为，过去人们认为民主治理的全部内容就是问责制，这种思考是以科层制为制度背景的，但是今天公共行政的制度背景已转变为组织间的网络结构。网络中的民主治理需要我们进行更为复杂审慎的思考。[2] 网络型公共管理确实会对民主治理造成威胁，例如由于网络运作结果是参与者共同努力的成果，因而有可能造成个体参与者对网络运作结果的疏离感。但是网络型公共管理同样为民主治理的改善提供了广泛的可能性，这取决于参与者之间的依赖结构以及网络运作过程，而所有这些最终均取决于公共管理者的价值观和行动。

三、对公共部门合约制的一些操作性建议

作为一种政策工具，合约制正推动着公共部门从科层制逐渐向组织间的网络结构进行演变，过去的权威治理模式正日益被协商治理模式所取代。公共服务提供的复杂性使人们认识到委托-代理理论不是用来分析合约制的唯一选择，而强调资源依赖和协同行动的网络理论为观察合约外包提供了一个新的"透镜"。当政府越来越依靠第三方伙伴来提供公共服务的时候，其绩效也会更加依赖于管理各种伙伴关系并让合作伙伴们承担责任的能力。因此，如何设计有效的协调机制与责任机制便成为公共部门合约制治理所面临的主要问题。网络理论业已给出了一些建议。

---

[1] LEE T. Bridging systems thinking to policy networks: an application to developing network accountability of contracting out system. 公共行政学报, 2004 (13).
[2] O'TOOLE L J. The implications for democracy in a networked bureaucratic world. Journal of Public Administration Research and Theory, 1997, 7 (3).

(一) 建立有效的协调机制

有劳动分工就有协调合作问题。由于网络理论假定签约方之间地位平等，结成伙伴关系从事公共服务提供的活动，因此协调的好坏直接决定了公共合约的成败。然而实现协调从来不是件简单的事情，在公共部门合约制下更是如此。原因有三：第一，签订公共合约的各方在目标和价值观上常会出现实质性的分歧；第二，签订公共合约的各方在服务网络中的分权会出现种种沟通困难；第三，公共问题往往具有很高的复杂性，而公共服务提供过程中的职责承担又往往不明确，这也会加剧签约方之间的协调问题。

传统的协调机制是一种自上而下的纵向协调机制，即政府机构凭借其合法权威对服务承包者的运作进行监督和控制。早在20世纪70年代，公共政策研究者们发现，政策并不一定会按政策制定者所设想的那样被执行，因此就需要自上而下的协调机制来解决这类"执行差距"问题。这种协调机制强调公共管理者对承包者施加严格的控制、密切监督其行动并且下达明确的指令。然而，从网络理论的观点来看，这些警察式的做法不利于伙伴关系的建立，也无法激励承包者从事服务改进和管理创新的工作。因此需要在纵向协调机制之外增加横向协调机制。

横向协调机制认为在多个成员构成的服务网络中，成员之间的信任和互惠将对公共服务的提供质量产生直接影响。因此，一些学者从政策工具的角度入手，建议采用一些较为"软性"的政策工具来促进网络成员的互动，增进对彼此的信任，从而实现公共服务的目标。例如布鲁金（Bruijn）和赫尔霍夫（Heurelhof）二人提出了"第二代工具"的概念，认为沟通、激励、多变政策工具等更适合组织间网络的水平结构。[1] 正如凯特尔所说："依靠承包者提供服务的政府部门应从事谈判和激励工作，而不是下命令。"[2]

还有一些学者则认为多成员网络中的协调问题不一定非要着眼于政策工具，也可以从博弈论中寻找增进合作的答案。例如科林（Klijn）和泰斯曼（Teisman）认为，网络过程的结果取决于所有参与者之间的策略性互动，而每个网络参与者的策略以及策略的结果又会受到网络中发展起来的关系和互动模式的

---

[1] 彼得斯，冯尼斯潘. 公共政策工具. 北京：中国人民大学出版社，2006.

[2] SALAMON L M. The tools of government: a guide to the new governance. New York: Oxford University Press, 2002.

影响。① 因此，对网络过程的管理类似于对赛局的管理，公共管理者应致力于增加那些能够促进网络目标实现的关系与互动。科林和科彭扬（Koppenjan）进一步认为，可以通过设计网络管理方法来解决由于目标和利益冲突而造成的参与者之间的紧张状况。第一种管理方法为过程管理，目标是协调不同参与者的观念来改善互动。过程管理并不改变网络的结构，而是着力影响网络成员之间的资源分配和行动规则，具体方法包括冲突管理、监督成员间的互动、选择和激活关键成员、推动共有观念和目标的形成。第二种管理方法是网络构建。与过程管理不同，网络构建旨在改造网络，具体方法包括重新构建参与者的观念、改革正式与非正式规则、改变规制机制以及调整网络参与者的构成。与过程管理相比，网络构建要耗费较长时日且难以实施，需要管理者具备谈判、调解和激励等技能。②

总之，合约制的有效运作要依靠建立一种纵向和横向相结合的协调机制。公共服务的合约外包不仅依赖于传统的纵向协调机制，而且由于公共服务所发生的网络背景，使得合约的运作更得依靠横向协调机制。

（二）建立有效的责任机制

合约外包成为政府提供公共服务的重要机制，然而这种基于伙伴关系的新型制度安排同时也带来了责任问题。由于网络参与者之间复杂而持续的互动，传统代议制民主的责任机制不再适合这种多组织的结构。实践表明，责任归属的问题往往成为公共合约制治理失败的一个重要原因。

不同于委托-代理理论将责任归咎于代理人的做法，网络理论认为不同参与者应在网络中承担各自的责任。例如，巴达克（Bardach）区分了在网络情境下三种不同的责任机制：第一种是同行责任机制，这是一种自我监督和同行监督相结合的机制；第二种是结果导向的责任机制，它强调须由网络参与者来决定什么样的集体目标是他们打算实现的；第三种是由利益相关者驱动的责任机制，

---

① AGRANOFF R, MCGUIRE M. Big questions in public network management research. Journal of Public Administration Research and Theory, 2001, 11 (3).
② KLIJN E H, KOPPENJAN J F M. Public management and policy networks: foundations of a network approach to governance. Public Management, 2000, 2 (2).

它强调各个参与者之间的合作，尤其是和服务接受者之间的合作。[①] 这三种责任机制都可以在公共部门合约外包的实践中得到应用。政府部门和承包者可以运用自我监督或自我评估，评估的结果可以对外公布，以便其他参与者的进一步调查。自我评估标准可以在网络中与其他参与者协商讨论来设定。在建立标准的过程中，顾客信息反馈非常重要。公共服务的网络提供机制目的在于为顾客提供优质的公共服务，因此顾客的切实需要对政府和承包者而言都很重要。此外，利益相关者驱动的责任有助于将注意力集中到顾客利益上。顾客也要承担非正式的信息反馈责任，告知政府和承包者他们对政府的要求、希望得到何种帮助，以及对所获得的公共服务的满意度如何等。

一些学者还讨论了公共管理者在建立网络责任机制中的核心作用。例如米尔沃德（Millward）等人认为，公共管理者可以通过建立道德激励机制来强化参与者的责任意识。具体措施包括：让参与者了解其行动的影响力，使其认识到负责的行动方案是存在的，使其明白他们有义务毫不隐瞒地告知服务运行情况、信守承诺，以及认真对待服务中所包含的需求和利益。[②] 米尔沃德认为，精心设计的网络完全可以增进参与者的责任意识，因此网络管理者的作用是极为重要的。

戈德史密斯（Goldsmith）和埃格斯（Eggers）则为网络责任机制的建立设计了非常详细的操作程序。他们认为公共管理者需要通过七个责任性关键领域制定战略，来为网络的运作构建一个综合性框架[③]：（1）设定目标。管理者应从网络成员和利益相关者中搜寻目标设定和工作任务方面的投入资源，然后将共享目标和任务推送给网络各级成员。（2）调整价值观念，建立信任关系。公共管理者应在合约谈判的早期阶段就建立适当的治理结构以处理各种风险、奖励、利益和机遇问题。对治理结构的早期关注会减少在随后关系中产生误解的可能性。（3）建立激励机制。具体包括：激励机制与结果挂钩、分享收益、寻求绩效担保等。（4）共担风险。政府应该以有选择的而不是最大化的形式转移其风险。（5）测量与监控绩效。具体方法是利用技术测评和顾客满意度数据来

---

① LEE T. Bridging systems thinking to policy networks: an application to developing network accountability of contracting out system. 公共行政学报，2004（13）.
② AGRANOFF R, MCGUIRE M. Big questions in public network management research. Journal of Public Administration Research and Theory，2001，11（3）.
③ 戈德史密斯，埃格斯. 网络化治理. 北京：北京大学出版社，2008.

测评绩效。(6)管理变更。管理者可通过不断评估战略目标和设计新的激励机制有效地管理变革。(7)关系组合管理方案。通过关系组合管理不仅可以优化合约组合，并且可以改善服务运行系统和监控系统。

四、结论

随着政策问题愈加复杂，网络会因其灵活性和多功能性而变得更有吸引力。就目前来看，虽然网络理论解释了委托-代理理论无法解释的公共部门多委托人代理和多重任务代理现象，但正如一些学者所说，"网络理论的问题还远多于答案"。这主要表现在两个方面：其一，当网络理论让我们对合约制治理中的协调与责任等问题有了新的认识时，它同时也使这些问题更加复杂化了；其二，从规范角度来讲，网络理论对公共部门合约制的具体运作问题尚未给出令人满意的答案。因此，当前网络理论的核心议题是，在进一步深化对公共部门合约制的分析基础上，从操作层面给予切实可行的建议。

第四章
合约制治理视角下的政府与社会组织关系

一、问题提出与文献回顾

二、主体行动策略-约束机制：合约运行的全流程分析框架

三、合约缔结—合约实施—合约终结各阶段的政府与社会组织关系运行机理

四、结论

党的十八届三中全会通过了《中共中央关于全面深化改革若干重大问题的决定》，该决定明确提出"推广政府购买服务，凡属事务性管理服务，原则上都要引入竞争机制，通过合同、委托等方式向社会购买"。首次将政府购买服务纳入党的重大决策。党的十九届三中全会将政府购买服务上升到国家行政管理体制的高度，明确提出，"完善公共服务管理体制，强化事中事后监管，提高行政效率，全面提高政府效能，建设人民满意的服务型政府"。2013年9月26日，国务院办公厅印发《关于政府向社会力量购买服务的指导意见》。2020年3月1日，《政府购买服务管理办法》正式实施，我国已经基本实现政府购买服务的全覆盖，这既是我国公共服务供给方式改革的重要成果，也是当前政府职能转变、政社关系调整的阶段性突破。同时，政府购买服务本身是一个复杂的合约问题，其运行流程遵循合约运行的基本原理。从购买服务的微观层面而言，合约是有效的工具；从宏观层面而言，合约是当前探索性的机制设计。从合约运行机理分析政府与社会组织关系的变革，有助于建立权力共享、资源互赖、责任分担的新型国家治理方式，突破原有的权威管控的政社关系，形成赋能型的社会治理体系；打破原有的科层制模式，形成嵌入式的治理结构，进而改变社会服务供给效能，为建立政府与社会组织之间的合作伙伴关系提供新的探索方向。

一、问题提出与文献回顾

（一）问题提出

我国改革开放政策的实施，造就了经济领域的发展奇迹，也引发了相应的社会问题，给我国政府治理带来了挑战。党和政府出台了一系列有利于解决社会矛盾、促进政府与社会组织合作的政策法规。《中共中央关于全面深化改革若干重大问题的决定》中提出，要"正确处理政府与社会的关系，加快实施政社分开，推进社会组织明确权责、依法自治、发挥作用"。政府与社会组织之间的关系成为我国政府改革和治理的重要内容。1998年，我国政府颁布《社会团体登记管理条例》，开始关注对社会团体的治理；党的十八届三中全会对我国社会领域改革进行了重要调整和部署；党的十九大对我国社会发展中亟待解决的基本矛盾做出了新的回答，其中通过政府向社会组织购买服务，既是吸纳社会组织参与社会治理的重要形式，也是政府与社会组织关系转变的重要标志和实践探索。

我国政府向社会组织购买服务最早的实践案例为 1994 年上海市罗山会馆的开设，这是地方政府购买服务的最早探索；其合作模式是上海市浦东新区社会组织发展中心提供场地和政策支持、上海市基督教青年会承担服务的管理，并于 1998 年开始接受政府养老服务的委托。政府与社会组织之间基于独立法人的地位，以委托的方式形成合约关系，这是政府与社会组织之间早期合作关系的雏形。有学者指出上海市罗山会馆的成立，是"小政府、大社会"的公共管理模式从理论探索走向实践操作的产物。[①] 此后，在深圳市、宁波市、北京市、杭州市等地相继出现了政府向社会组织购买服务的实践探索，并且出现了不同的购买模式，总体而言可以归为形式购买（依赖性购买）、非竞争性购买和竞争性购买三大类。[②]

随着地方政府实践探索的不断推进，中央政府开始关注这一问题。最先为政府购买服务提供法律支撑的是 2003 年出台的《中华人民共和国政府采购法》，紧接着各地用于购买服务的财政支出不断提升。地方政府购买的模式也不断推陈出新，以上海市为例，其相继形成了"项目制""招标制"等购买服务的运作模式。在此过程中，我国各个地方政府为了支持购买服务的实践活动，纷纷出台了相应的政策。例如 2006 年，北京市海淀区人民政府印发《关于政府购买公共服务的指导意见（试行）》，山东省 2007 年出台《政府购买城市社区公共卫生服务指导意见（试行）》，2009 年成都市人民政府印发《关于建立政府购买社会组织服务制度的意见》等。各个地方政府不断推出指导购买服务的意见，在很大程度上促进了中央政府在政府改革过程中对这一领域的重视，并促使中央政府出台相应统一的指导意见。

2013 年，我国政府向社会组织购买服务进入全面推进的阶段，这一阶段的开启以国务院办公厅颁布的《关于政府向社会力量购买服务的指导意见》为标志；2014 年，《政府购买服务管理办法（暂行）》出台。此后，各省（区、市）纷纷出台相应的指导意见。2014 年，福建省人民政府出台《关于推进政府购买服务的实施意见》，同时，上海市、广东省、四川省等纷纷出台了政府购买服务的指导意见。2017 年，很多省份对政府购买服务意见进行了修订。同时，很多地方

---

① 杨团. 社区公共服务设施托管的新模式：以罗山市民会馆为例. 社会学研究, 2001 (3).
② 陈小强. 我国政府购买社会工作服务初探. 中国政府采购, 2008 (6).

相继出台了政府向社会组织购买服务的指导目录，例如 2014 年厦门市出台了《市级政府购买服务指导目录》，2018 年厦门市财政局对厦门市政府购买服务目录进行了修订。在承接主体上，也出台了新的政策，积极鼓励社会组织主动参与承接政府的购买服务项目，例如 2018 年上海市出台了《上海市承接政府购买服务社会组织推荐目录（2018 年版）》。可见，从 2013 年开始，从中央到地方关于购买服务的政策法规逐步完善。2020 年 3 月 1 日《政府购买服务管理办法》正式实施，标志着政府向社会组织购买服务在政策层面逐渐走向成熟。

围绕我国政府与社会组织的关系调整的宏观背景和政府购买服务的实践演进路径，本章将政府购买服务置于合约运行全流程的分析框架下，聚焦政府与社会组织的关系，并试图回答以下三个问题：其一，在合约缔结阶段，政府与社会组织之间合约关系建立的逻辑起点是什么？其二，在合约运行阶段，政府与社会组织之间的关系呈现怎样的状态？其三，在合约终结阶段，伙伴关系和治理结构对购买服务本身是否产生影响？

（二）文献回顾

1. 国外研究进展

20 世纪 70 年代，合约作为公共管理变革的重要工具拓展了政府公共服务供给的制度空间，并带来效率的提升。伴随传统官僚制的统治模式受到质疑和挑战，学者们提出公共行政的发展要支持建立分权化、分散化、责任扩大化、顾客参与等具有重要特征的新型组织。[①] 合约作为公共管理变革的重要工具为这种组织的出现带来了可能，也拓展了政府公共服务供给的制度空间。合约制治理理论则是适应民主社会发展和公共需求多样化的产物。

（1）合约作为治理工具提升政府服务供给效能。

"合约制国家"到来前，合约作为一种服务生产机制，主要用于减少政府的成本、提高政府服务供给的效率[②]；作为一种交易，合约是制度经济学领域最小的交易单位[③]；作为政府政策实施和政府管理的工具，合约的出现推动了

[①] 弗雷德里克森. 公共行政的精神. 北京：中国人民大学出版社，2003.
[②] 萨瓦斯. 民营化与公私部门的伙伴关系. 北京：中国人民大学出版社，2002.
[③] 康芒斯. 制度经济学：上册. 北京：商务印书馆，1979.

"合约制国家"的到来，后来一度成为新公共管理重要的实践和理论构成。①②相较于传统的公共管理，新公共管理有效地提升了政府的透明性，明晰了政府责任，并在一定程度上防止了腐败的发生。③ 库珀将合约制治理引入政府服务供给领域，将合约运行的过程划分为制定、实施和终结三个阶段，并强调在这一过程中政府管理对合约管理的重要性。④ 20世纪70年代以来，政府合约在推动"政府活动中的合约革命"和加速"行政国家"向"合约制国家"的转变进程中，作为一种公共政策执行和政府监管的工具，在公共行政领域扮演着日渐重要的角色。⑤ 作为管理工具的合约，主要是指政府部门与私人部门之间公共服务外包（或者购买）的具体合约。合约基本上分为短期合约和长期合约两种类型。当不存在交易成本时，短期合约是最优的；当交易成本开始上升时，则长期合约是最优的。公共部门的改革就是探讨在何种情境下去适用这两种合约。⑥ 实践中，公共部门开始把私人部门的大量理论和方法转移到政府管理中，将公共选择理论、交易成本理论和委托-代理理论与市场机制有机结合，实现了合约制的有效运用。莱恩认为合约制是公共服务供给的有效方式，相对于其他的公共服务供给方式，能有效地降低公共服务供给过程中的成本⑦；萨瓦斯在民营化的研究中同样把合约承包作为公共服务有效的供给方式；胡德认为把所有事务都付诸合约是新公共管理的一部分⑧；休斯则认为新合约主义不过是新公共管理比较极端的表现而已。作为管理工具的合约，学者们更倾向于认为这是一种有效的政策工具，尤其在公共服务供给领域，它能够有效地降低服务成本，提高服务质量和服务效率。

（2）合约作为治理机制变革组织间关系。

随着新公共管理的提出，合约逐渐作为一种更加柔和与弹性化的治理机制适应于当今时代国家的发展和国家治理，成为国家治理和公共部门治理的新机制和模式，国家治理开始从权威治理走向合约化治理；"服务主导"成为公共服

---

① 萨瓦斯. 民营化与公私部门的伙伴关系. 北京：中国人民大学出版社，2002.
② 莱恩. 新公共管理. 北京：中国青年出版社，2004.
③ 同②.
④ 库珀. 合同制治理：公共管理者面临的挑战与机遇. 上海：复旦大学出版社，2007.
⑤ 凯特尔. 权利共享：公共治理与私人市场. 北京：北京大学出版社，2009.
⑥ 同②.
⑦ 同②.
⑧ 同①.

务供给的中心，治理系统的特点是公共服务提供系统的多元性和政策制定过程的复杂性①，在强调通过合约向社会组织或私人部门购买服务的过程中，更加注重与私人部门建立相应的伙伴关系②，这种伙伴关系的建立被视为政府与私人部门之间的一种合作制度安排和新的治理方式③④，这种治理安排是一个或多个利益相关者与公共机构围绕公共政策或公共项目等公共事务进行协商式的合意决策过程，形成以共识为导向的决策⑤；能够很好地处理复杂的政策、项目和公共服务供给事宜。

在合约制治理框架下，政府与私人部门的关系怎样才是有效的？"哪些因素影响了两者的关系？在社会服务的合约购买中，影响合约关系运行的负面因素包括服务供给缺乏竞争性，主体缺失合约意识，政策指令、政策目标和计划模糊不清，以及项目运行过程中存在任务漂移，它们是社会服务购买面临的四大挑战⑥；同时，组织信用、声誉和政府监控对于关系运行也有影响⑦；成功的公私伙伴关系往往是正式合约的约束和关系合约中信任等要素共同作用的结果；合约管理（外包）面临各种挑战，而且合约本身具有复杂性⑧；要在合作伙伴关系中实现双赢产出，合约运行各阶段有效的管理能力是保障服务购买成功的重要条件⑨，在实践当中具备强大的合约管理能力的地方当局能够通过公私伙伴关系实现生产效率的提升。⑩ 因此，政府向社会组织购买服务是公私伙伴关系

---

① 奥斯本．新公共治理：公共治理理论和实践方面的新观点．北京：科学出版社，2016.
② KETTL D F. Contingent coordination: practical and theoretical puzzles for homeland security. American Review of Public Administration, 2003, 33 (3).
③ HODGE G A, GREVE C. Public-private partnerships: an international performance review. Public Administration Review, 2010, 67 (3).
④ OSBORNE S P. Public-private partnerships: theory and practice in international perspective. London: Routledge, 2000.
⑤ ANSELL C, GASH A. Collaborative governance in theory and practice. Journal of Public Administration Research and Theory, 2007 (18).
⑥ VAN SLYKE D M. Agents or stewards: using theory to understand the government-nonprofit social service contracting relationship. Journal of Public Administration Research and Theory, 2007, 17 (2).
⑦ 同⑥.
⑧ BROWN T, POTOSKI M, SLYKE D V. Managing public service contracts: aligning values, institutions, and markets. Public Administration Review, 2006, 66 (3).
⑨ YANG K, HSIEH J Y, LI T S. Contracting capacity and perceived contracting performance: nonlinear effects and the role of time. Public Administration Review, 2009, 69 (4).
⑩ ANDREWS R, ENTWISTLE T. Public-private partnerships, management capacity and public service efficiency. Policy and Politics, 2015, 43 (2).

的重要实践形式,有效的缔约机制、履约机制、纠纷裁决机制等是建立有效伙伴关系的重要保障。

(3) 有效的合约运行需要有效的管理。

合约制治理面临的最大困境是合约不能自我执行,因此,政府需要明确知道自己想要买什么,并确保买到的东西是自己所需要的。[1] 在明确购买方向的过程中,政府需要进行相应的合约管理,合约制治理的效果如何在很大程度上取决于政府合约管理的水平。对此,国外学者对于合约管理现状、挑战和解决方案等进行了相应的研究。为了应对复杂的服务,管理者需要提供一个有效的合约管理方案。有效的合约管理需要做到四点,包括了解合约供给的产品、制定双赢的规则、建立互惠的关系、实现相互理解。[2] 有学者通过对美国 537 个地方政府(1997—2007 年数据)的实证数据分析发现,成功的合约管理取决于管理者充分的内部管理能力。[3] 有学者以国家为老年提供社会服务为案例,用基本的模型解释合约实施和管理的变化,认为社会服务的复杂性往往给政府机构和非营利部门的承包者带来相应的挑战;有效的合约需要在合作伙伴之间预先进行大量的规划、谈判和保持持续的伙伴关系;有效的合约管理和执行可以通过供应商之间的竞争、充分的资源和绩效评估、政府对合约管理者的培训、对相关员工财务管理能力的强化等来实现;受益群体与代理人签订合约,通过分包的形式转移风险,这有助于实现合约的有效性。[4] 合约绩效的实现和合约的有效管理会对人员配置、财务管理和信息技术产生相应的影响。[5]

综合而言,国外关于合约管理的研究实际上是当前购买服务过程中面临的主要问题。大部分学者认为可以从购买需求、合约主体、竞争机制、合约项目的评估等方面提高政府的合约管理能力。

---

[1] PADOVANI E, YOUNG D W. Toward a framework for managing high-risk government outsourcing: field research in three Italian municipalities. Social Science Electronic Publishing, 2008, 15 (3).

[2] BROWN T L, POTOSKI M, VAN SLYKE D M. Complex contracting: management challenges and solutions. Public Administration Review, 2018, 78 (5).

[3] JOAQUIN M E, GREITENS T J. Contract management capacity breakdown? an analysis of U. S. local governments. Public Administration Review, 2012, 72 (6).

[4] ROMZEK B S, JOHNSTON J. Effective contract implementation and management: a preliminary model. Journal of Public Administration Research and Theory, 2002, 12 (3).

[5] MEEZAN W, MCBEATH B. Moving toward performance-based, managed care contracting in child welfare: perspectives on staffing, financial management, and information technology. Administration in Social Work, 2011, 35 (2).

2. 国内研究进展

20世纪90年代以来，合约由应用到我国公共部门的政府采购、工程招标等领域逐步拓展到服务供给、社会治理等领域，实践推动研究深化。国内公共管理学界关于合约制的研究和探讨，起初更多集中在对于国外合约制演进的介绍方面，没有对合约制的应用的中国化进行介绍。我国学者陈振明教授从西方新公共管理学中合约制的实践着手，试图构建作为现代政府治理新模式的合约制政府的概念框架，认为合约制的内容框架有待进一步完善，需要拓展合约的机制设计、探索建立激励相容的委托-代理关系、平衡个体决策者和集体决策之间的偏好、提升合约制治理的能力和绩效水平[1]；指出合约制理论的探索和实践应用，为我国政府治理改革中应用合约制提供了有利条件，是政府治理的重要机制[2]，为我国现代政府治理模式研究提供了一个新的思考方向。

（1）政府购买服务变革公共服务供给方式。

21世纪初以来，陈振明、王浦劬、敬乂嘉、姜晓萍、石亚军、郁建兴等学者认为政府向社会组织购买服务作为我国政府职能转变、政府与社会组织关系调整的重要选择和公共服务供给市场化的重要方式，其最终目标是满足不同层次人群对服务供给的需求。同时，我国公共服务的供给不仅仅在于引用市场机制进行服务供给改革，还遵循我国政府治理改革逻辑主线，通过合约方式进行服务供给，实施服务外包无法掌控公共服务的设计，解决供给和管理方式的复杂性。[3] 换言之，政府购买服务并不是单纯以效率为中心的市场行为；公共性是购买服务中需要考量的重要因素[4]，即在购买社会服务的过程中要保持竞争中立的原则，确保竞争机会中立、过程中立、结果评价中立。同时，由于当前我国购买公共服务的市场运行机制不完善，具备承接资质的社会主体相对较少，需要政府行政力量的介入[5]，比如，在购买的过程中，需要政府培育一批有强大内动力和强大公信力的社会力量[6]，在购买服务的合约运行过程中，需要政

---

[1] 陈振明. 合约制治理研究论纲. 厦门大学学报（哲学社会科学版），2017（4）.
[2] 同[1].
[3] 库珀. 合同制治理：公共管理者面临的挑战与机遇. 上海：复旦大学出版社，2007.
[4] 刘志辉，杨书文. 政府购买社会组织公共服务的公共性论纲. 理论月刊，2019（10）.
[5] 陈天祥，郑佳斯. 把政府带回来：政府购买服务的新趋向. 理论探索，2019（6）.
[6] 夏贵霞，舒宗礼. 政府购买服务视角下社会力量参与学校体育发展的现实基础与路径选择. 武汉体育学院学报，2019（12）.

府进行动态化的风险管理等。

在购买服务的具体运行中，学者们进行了实证探索。陈建国以北京市政府购买公共服务过程管理为例，认为要从需求调查机制、公众选择、公共服务购买目录筛选、健全招投标过程、实施多方位动态项目实施机制、项目绩效评估机制、项目承担组织末位淘汰制、项目后期管理等方面优化对公共服务的购买。① 郑卫东以上海市城市建设中购买公共服务为例，认为上海市购买服务实践的经验在于传统便民项目的精致化、服务的多样化、政府对社会组织发展的支持、社会组织管理机制的创新等。② 还有一些学者以长江三角洲城市居家养老服务为例，认为政府在购买服务机制的优化中应该明确购买什么、向谁购买、如何购买等问题。从国内研究购买服务的案例来看，集中于从流程、机制优化角度寻求我国购买服务的最佳路径，以期解决我国购买服务过程中的问题。

因此，政府购买服务是我国公共服务供给侧改革的重要方式，这种方式是依托公民、政府、社会组织和市场等组成的网络体系，需要发挥各种要素之间的协调作用，调动社会力量，协同完成公共服务供给的管理过程。③

（2）政府购买服务中的政社关系。

政府向社会组织购买服务的兴起与发展，重塑了政府的行动逻辑，这不仅是引入市场机制、志愿者机制，而且是公共服务秩序中一系列角色意识、价值取向、行为方式和互动机构的变迁；政社关系从单向依赖到双向互动、从行政指令向契约合作转型④，为重构政社关系提供了新的契机，迈向了"契约化"的政社合作。⑤

政府向社会组织购买服务本质上是一种通过合约建立起来的合约关系。⑥ 敬乂嘉认为政社合作是政府和社会组织基于实现共同认可的公共目标而建立和维护的相互依赖关系，合作治理和服务购买是两者合约关系的重要表现形式。⑦

---

① 陈建国. 政府购买公共服务过程管理研究：以北京市为例. 理论探索，2012（4）.
② 郑卫东. 城市社区建设中的政府购买公共服务研究：以上海市为例. 云南财经大学学报，2011，27（1）.
③ 李丁，何春燕，马双. 公共服务供给侧改革的结构性对策. 中国行政管理，2019（10）.
④ 彭少峰，张昱. 政府购买公共服务：研究传统及新取向. 学习与实践，2013（6）.
⑤ 彭少峰，张昱. 迈向"契约化"的政社合作：中国政府向社会力量购买服务之研究. 内蒙古社会科学（汉文版），2014（1）.
⑥ 吕纳. 公共服务购买中的政府与社会组织互动关系研究. 上海：上海交通大学出版社，2017.
⑦ 敬乂嘉. 从购买服务到合作治理：政社合作的形态与发展. 中国行政管理，2014（7）.

陈天祥和郑佳斯认为基于"正式合约"和"隐形契约"的生存环境，我国公共服务购买中的政府与社会组织关系是正式的委托-代理关系，是动态演变的吸纳关系和合谋关系。[①] 苗红培认为我国政府与社会组织在公共服务购买过程中的政社关系是一种非对称性资源依赖关系。[②]

政府与同一家社会组织建立持续的购买服务关系，有利于应对公共服务的模糊性和不确定性，提高公共服务供给效率。[③] 要在购买服务中保持持续的政社合作关系、取得良好的项目成效，离不开政府的行政介入。这种行政介入并不会破坏社会组织的专业性，反而是一种积极的保护。[④] 在服务购买的过程中，直接主体双方遵循行动逻辑，采取行动策略，双方关系是一种策略选择而非制度建设，互动关系的构建伴随着这些过程产生的权力变化。[⑤] 从政府角度来看，在向社会组织购买服务的过程中，由于当前我国承接主体发育不完善，需要培养一批具有强大内在动力和强大公信力的社会力量[⑥]，需要形成有效的风险防范机制[⑦]，需要合约关系协同[⑧]等。从社会组织角度而言，应在承接政府购买服务的过程中实现自身的利益，形成长久的合作伙伴关系，甚至承接相应的政府职能。[⑨]

在购买服务中，政府与社会组织之间的关系不仅限于依赖合约建立的正式合作关系，还包括非正式关系。非正式关系的建立主要依托主体间的信任、文化交流、价值目标等，也称为隐性合约关系，非正式关系的建立和存在有利于减少正式监控的弊端。[⑩] 同时，政府向社会组织购买服务属于公共部门项目制

---

① 陈天祥，郑佳斯. 双重委托代理下的政社关系：政府购买服务的新解释框架. 公共管理学报，2016（3）.
② 苗红培. 政府与社会组织关系重构：基于政府购买公共服务的分析. 广东社会科学，2015（3）.
③ 周俊. 公共服务购买中政府与社会组织合作的可持续性审视. 理论探索，2019（8）.
④ 陈天祥，郑佳斯. 把政府带回来：政府购买服务的新趋向. 理论探索，2019（6）.
⑤ 吕纳，张佩国. 公共服务购买中政社关系的策略性建构. 社会科学家，2012（6）.
⑥ 夏贵霞，舒宗礼. 政府购买服务视角下社会力量参与学校体育发展的现实基础与路径选择. 武汉体育学院学报，2019（12）.
⑦ 吴磊，徐家良. 政府购买公共服务风险生成机理研究：基于利益相关者权利对称视角. 华东理工大学学报（社会科学版），2019（8）.
⑧ 李金龙，张慧娟. 地方政府购买公共服务中合同管理能力的提升路径. 江西社会科学，2016（5）.
⑨ 沈瑞英，赵志远. 特大城市社会组织能力建设机制研究. 华东理工大学学报（社会科学版），2015（2）.
⑩ 叶托. 资源依赖、关系合同与组织能力：政府购买公共服务中的社会组织发展研究. 行政论坛，2019（6）.

的组成部分,其突破了科层制的碎片化障碍,呈现出常态化和过程监管的特点。① 从不完全合约的理论视角出发,以项目为载体的服务供给存在明显的嵌入现象。②

因此,在政府购买服务中,政府与社会组织之间合作关系的有效建立和实施,是市场机制有效作用于服务供给变革、合作主体间共同价值导向(非正式关系)、合约约束(正式关系)等多重要素共同作用的结果,这种合作关系的建立,在一定程度上会改变原有政府服务供给中的治理结果。

(三)综述

通过对国内外总体研究趋势和具体内容的分析发现,西方国家通过合约制治理的视角,研究政府与社会组织之间的关系,其在研究视野、理论研究、实践探索等方面都为我国研究政府与社会组织之间的关系提供了经验借鉴。在研究视野方面,国外关于公私伙伴关系的研究在总体数量上是美国居于首位,但是在公共行政(公共管理)领域关于政府与社会组织之间的关系在合约制治理下的运行研究则以英国居于前沿,主要是合约制治理的实践倡导缘起于英国。国外有关合约制治理已经开始摒弃原有的工具理性,倡导不同性质的组织之间在理念、价值、文化等各方面的共享,倡导基于共同的目标实现不同主体之间长期伙伴关系的建立,而不是短期的项目购买。在理论研究方面,原有公共管理中倡导的将合约作为政府提高效率的工具理念逐渐被新公共管理中倡导组织之间互动关系的研究所取代,研究者越来越注重组织之间的信任、监督机制等对于长久关系影响方面的研究;在关系的评价上不再单一注重经济效益,更加注重社会效益。在实践探索方面,不再盲目倡导购买服务,有部分西方国家在实践领域甚至出现了逆民营化的趋势,政府在倡导通过合约建立政府与社会组织之间关系的同时,也面临政府与其他主体之间边界的问题,即更加注重哪些是政府绝对不能放权给其他主体进行供给的;在社会服务供给上,政府不再仅仅寻求社会组织的支持,而是注重其他主体的加入,形成多元主体共同参与服务生产的方式。

国内关于政府与社会组织之间关系的研究成果层出不穷。第一,从中央政

---

① 陈天祥,郑佳斯. 把政府带回来:政府购买服务的新趋向. 理论探索,2019(6).
② 杜春林,张新文. 项目制背景下乡村公共品的供给嵌入与需求内生:不完全契约理论的分析视角. 广西民族大学学报(哲学社会科学版),2015(1).

策出台到现在，政府向社会组织购买服务的实践过程已历经 5 年多，在研究领域可以说已经取得了丰富的成果。王浦劬、句华、吕娜、李珠、陈天祥等学者早已经开始对我国政府购买服务的相关研究进行探索。第二，对于如何通过政府购买服务推进政府与社会组织合作治理，我国学者结合中国的实际进行了丰富的理论研究。在政社关系的评价上，学者们也开始探索总体的概念型框架。

尽管如此，国内的研究仍未能穷尽所有，这为本章的写作提供了相应的研究空间。首先，对政府与社会组织之间关系的研究，国内并没有明确区分具体的领域，本章的研究则明确界定为社会购买服务的领域。其次，对于政府与社会组织关系运行是否会对相应的治理结构发生影响，国内还没有明确的实证分析，但是学者句华已经就合约制治理会对原有科层制有影响，形成合约嵌入式的结构进行了分析。在本章的研究中，将通过机理分析与案例分析相结合，以政府购买服务的实践为例，将合约制治理框架下政府与社会组织的关系进行网络化呈现。

二、主体行动策略-约束机制：合约运行的全流程分析框架

合约的运行过程是一个动态复杂的不同主体之间的行动策略与外部机制综合作用的过程。政府与社会组织间的合约关系从缔结、执行到终结的过程从来就不是简单的科学过程，而是一个政治过程，是政府、社会组织、公民等社会主体运用其所掌握的资源，在追求自身愿望和利益的过程中实现公共利益。因此，在这一过程中难免会有冲突、谈判、交易和妥协。主体的行动策略是就治理领域而言的，而治理是一个与管理相对应的概念，是指"各种公共的或私人的机构管理其共同事务的诸多方式的综合，它是使相互冲突或不同的利益调和并且采取联合行动的持续的过程"[1][2]。

（一）理论基础

将政府向社会组织购买服务视为政策体系和制度安排，政府在履职过程中采取何种方式进行供给显得尤为重要。政府购买服务不能简单只是依托正式合

---

[1] 梁欣. 我国公共图书馆服务体系建设：治理模式研究. 中国图书馆学报，2009（6）.
[2] 黑尧. 现代国家的政策过程. 北京：中国青年出版社，2004.

约进行政府与社会组织间的关系分析,同时还要注重非正式合约要素的作用。基于此,分析框架的建立主要依据委托-代理理论和管家理论,两者的比较分析如表4-1所示。

表4-1 委托-代理理论与管家理论的比较分析

	委托-代理理论	管家理论
主要内容	主体之间的目标存在差异	主体之间的目标是一致的
	基于自利的考量	基于共同利益的考量
	主体之间刚开始缺乏信任	主体之间相互信任
	实行控制导向的管理方式	实行参与导向的管理方式
	理论假设源自经济学	理论假设源自社会学、组织行为学和心理学等
理论原则	通过制裁和奖励的方式实现目标的一致性	通过授权的方式实现目标的一致性
	这些方式主要包括风险分担、目标规划、监控、权威和声誉的使用	这些方式主要包括责任、自治、共同的文化和规范、个人的权力和规范、其他治理机制
应用范围	消除机会主义行为	通过共同目标和信任保证目标一致性
	通过激励和制裁减少信息不对称	注重金钱之外的激励措施;通过责任、自主权减少机会主义、信息不对称、道德风险和资产专用性威胁
	通过合约实现资产转用性、减少道德风险	减少对法律、合约的依赖
	通过声誉和激励确保目标一致性	将声誉视为激励和制裁的方式

资料来源:VAN SLYKE D M. Agents or stewards: using theory to understand the government-nonprofit social service contracting relationship. Journal of Public Administration Research and Theory, 2007, 17 (2).

(二) 全流程要素机理

完善购买主体与承接主体之间的关系,并提升政府购买服务的效果,需要将政府向社会组织购买服务的经验实施提升到治理机制的视角上来看待二者之间的关系。这就需要对主体行动策略、行动的驱动因素、约束机制和阶段划分进行分析。

1. 主体行动策略

根据纳加姆（Najam）的定义，策略是指关系双方为达成各自目标所偏好的方法或手段。[1] 同时，组织的存在是为了增进其成员的利益，这在经济学中既不新鲜也不特别。各类组织被期待会增进成员的利益，并且不同主体会在合约运行的不同阶段采取不同的行动策略。根据不同假设前提，政府和社会组织为了实现自身或者组织内部成员的利益，在合约的不同运行阶段可能会采取不同的行动策略。

2. 行动的驱动因素

主体行动策略的驱动因素分为内部驱动因素和外部驱动因素。内部驱动因素的共同目标是在不同主体之间建立逻辑起点，这是关系整个合约运行阶段的内部驱动力。外部驱动因素，即政府购买公共服务受到政治、法律、经济、社会民主等多层外部环境的影响。针对国外购买服务这一具体政策而言，一般认为，政治反对力量越弱，政府决定购买服务的可能性越大；公民偏好越强烈的领域，政府越可能购买服务；经济越发达、人口结构越复杂的地区，越倾向于购买服务。有学者根据金登（Kingdon）的多源流模型，将不同主体之间的合作关系建立在外在因素上，包括组织条件、政策条件等。

本章的研究中关于驱动因素，主要在缔约前进行分析，即缔约前内外部的驱动因素决定了政府与社会组织之间能否达成缔约的协议。

3. 约束机制

机制是一系列原则、规则、标准和决策程序的总称。[2] 政府购买服务中核心的约束机制是购买方与承接项目的社会组织之间缔结的合约。其他约束机制是可以为购买服务提供依据的政策法规、不同部门之间的协作机制等。因此，在整个合约运行过程中所对应产生的关系不是单一的，而是一核多元的关系网络。

---

[1] NAJAM A. The four-c's of government third sector-government relations. Nonprofit Management & Leadership, 2000, 10 (4).

[2] KRASNER S D. Structural causes and regime consequences: regimes as intervening variables. International Organization, 1982, 36 (2).

4. 阶段划分

库珀认为公共管理合约包括合约的形成、实施和终结，或变更获得产品和提供服务所需要的关系。[①] 本章将合约缔结、合约实施、合约终结对应政府与社会组织关系的逻辑起点、实践和变革三个状态，对合约运行的阶段进行划分（见表4-2）。

表4-2 主体行动策略-约束机制框架下的合约运行的阶段划分

合约阶段	合约缔结	合约实施	合约终结
状态	逻辑起点	实践	变革
主要机制	缔约机制	管理和监督机制	有效性评估机制
驱动因素	外部环境	共同利益	共同目标
主导主体	政府/社会组织	社会组织	政府/评估机构
阶段标志	签约	考察	结项
行动内容	购买内容确定、主体选择确定、合约文本制定	监督机制、职能转移、风险分担	效果评估、项目终止或续约

在合约运行的整个过程中，机制作为政府为实现两者关系有效性（服务供给有效性）的约束规则，将政府与社会组织之间的关系上升至合约制治理机制的层面，需要避免服务供给过程中"一买就灵"的思想误区，并且从改革的视角看待两者之间的关系。为了避免这一误区，在不同阶段，合约主导主体可能会采取不同的策略，并对应相应的约束机制，政府采取的策略行动本质就是政府将服务供给权外包后，进行有效的管理，而并未放弃其公共服务供给的职能。

（三）分析框架

政府与社会组织关系的建构是一个动态的过程，这一过程中是多个主体在合约运行的不同阶段互动的过程。通过购买服务来探讨政府与社会组织之间的关系，离不开对相应制度安排和机制建立的研究。在机制建立的过程中，需要政府具备相应的管理能力、监督能力、协调能力、风险共担能力、绩效评价能力等。同时，机制建立的过程，也是多元主体——包括政府与外部环境、政府

---

① 库珀. 合同制治理：公共管理者面临的机遇与挑战. 上海：复旦大学出版社，2007.

与社会组织、政府与公众、不同政府部门之间等在相应机制的约束之下不断协调的过程。其中,政府希望通过向社会组织购买服务实现政府职能转移,最终成为"精明的买家",机制的有效运行依赖于政府的合约管理能力,合约管理成为所有制度安排中的关键,也是贯穿合约运行始终的要素。[1][2]

综上,政府购买服务作为一项政策制定和制度安排,将市场化的概念引入社会治理领域,嵌入具体的社会环境和制度环境之中。从某种程度上说,整个制度安排实际上是政府从履职的角度围绕合约管理的治理机制展开,合约管理则成为公共服务市场化(购买服务)制度安排得以成功的关键变量[3],合约管理能力为合约运行的全流程提供了分析框架(见图4-1)。

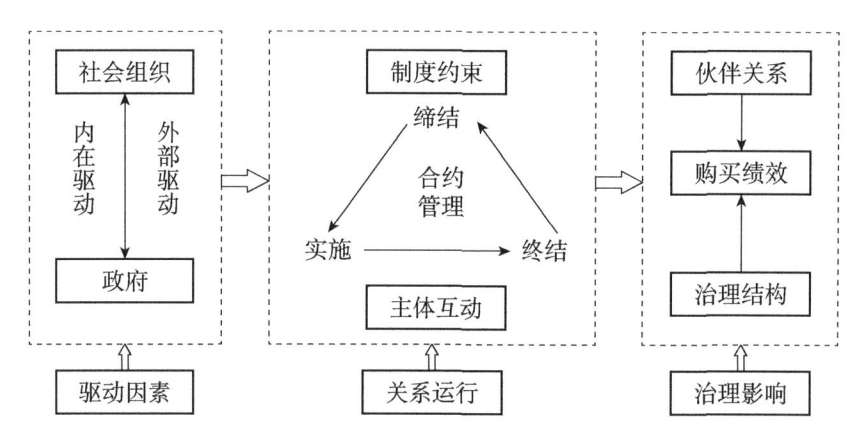

图4-1 合约运行的全流程分析框架图

三、合约缔结—合约实施—合约终结各阶段的政府与社会组织关系运行机理

(一)合约缔结:服务购买中关系的起点

从"动力驱动"与"主体行动"的缔约机制来探讨主体间关系建立的逻辑

---

[1] VAN SLYKE D M. The mythology of privatization in contracting for social services. Public Administration Review,2003(4).

[2] 库珀. 合同制治理:公共管理者面临的机遇与挑战. 上海:复旦大学出版社,2007.

[3] BROWN T,POTOSKI M. Transaction costs and institutional explanations for government service production decisions. Journal of Public Administration Research and Theory,2003,13(4).

起点，可以具体划分为以下三个方面：其一，从外部环境驱动来探讨形成政府与社会组织关系变化并具体化为政府向社会组织购买服务的政策；其二，从关系建立的根本动力来探讨政府与社会组织缔约的目标机制，即通过具体合约形成目标的激励相容机制；其三，将政府购买服务的具体行动具体化为相应的行动机制，探讨对于合约实施的事前约束规则，并将其具体分为主体选择机制、内容确认机制、购买方式确认机制。同时，在缔约阶段，"竞争有序"是最重要的机制内容。

1. 驱动因素

外部驱动，即触发政府购买服务的外部政策环境。若是将合约外包概念化为一种政策选择[1]，那么从政策出台的角度而言，需要具备相应的政策环境。同时，机制本质上是权力运行向度和权威来源的转变[2]，将政府向社会组织购买服务概念化为不同主体之间的共同治理，其初始治理结构的形成离不开相应的外部环境的助推，这也是合约缔结阶段主体与外部环境之间的运行机理，即购买服务不仅仅是政府在管理和技术层面的操作，更是政府在改革过程中对相应宏观制度的完善。萨瓦斯指出，公共服务民营化的外在动力主要包括现实压力、经济推动力、意识形态动力、商业动力和平民注意五个方面。在我国，政府职能转变和改进公共服务供给效率成为政府购买服务的外在动力。围绕这两点，政府向社会组织购买服务的宏观政策环境具体可以细分为职能调整、政策扩散。

第一，在职能调整上，政府职能转变使政府对社会的控制减小，促进了市场经济制度下经济组织和社会组织的发展，拓宽了体制外的社会空间。[3] 在政府向社会组织购买服务过程中，政府向社会组织转移职能，则开始得相对较晚。在 20 世纪 90 年代，我国已经在实践领域开始了政府向社会组织购买服务的实践探索，2013 年正式开始在政策制定维度形成政府向社会组织购买服务的宏观政策环境。自此，中央和地方对于通过购买服务向社会组织转移相应的职能进

---

[1] YANG K, HSIEH J Y, LI T S. Contracting capacity and perceived contracting performance: non-linear effects and the role of time. Public Administration Review, 2009, 69 (4).

[2] 张琴，易剑东，董红刚. 动力·运行·约束：体育治理机制探析. 上海体育学院学报，2017 (5).

[3] 岳嵩. 新时代政府职能转变的四个向度. 人民论坛，2019，628 (11).

行了明确的规定。

第二,在政策扩散上,政府与社会组织之间关系的调整可以看作是主体部门对相应政策的不断改进。在中央层面,2007 年国务院办公厅出台《关于加快推进行业协会商会改革和发展的若干意见》,明确提出建立政府购买行业协会服务的制度;2012 年,国务院将"建立健全政府向社会组织购买服务制度"作为重点改革任务;2013 年 5 月,国务院常务会议要求加快出台政府向社会组织购买服务的指导意见;2013 年 7 月,国务院常务会议审议并通过了指导意见,决定将承接政府购买服务的主体由"社会组织"扩大到"社会力量";2013 年 9 月,国务院办公厅正式印发《关于政府向社会力量购买服务的指导意见》,其具有里程碑意义;2014 年 4 月,财政部、民政部、住房城乡建设部等出台了《关于做好政府购买残疾人服务试点工作的意见》;2014 年 8 月,财政部、国家发展改革委、民政部等印发了《关于做好政府购买养老服务工作的通知》;2014 年 11 月,财政部、民政部颁发《关于支持和规范社会组织承接政府购买服务的通知》;2014 年 12 月,财政部、民政部、工商总局印发《政府购买服务管理办法(暂行)》,加快推动了购买社会组织服务的制度化建设;2015 年 5 月,国务院办公厅转发文化部、财政部、新闻出版广电总局、体育总局《关于做好政府向社会力量购买公共文化服务工作的意见》。为做好中央财政支持社会组织参与社会服务项目管理工作,2012 年,财政部、民政部印发《中央财政支持社会组织参与社会服务项目资金使用管理办法》;2016 年,民政部和财政部出台《通过政府购买服务支持社会组织培育发展的指导意见》;2017 年民政部办公厅印发《2017 年中央财政支持社会组织参与社会服务项目实施方案》。2017 年中央财政支持社会组织参与社会服务项目,共立项 480 个项目;2018 年,民政部办公厅印发《2018 年中央财政支持社会组织参与社会服务项目实施方案》。

2. 主体间目标激励相容

目标激励相容是在合约缔结阶段处理合约直接主体的关键性机制。实现政府与社会组织之间目标整合的关键在于实现两者的利益整合。因此,为了鼓励社会组织在承接社会服务项目的过程中以政府的目标为目标,就需要政府设计相应的激励机制,激励机制设计的基本意图在于建立政府与社会组织之间的利益共享和风险共担机制,使社会服务的承接主体认同政府的偏好。而激励机制的关键在于如何确定风险和收益的分担比例和起点。在机制的设计上,有关学者将激励机制分为短期激励机制和长期激励机制。社会服务项目的正向激励模式函数为：

$$w = b + a(y - E) \qquad (4-1)$$

式中，w 是支付报酬总额；b 是报酬基数；a 是激励报酬系数；E 是合约规定的服务下限；$(y-E)$ 是超额服务量，若 $y < E$ 时，$a = 0$，否则 $a \in (0, 1)$。

在这种情况下，可以保证社会组织获得一个基本的报酬，然后通过完成超额或者超质的服务来获得激励性的报酬。[1] 也就是前面提到的，社会组织提供的服务质量越高，获得的激励报酬越高。这时候给社会组织带来的是正向激励效应，社会组织承接社会服务项目高于政府预期，实现了政府预期的公共利益，两者之间的合约关系存续良好。

同时，在设计激励机制的时候还应该考虑负向激励效应。推拉理论强调正向激励效应和负向激励效应的相互促进和有效统一，其中正向激励效应主要是指承接社会服务项目带来的经济效益和社会效益，负向激励效应主要指社会组织承接社会服务项目需要接受政府的监督，两个方面共同构成社会组织承接社会服务项目的激励机制设计的核心内容。

根据前面的正向激励模式函数，将社会组织生产社会服务的负向激励模式函数表述如下：

$$w = b + a(y - E) \qquad (4-2)$$

式中，当 $y < E$ 时，$a > 0$，则表示政府对社会组织的激励为负值，即政府对于社会组织没有达到合约规定的预期目标，会给予社会组织相应的惩罚措施。

通过服务购买建立起来的合约关系，除了会给社会组织带来短期激励效应，也会促进社会组织信誉增长、公私伙伴关系巩固等长期激励效应。这一长期激励效应往往会使政府不再向社会组织购买服务，但其效果仍然持续，仍旧有助于社会组织的发展。

3. **主体行动策略**

在购买服务的缔约阶段，政府购买服务的行动策略具体表现为主体选择机制、内容确认机制和购买方式确认机制。

---

[1] 敬乂嘉. 合作治理：再造公共服务的逻辑. 天津：天津人民出版社，2009.

（1）主体选择机制。政府选择承接合作主体的标准涵盖社会组织的专业能力、服务年限等要素。在具体实施操作中，通过资质申请登记的方式进行筛选。厦门市在购买服务的实践中，考核社会组织资质的内容涵盖社会组织登记、成立时间、评估时间、社会信用代码、业务主管、近两年质检情况、专职工作人员数目、社团人员数目、业务范围、近三年承接政府职能转移、授权和购买服务项目、资金情况的自我评价。2018年厦门市公布可以承接政府职能转移和购买服务项目的社会组织为199个。① 通过对厦门市120家具备承接社会服务资格的社会组织调研发现，在缔约阶段，"社会组织经营的范围与项目范围对口"是政府选择承接主体的首要因素，其次分别为"基于合作关系的主体选择""政府部门对社会组织的政策支持""单位内部领导人与政府部门之间的有效沟通"。

作为行动者的社会组织参与公共服务的购买需遵从"生存理性"到"价值理性"的发生和发展逻辑。② 第一，生存理性。在公共服务供给领域中，社会组织大部分从事微观层面的策略活动。作为行动者，资源的获取是社会组织参与服务生产的必需品。由于购买服务的不断深入，社会组织已经从单一的资源依赖向自主性获得不断成长与释放的方向转变。③ 就资源诉求而言，社会组织对于外部资源的依赖性越小，其自主性越强。④ 在我国，社会组织在资源层面对于政府的依赖性仍旧较强，但是去行政化的实施，使社会组织不能通过"寄居蟹"或者其他直接的方式获取相应的资金资源，购买服务成为社会组织或者政府获得资金的重要途径。这种诉求在社会组织成立之初显得尤为迫切，"在协会成立的初期，能够被政府界定为可以承接购买服务项目的主体，是对我们本身的巨大认同"⑤。第二，价值理性。社会组织发展到一定阶段时，会渴望获得公众、政府的认可，期待参与相应的政策、治理决策。一般而言，参与政府决策需要与政府进行大量合作。上海市恩派社会组织大量承接政府购买服务的项目，到2012年，该社会组织的资金收入有65%来源于各个政府部门，同时依托前期承接购买服务项目得到大量的"生存资源"，恩派社会组织的专业运营能

---

① 厦门市民政局关于具备承接政府职能转移和购买服务资质的社会组织目录的公示.（2018-09-29）. 厦门市民政局官网.
② 王川兰. 行动者、系统与结构：社会组织参与公共服务购买的行动逻辑：基于上海市S机构的实证研究. 社会科学，2018（3）.
③ 姚华. NGO与政府合作中的自主性何以可能？：以上海YMCA为个案. 社会学研究，2013（1）.
④ 王诗宗，宋程成，许鹿. 中国社会组织多重特征的机制性分析. 中国社会科学，2014（12）.
⑤ 根据2019年7月10日对厦门市太极协会负责人的调研访谈整理。

力和职业组织能力迅速上升,目前已经成为上海市社会治理中的重要成员,不仅在相应的社会服务公共决策领域获得相应的话语权,其组织者也成了相应的社会治理领域的重要代表。①

(2) 内容确认机制。围绕政府向社会组织购买服务,我国各级政府相应地出台购买服务的清单。不同层级政府购买服务的清单内容存在相应的差异。就厦门市而言,厦门市财政局、民政局于 2014 年开始探索公共服务购买的相关政策,首份《市级政府购买服务指导目录》在同年获批,分为三个级次,包含 6 大类共 236 项。2018 年,厦门市财政局牵头修订《市级政府购买服务指导目录》,新修订的指导目录共包含 6 大类 285 个项目,新增和调整了 26 项购买内容,其中修订的目录倾向民生领域,更加关注社会领域的治理。通过购买服务内容的修订,进一步明确了政府的可转移职能的范畴。

(3) 购买方式确认机制。厦门市购买服务清单的出台,是厦门市各个职能部门相互协作的结果。厦门市财政局作为购买服务目录的牵头单位,根据 2013 年中央和福建省下达的购买服务指导意见展开了论证。目录清单的确认,首先由厦门市民政局通知下属各个区的民政局进行相应的购买服务需求论证,再由各个区的民政局根据收集的内容进行整理,由民政局内部人员进行论证,再报厦门市财政局纳入次年的财政预算,最后厦门市财政局报备厦门市政府办公厅,准予公示。

(二) 合约实施:服务购买中关系的实践

合约实施是政府购买服务中多元主体合作的真正开始。合约运行过程中的复杂性,一方面源于涉及主体的多元性,不仅包括直接购买单位(委托人)的权力行使,也包括各社会组织之间、不同行政部门之间隐性和显性的合作;另一方面源于社会组织作为承接方,不仅负有服务供给的直接责任,并且在一定层面上是公权力的代表。以合约为工具载体建立政府与社会组织之间的关系,只是短期的项目关系。伙伴关系是一个动态演变的过程,具体可以归为"形成、实施和结果"三个阶段。②

进入实施阶段,则要考量治理结构、伙伴关系、组织沟通、文化交流、组

---

① 敬乂嘉. 从购买服务到合作治理:政社合作的形态与发展. 中国行政管理,2014 (7).
② SELSKY J, PARKER B. Cross-sector partnerships to address social issues: challenges to theory and practice. Journal of Management, 2005, 31 (6).

织领导等。如果说，合约的缔结是以政府为主导，采取相关的行动策略对承接主体、购买内容、共同目标进行界定的静态逻辑起点，那么，合约的运行阶段则是政府与社会组织关系运行的直观体现。政府需要通过监督、协作、风险管理、纠纷裁决等克服合约天生的不完全性。

1. 协调机制运行的依据

不完全合约理论认为缔结合约的双方应具备充分或者相当的理论；风险偏好为中性；合约中签约人与第三方之间的信息不对称，但签约人之间的信息对称；不完全合约的功能在于事前激励。哈特（Hart）认为合约不完全性的原因为三个方面：其一，在不确定的环境中，人不可能预料未来所有的情形；其二，在满足第一种情况下，缔约双方难以通过共同的合约语言将其写入合约；其三，在满足前两者的情况下，缔约双方一旦发生纠纷也难以得到第三方的证实。[1] 由于合约不完全性，政府购买服务的过程中天然存在风险。

（1）有限理性与逆向选择的风险。

在购买服务的过程中，无论是政府还是社会组织都有可能出现机会主义倾向。在购买服务中可以具体表现为两个方面：一方面，由于合约双方机会主义的存在，在合约缔结和实施的过程中，政府和社会组织有可能会隐藏双方的相关信息，利用合约的模糊性，在损耗共同利益的前提下谋求自身利益的最大化。[2] 另一方面，政府购买服务本质上将市场运行的机理引入服务供给领域，打破原有政府在服务供给中的垄断地位，利用市场的优势提高服务供给的质量和效率，同时促使政府职能、权力、公共资源向社会转移。但是由于服务购买的绩效、监管等常常在合约中规定得比较模糊，面临难以量化的困境，这就容易导致服务购买的失效，带来政府的财政损耗。

（2）信息不对称与道德风险。

信息不对称是指缔结合约的一方处于信息的垄断地位，缔结合约的另一方无法获得相应的信息，导致信息垄断方具有相应的选择优势。由于公共服务购买中合约运行的复杂性，在合约的实际运行过程中往往难以界定服务供给的质量、标准、数量，一系列的不确定性导致合约的不完全性。同时，在服务的实

---

[1] 哈特. 企业，合同与财务结构. 上海：格致出版社，2016.
[2] 王春婷. 政府购买公共服务的风险识别与防范：基于剩余控制权合理配置的不完全合同理论. 江海学刊，2019，321（3）.

际交付过程中，作为代理人的服务承包者，可能利用自身的专业优势、信息优势等隐瞒在合约运行过程中的相关信息，加上服务供给的质量本身难以标准化和量化，代理人很可能在购买者不知情的情况下降低服务供给质量、汇报虚假信息，带来相应的道德风险。

（3）制度不完善与违约风险。

制度不完善增加了合约不完全性中的违约风险。"在满足缔约的条件下，我们所关注的是那些有约束的具体条件，会随着条件的变化而变化。"[1] 由于政府购买是一个服务的集体行动问题，信息不对称、信任度低、服务不确定性、政府治理模式等任何一个因素都可能会增加政府购买失败的风险。[2] 2013年至今，在政府购买服务领域，从中央到地方不断出台相应的购买服务政策文件，但是并没有出台政府购买服务直接相关的法律，更多的是参照《中华人民共和国政府采购法》等进行相应的纠纷处理。同时，购买服务的评估体系、购买服务项目内容交付的不明确，增加了购买服务后期的违约风险。

2. 政府与社会组织的关系实践中的协调机制

在相关文献中，有关管理能力的文献特别强调组织能力和管理能力对于外包有效的重要性。[3] 在购买服务的合约中，可以比照政府采购合约进行处理[4]，适用合同法的普遍原则和规定，同时用行政法进行适当的约束。以下将从政府在购买服务过程中的监督机制、协调机制、风险管理机制、纠纷裁决机制进行阐释。

（1）监督机制。

在开始缔约的时候，管理者面临一个重要的任务，即建立一个监督和评估系统。"私有化对于容易监控且存在多个服务的供给者可能更有效"[5]，然而社会服务的供给目前还缺乏完善的供给机制和足够的生产主体，并且构成公共服务购买的大部分项目通常比私有化更为复杂，这种复杂性又转化为合约管理的

---

[1] 斯蒂格利茨. 契约经济学. 北京：经济科学出版社，2003.

[2] 同[1].

[3] LAMOTHE M, LAMOTHE S. Competing for what?: linking competition to performance in social service contracting. The American Review of Public Administration，2010，40（3）.

[4] 刘波，彭瑾，李娜. 公共服务外包：政府购买服务的理论与实践. 北京：清华大学出版社，2016.

[5] WARNER M, HEBDON R. Local government restructuring: privatization and its alternatives. Journal of Policy Analysis & Management，2010，20（2）.

流程、监管工作和绩效评估的额外成本。① 在实际的购买服务过程中，政府向社会组织购买服务，合约是不能自我执行的，政府要像精明的私人买家那样采取行动，知道自己想要购买什么，到能够提供自己所需物品的市场中进行交易，并确保购买的东西是自己所需要的。② 与内部提供服务相比，政府向社会组织购买服务通常受到更严格的审核。合约的监督实际上是对不同主体进行问责的过程，有学者指出合约关系中三种问责尤为突出，即法律责任，侧重合约的外部监督；政治监督，侧重关键利益方的回应；专业责任，关注并尊重专业规范和惯例。③ 问责流程的展开离不开有效的监督机制和监督工具，现行监督机制是内部监督机制和外部监督机制的有效结合，监督工具则是保障两个监督机制有效结合的方式，监督的过程实际上是对责任整合的过程。

合约管理的外部监督机制主要是指基于制度化的监督。第一，在主体监督上，主要是对承接主体的合法性资格进行审核。2012年，民政部、财政部联合发布《关于政府购买社会工作服务的指导意见》，在监督管理中指出要建立健全政府购买服务监督管理制度，形成完善的社会工作服务项目购买文件档案，制定具体、翔实、严格的专业服务、资金管理及效果评价等方面指导标准。切实加强过程监管，按照政府购买社会工作服务合同要求，对专业服务过程、任务完成和资金使用情况等进行督促检查。厦门市在外部监督机制上，主要通过对社会组织实施资格年检、管理等以保证承接主体的合规性。2012—2016年，全市新增登记备案社区社会组织1 492家。对社会组织的有效监督管理，在很大程度上减少了购买服务过程中的主体资格障碍。第二，在程序监督上，主要通过"参与活动、听取报告、随机走访被服务对象等方式，加强对项目进展情况的跟踪检查，及时了解掌握项目进展和资金落实情况以及服务对象、社会公众、社区的诉求，及时调整方案、改进方法，确保资金安全和项目实效"④。

合约管理的内部监督机制主要涵盖政府和社会组织的内部监督和审核机制。

---

① MARVEL M, MARVEL H. Outsourcing oversight: a comparison of monitoring for in-house and contracted services. Public Administration Review, 2007, 67 (3).

② 弗雷尔，埃德温，波伊尔. 跨部门合作的治理：跨部门合作中必备的四种关键领导技能. 北京：化学工业出版社，2018.

③ ROMZEK B S, JOHNSTON J M. State social services contracting: exploring the determinants of effective contract accountability. Public Administration Review, 2005, 65 (4).

④ 关于印发《湖里街道关于政府购买社会工作服务暂行办法》的通知. (2018-02-11). 中国政府网.

合约的内部监督是政府和社会组织作为直接主体在合约的实际运营过程中对相应的政策落实、资金运用、权力运行等进行的内部管理。第一，政府内部对服务购买监督遵循全面性、透明性和公开性的原则。首先，从政府的内部监督主体来看，涵盖审计部门、财政部门、专门的审计人员、社会媒体和群众等。就厦门市社会服务的监督现状而言，厦门市审计局负责厦门市整体服务购买的财政预算审核，厦门市财政局每年度出具服务购买的财政预算和决算，2013年至今，主要由厦门市审计局负责财务审核。其次，从政府的内部监督内容来看，主要涉及财政监督和权力运行监督。最后，就监督流程而言，涵盖预算、审核、招投标和评估等各环节的监督。第二，合约实施过程中最好的外部监督机制是详细的合约条款[1]，最好的内部监督机制是主体之间的信任机制，信任在确保问责方面发挥着重要的作用[2]。在内部监督的操作过程中，2014年，《厦门市人民政府办公厅转发市财政局关于推进政府购买服务工作实施意见的通知》指出，在推进政府购买服务的工作中要"严格监督管理"，主要对资金管理、内部监督管理制度、项目评估、健全财务报告制度等方面进行规范。2017年，厦门市民政局、厦门市财政局联合出台的《关于政府购买社会工作服务的实施意见》指出，强化监督管理以保障政府购买社会工作服务，监督管理的内容具体涵盖加强日常监督和管理，不定期监督、检查、抽查政府购买社会工作服务的计划执行情况、资金使用状况、服务效果等。

（2）协调机制。

合约实施过程中的协作不是基于一套简单的标准、过程或者规定，更多是基于不同主体间的信任与协调。购买服务需要协调机制发挥作用的原因在于：首先，社会服务的合约制供给通常缺乏竞争性，这在一定程度上会限制政府使用终止合约和重新招标的战略管理方式；其次，合约意识形态动机可能导致政府能力缺失，主要表现为在购买服务过程中政府相应项目的政策和专业人员的缺失；再次，政策目标和相应计划的要求通常含糊不清，并且监督不当，公共管理人员难以评估承包者服务交付的效率，导致政府与承包者之间出现问责问

---

[1] BROWN T, POTOSKI M, SLYKE D V. Managing public service contracts: aligning values, institutions, and markets. Public Administration Review, 2006, 66 (3).

[2] VAN SLYKE D M. Agents or stewards: using theory to understand the government-nonprofit social service contracting relationship. Journal of Public Administration Research and Theory, 2007, 17 (2).

题；最后，政府与非营利组织之间的关系会在一定程度上改变社会组织治理实践，出现任务漂移、员工缺乏专业性和资金依赖等问题。①

协调关系并不是由于管理者的疏忽而出现的，往往与合约的设计和管理慎重决定有关。只有当合约中的各方在持续关系中具有共同利益，才会采取关系型合约。在关系型合约中，声誉、信任和习惯等往往扮演重要的角色，尤其是在长期和重复性合约中，各主体有动力获得公平性的交易声誉。② 协调关系与伙伴关系存在区别，主要在于协调关系由政府单方承担风险，伙伴关系则是主体双方共同承担相应的风险。伙伴关系的成功更多是主体双方的共同责任，在协调关系中的许多重大决策是由公共部门作出的。因此，在合约开始实施的早期阶段，政府与社会组织的关系更加偏向于合作伙伴而不是简单的委托-代理关系。

在合约实施的中期，提供公共服务交付的社会组织与政府结构之间处于一一对应的关系。这一时期政府与社会组织之间的项目往往是基于以往经验之上的续约；关系结构的类型是政府高度规范化与结构化、正式与非正式因素的混合，政府扮演的角色不再是单一的合约管理者和直接伙伴主体，而可能扮演了更大的供应者和网络管理者的角色，或者可能利用社会组织发挥作用。

因此，政府与社会组织协调关系的出现往往是伴随政府与社会组织之间短期合约关系的大量出现而发展起来的。换言之，协调关系是短期伙伴关系和长期伙伴关系之间的过渡阶段。

（3）风险管理机制。

合约天然具有的不完全性、合约执行中个体理性与集体理性的冲突、现实合约运行环境的缺失等，成为政府向社会组织购买服务过程中潜在风险存在的原因。政府通过合约的形式购买服务，合约的增多引发了严重的治理问题，或者说存在潜在的治理风险。

理论上，合约本身就存在不完全性和漏洞③；合约不完全性将带来道德风

---

① VAN SLYKE D M. Agents or stewards: using theory to understand the government-nonprofit social service contracting relationship. Journal of Public Administration Research and Theory, 2007, 17 (2).

② PETRIE M. A framework for public sector performance contracting. OECD Journal on Budgeting, 2002, 1 (3).

③ GURCAYLILAR-YENIDOGAN T, YENIDOGAN A, WINDSPERGERC J. Antecedents of contractual completeness: the case of tour operator-hotel allotment contracts. Procedia-Social and Behavioral Sciences, 2011 (24).

险、逆向选择风险、再次谈判风险和合作失败风险等①；合约中模棱两可条款的存在会导致在执行过程中合作主体的任务量增加，或者说存在争执。就个体理性和集体理性的冲突而言，可能带来诚信风险、财政风险和运行风险等。就合约执行的外部环境而言，可能存在不可抗力风险、合约执行预期效果不佳等风险。

实践上，首先，存在损害政府公信力的风险。在购买服务中，"社会组织代替政府供给社会服务毕竟代表着公权力，一旦出现相关的不良影响，将严重损害政府的公信力"②，承接购买项目的社会组织"担心政府不会兑现激励性的承诺，因为毕竟合约条款的主要内容是政府制定的，甚至有统一的合约范本，名义上是合作，但是其实他们自身是没有讨价还价的空间的"③。其次，存在服务购买的运行风险。在服务购买的过程中，虽然政府将相关的事项委托给社会组织运行，但是政府需要对社会组织的相关管理人员进行培训，这无形中增加了相应的运行成本和风险。在合约执行的过程中，模棱两可的合约条款一方面赋予了社会组织相应的执行权，另一方面也给社会组织带来了相应的困惑。再次，政府与公众之间的服务关系变成了评估关系，政府更多是通过公众的感知对所购买的服务质量进行评估。最后，存在合约变更风险。在购买服务中，"合约的签订只是关系的开始，怎样促进合约良好的运行是后续过程中需要长期处理的问题"④，主要面临的是合约变更后，购买服务项目后续费用的划拨问题。

当前政府风险管理机制主要包括主体责任分担机制和政府主导管理机制。

1）主体责任分担机制的核心理念是将风险分配给最适合处理该风险的一方，进行公共部门和私人部门之间的风险分类，以达到资金最佳使用价值的标准。⑤ 对于政府向社会组织购买服务中的主体责任，学者们更多倾向于政府作为主要的责任承担者。凯特尔指出，"政府要成为一个精明的买家，主要责任在于营造公平竞争的环境、开放的社会服务市场，监管服务质量，作为精明的买家努力为公众做个好的交易"⑥。然而，要实现政府与社会组织关系的构建，应

---

① 吕志奎. 政府合同治理的风险及其防范. 广东行政学院学报，2007，19（5）.
② 根据 2019 年 3 月厦门市民政局调研数据整理.
③ 同②.
④ 根据 2019 年 7 月对厦门市社会组织调研数据整理.
⑤ BELLIER M，ZHOU Y M. Private participation in infrastructure in China. Australian Journal of Basic & Applied Sciences，2012，6（2）.
⑥ 凯特尔. 权力共享：公共治理与私人市场. 北京：北京大学出版社，2009.

该建立政府与社会组织共同承担风险和责任机制。主要原因在于，在合约运行的过程中，政府和社会组织都是"能够影响组织目标实现或者被组织目标实现过程影响的人或团体"①。政府与社会组织在关系实践的过程中更加强调风险的共同治理，更多是基于利益相关理论的基础。在政府向社会组织购买服务的过程中，社会组织应作为责任和风险的承担者。社会组织的责任应该包括对资助者的责任、对受益者的责任和对组织内部成员的责任。然而，这种责任的承担不能打破政府与社会组织的委托-代理关系中的角色身份，责任的承担必须在政府的行政监督下进行。因此，在项目的风险分担中，社会组织应当以代理人的身份与政府共同承担社会服务项目中的风险和责任。

2）政府主导管理机制。② 政府与社会组织之间购买服务协议的达成并非简单的责任转移，而是一种供给方式和机制的变革。政府不再直接生产社会服务，但需要保障服务供给的合法性、正当性、实施效果并承担责任，同时依法保障社会组织和公众的知情权、决策权和监督权，完善公众参与治理的制度化渠道。③ 因此，在购买服务的过程中，作为更有能力承担风险的政府，不仅负有风险共担的任务，并且负有总体的风险管理和把控责任。在消除委托-代理潜在风险的过程中，政府可以通过公开资格审查和多方监督招标机制消除逆向选择风险；可以通过建立健全科学的动态监管和评价标准与方法，消除道德风险；可以通过购买服务过程中的政府相关部门自我监督和社会监督减少风险。④ 综上，在合约运行的过程中，政府职能侧重点的转变，能够在很大程度上减少合约实施过程中的风险。

（4）纠纷裁决机制。

合约纠纷裁决机制，即在合约实施过程中合约双方发生争议纠纷应该采取相应解决措施的一系列行为的集合。合约运行过程中的纠纷裁决主要依据私法和合约文本。私法上，我国目前公布的关于购买服务的法律依据都对于购买服务过程中可能存在的合约纠纷的处理方式进行了相应的规定。《中华人民共和国

---

① 弗里曼．战略管理：利益相关者方法．上海：上海译文出版社，2006．
② 卡罗琳（Carolyn）等学者指出，这一情形的例外情况可能发生在小型政府与大型公司签订合约的情况下，即在这一情况下私人部门要承担更多的风险，并且享有剩余控制权的分配。因此某种程度上不同主体直接的合作，在风险承担上与组织的规模和影响力存在关系．
③ 中华人民共和国国民经济和社会发展第十三个五年规划纲要．人民日报，2016-03-18．
④ 余佶．政府向社会组织购买公共服务的风险管理：基于委托代理视角及其超越．马克思主义与现实，2016（3）．

政府采购法》中有对"质量与投诉""法律责任"的规定；2013年国务院办公厅印发的《关于政府向社会力量购买服务的指导意见》没有明确提出在购买服务过程中的纠纷处理机制，而是将其笼统归纳在政府与购买服务的流程当中。

在合约文本中，合约一旦缔结即具备相应的约束效力。在合约关系运行过程中，购买服务的合约文本为合约运行中纠纷的裁决提供了重要的依据。根据梳理的政府购买服务的合约文本发现，89.5%的合约都具备纠纷解决条款。其具体表述为"协议纠纷解决的方式：甲乙双方如因本协议发生争议，双方应首先通过友好协商解决，如果双方不能协商解决，双方同意提交项目所在地法院诉讼解决"。综合而言，合约纠纷裁决的解决依据主要是合约和相应的私法，具体的纠纷裁决方式可以归纳为资源协商解决方式和诉讼解决方式。

（三）合约终结：服务购买中关系的变更

现代政府服务供给的改革模式中更加倾向结果导向，结果导向的直接表现为对绩效的关注。通过第三部门实现更好的绩效是许多有意扩展政府与社会组织之间合约项目政策制定者的一个核心目标。[1] 合约绩效是衡量政府购买服务效果的直观体现。合约绩效仍旧是衡量关系有效性和合约制治理有效性的重要内容。因此，通过购买项目的经济性、效果性、可持续性来分析政府与社会组织的合约关系将会呈现继续还是终止的变更方向。

1. 合约终结及其影响因素

服务购买在合约终结阶段是继续还是终止，是政府作为管理者面临的重要决定。合约终结的情形分为提前终结和自然终结。其中违约行为的产生是合约提前终结的重要因素。自然终结，即依据合约和政策终结。厦门市规定政府向社会组织购买服务时，购买合约一年一签，最长续签不超过三年。通过收集的政府购买服务的合约文本发现，政府向社会组织购买服务的必备条款之一是"合同期限与终结"。

合约终结的影响因素主要有三个：第一，竞争性因素。一些学者认为，在民营化时期，新公共管理、新公共治理倡导通过合约提高政府服务供给效率，认为私人部门相对公共部门更具有效率优势。然而也有学者提出竞争并不适合

---

[1] 奥斯本．新公共治理：公共治理理论和实践方面的新观点．北京：科学出版社，2016.

社会服务领域。竞争与促进绩效并不存在必然的关系，甚至竞争在一定程度上会降低绩效。尤其在合约终结之后，采取新一轮竞争会增加政府的成本。[1] 第二，管理因素。无论是在合约实施的哪一个阶段，绝大部分研究者都认为有效的政府管理机制、管理能力是合约有效运行的关键性因素，在合约终结阶段，政府的合约管理能力直接关系着政府能否成为精明的买家的持续性运作；在合约的外部监督上，政府需要具备监管能力，需要在实施监督的同时帮助供应者改善服务供给，保持政府与服务生产者之间良好的关系[2]；国内学者认为监督机制不健全、法律制度不完全是政府购买服务取得成效的阻碍性因素。[3] 第三，流程因素。在注重结果导向的购买服务中，管理者往往忽略流程管理的重要性。

2. 合约终结阶段项目效果分析

第一，减少了政府直接供给服务的成本。"简单就厦门市购买社工类服务而言，外包给社会组织，招募并支付给一个社工的工作费用一年大约为8万元。但是若是事业编制或者行政编制招募培养一名工作人员，一年加上医保社保类，则至少需要十几万元。"[4] 因此，从减少政府行政成本的角度而言，政府向社会组织购买服务可以在很大程度上节省相应的费用。同时，从工作效率的角度而言，"社会组织的工作人员在提供社会工作服务当中更具有服务精神，并且政府需要花费另外的精力对人员进行培训，因此直接交由社会组织提供服务，一方面发挥了社会组织的专业性优势，另一方面为政府节省了人力、物力资源"[5]。

第二，获得了良好的社会效果。通过对厦门市120家具备承接购买服务资格的社会组织进行问卷调研发现，在购买项目的效果上，54.6%的社会组织认为其购买项目效果超过预期效果的100%，33.7%的社会组织认为其购买项目效果超过预期效果的80%~100%，9.7%的社会组织认为购买项目效果超过预

---

[1] JOHNSTON J M, ROMZEK B S, WOOD C H. The challenges of contracting and accountability across the federal system: from ambulances to space shuttles. The Journal of Federalism, 2004, 34 (3).

[2] LAMOTHE S. How competitive is "competitive" procurement in the social services？. The American Review of Public Administration, 2015, 45 (5).

[3] 刘征驰，易学文，周堂. 引入公众评价的公共服务外包质量控制研究：基于双重契约的视角. 软科学, 2012, 26 (3).

[4] 根据2019年3月厦门市民政局调研数据整理。

[5] 同[4].

期效果的 50%～80%，仅有 2% 的社会组织认为购买项目效果超过预期效果的不到 50%。因此，大部分社会组织中承接社会服务的项目负责人或者社会组织管理者认为自身承接的购买项目达到了预期效果。对承接服务的单位调研显示，在项目的目标群体对于社会组织提供的服务的满意度中，"比较满意"占比 9.81%，"非常满意"占比 88.35%。承接过政府购买服务项目的社会组织认为，通过承接政府购买服务的项目，社会组织获得相应的资金支持，社会组织声望得以提高，为社会组织获得其他的项目提供了帮助，获得了相关的技术指导和支持等，并且增加了政府与社会组织之间后续合作的可能性。

3. 服务购买对治理结构的影响

第一，主体间关系的变化。合约的变更意味着政府与社会组织关系的终结，也可能意味着政府与社会组织将建立长期信任的伙伴关系。在政府向社会组织购买服务的过程中，合约是信任建立的基础，相关的监督机制、考核机制、风险评估机制则是具体的信任保障，要实现政府与社会组织之间伙伴关系的建立，需要在两者之间实现信任机制的构建。信任又可以分为合伙信任和计算信任。合伙信任意味着，通过政府与社会组织之间具体的购买服务项目，政府与社会组织实现了共同的目标，政府向社会组织转移相应职能。计算信任越来越成为一种主流形式，政府对社会组织参与社会服务供给已经开始形成有序的体系，两者之间开始形成伙伴关系，最终实现共同治理。

第二，主体地位的变化。在合约终结阶段，更多是政府部门根据在合约运行过程中承接服务项目的社会组织的履约情况、社会公众的需求来决定是否进行续约。例如，厦门市的某协会承办社会组织能力培训项目已经 4 年。虽然该协会仍旧是第三部门的非政府组织，但是通过连续几期的项目购买，这个协会已经成长为承接政府对社会组织培训职能的重要合作伙伴。虽然在前两期的合约重新签订阶段，出现过其他两家社会组织共同参与竞标，但是最终都是以该协会作为服务项目的承接主体。主要原因是该协会通过前两期的经验积累，已经与厦门市形成了相应稳定的供给模式，具备相应的专业能力。因此，合约终结阶段，社会组织的整个项目表现往往决定了后续政府的行为。社会组织的地位变化往往表现为通过业务能力的提升，逐渐实现与政府之间的平等对话。

第三，治理结构的变化。合约制治理通过注重长期的伙伴关系、克服短期行为效益，选择那些具备良好的声誉、信守承诺的社会组织，通过规则整合相应的职能。在这一过程中需要通过合约的形式实现政府权力的让渡，政府通过平行协商的形式让相应的社会组织代为行使相应的职能。政府职能的转移，在开始之初主要依靠合约来实现，但是对于长期伙伴关系的建立，相应的社会组织则会成为政府职能承接和行使的重要组成部分。厦门市的某协会在成立之初仅仅是作为资格审核的第三方主体，后续在长期的合作关系中，该协会逐渐承接了政府的这一部分职能，两者之间通过合约形成了伙伴关系，政府开始将这部分职能需要的经费直接纳入行政拨款，该协会也逐步承接了政府的相应职能。

综上，在合约运行阶段，不仅政府部门面临相应的管理任务挑战，社会组织也面临新一轮的整合和竞争。政府通过在终结阶段的考核，选择继续购买服务或者终结合约。通过案例分析发现，政府能否与社会组织建立长期伙伴关系，即从通过合约购买服务到将政府相应的职能长期承接给相应的社会组织，往往存在一个期限的转折点。这一转折点是基于经济、社会、政治要素共同作用的效果。同时，长期伙伴关系的形成不仅仅会减少政府的管理成本，也会在很大程度上降低社会组织的内部冲突活动。而在此期间出现短期合作的终结，则往往是由承接相应职能的社会组织无法适应起初的治理结果而造成的。

四、结论

在我国政府与社会组织共同治理的过程中，政府如何成为一个精明的社会服务领域的购买者，并通过治理机制的完善和治理能力的提高来实现治理结构的变革，成为当下我们思考的问题。本章建立了政府在向社会组织购买服务的合约运行过程中的主体行动策略-约束机制的分析框架，对合约缔结、合约运行两个阶段进行了单个案例和多案例的分析，试图回答通过购买服务项目合约的建立，政府和社会组织之间能否建立长期的伙伴关系，并改变原有的治理结构。由此我们得出了以下几个基本结论：

第一，合约关系的建立主要依托政府的行动策略和社会问题的出现，向社会组织购买服务是政府职能转变和治理方式变革的重要内容。通过合约建立两者之间的关系，在缔约前，政府需要从宏观机制的构建上采取一系列的行动策略，这一过程中政府往往扮演者"合作企业家"的角色。由于当前我国社会购买服务的市场化程度不高，更多时候需要政府进行相应的市场创造（比如进行社会组织的培育），以确保能够有更多符合承接资格的社会组织参与社会购买服务中。

第二，在合约关系的具体运行过程中，围绕政府与社会组织之间的委托-代理关系，政府和社会组织还需要与其他主体建立相应的关系，这一系列的关系通过隐性和显性的契约会形成一个关系网络。整个关系网络主要围绕政府与社会组织之间的关系而展开，社会组织处于关系网络的中心，政府次之。在政府购买服务的过程中，并不意味着政府完全放手，而是通过合约将社会服务的生产权转移给社会组织。同时，也验证了有学者提出的"在购买服务的过程中，政府过多干预服务购买就失去了原有的意义"。

第三，社会组织在整个合约的运行过程中兼具"经济人"和"社会人"的双重属性。在服务购买的初期，社会组织更多存在资源依赖，而在正式的运行过程中，往往会肩负自身所赋予的社会责任。在服务购买的实际过程中，这两种属性是相互统一的。

第四，合约购买方式在一定程度上改变了原有的治理方式和结构。合约制治理既可以看作是一种治理工具，也可以视为一种治理机制。通过这一机制和在服务购买中的应用，政府与社会组织建立了合约关系，并承接了政府转移的部分职能，这种服务供给模式在很大程度上都能取得成功，而其失败主要是合约管理环节的繁杂所致。

第五，伙伴关系的形成和治理结构的改变能够影响合作项目的绩效。在合约运行过程中，承接服务的社会组织不仅仅和直接购买主体形成委托-代理关系，同时在涉及多元主体的运行过程中也会形成相应的社会关系网络，并且形成嵌入式的治理结构，伙伴关系的形成和嵌入式的治理结构会使两个直接建立合约关系的主体的目标保持一致，从而使购买项目的经济效益实现程度更高。

第五章
合约制治理有效性检验

一、合约制治理有效性检验的研究背景

二、合约制治理有效性检验的理论基础

三、合约制治理有效性检验的文献综述

合约制治理：一种国家治理的新方式

合约制治理是当前公共管理领域的前沿热点话题。全球范围内众多国家都积极实施合约制治理，并取得了一定的成效。为了提高合约制治理的有效性，各国政府在合约制治理的主体、流程、方法等领域都进行了有益的探索。其中，探索在合约制中引入绩效管理机制，构建合约主体之间的履约责任规则，采用一个系统的评估框架去区分好的合约制和坏的合约制，是培育政府和私人部门、第三部门或公民个体之间的合作意识与信任机制，确保合约制产生最佳效果的重要方法。绩效管理机制的重要管理手段是引入合约的有效性检验。一些国家试图从不同的角度寻找有效性检验方案。近几年，中国在合约制治理工作推进过程中，提出了提高合约制治理评估能力的工作要求，力求提高对不同治理层级合约制治理的检验水平。这是政府提高现阶段合约制治理水平的重要环节，也是增强人民获得感的重要路径。然而，现有的研究并没有很好地解决合约制治理有效性检验问题。因此，合约制治理的有效性检验，就成了一个具有重要理论和实践意义的问题。

一、合约制治理有效性检验的研究背景

公共部门改革和治理的重要目标，就是要构建一种科学、有效的政府治理模式，使得政府能够实现持续、高效、稳定的良性运作，不断提高治理社会和科学配置公共资源的能力，从而为社会和公众提供更多令人满意的公共产品和服务，并迅速解决在这一过程中产生的各类社会问题，进而实现全社会的长治久安。在新公共管理运动浪潮下，不少国家面对国内外不断变换的政治与政策环境，通过改革政府治理方式和治理方法，创新技术和手段，不断"引入市场化工具、工商管理技术和社会化手段"[1]，逐步在实践中形成各具特色的合约制治理模式，有效提高了政府治理水平。在我国，"科学发展观""和谐社会""服务型政府""依法行政""党的执政能力建设"等新的治理理念和工作战略的提出，为我国构建具有中国特色的公共治理体系提供了基本的指导思想。[2]

随着各国治理理论和实践的蓬勃发展，治理水平和能力的不断进步，公众对政府治理工作也提出了更高的要求。公众希望能够在更短的时间里获得更多、

---

[1] 陈振明. 国家治理转型的逻辑：公共管理前沿探索. 厦门：厦门大学出版社，2016.
[2] 同[1].

更好的公共产品和服务，这种公共产品和服务能够更大程度上满足自身的需求。在这样的外在压力下，政府部门职能过于分散、治理效率偏低、执政成本上升等弊端逐渐显现，以政府为主的公共部门如果继续按照原有的治理手段和方法，将无法满足公众不断发展的公共需求，原先的公共产品和服务也将无法达到公众对享受更高、更优的公共产品和服务的期望。[①] 事实上，世界各国都在遵循公平、公正、透明、公开、效率、效益等原则的基础上，探索更优、更广、更有效率的治理方式。政府合约制治理理念随着这种大环境的发展，应运而生。

如今，不少国家和地区逐步试水合约制治理，并积累了珍贵的实践经验。各国政府大力推广使用民营化工具，采用合约外包等制度来提供公共产品和服务。在我国，合约制治理实践起步相对较晚，但是发展较为迅速。2014 年初，深圳市宝安区政府创造性地制定了《政府合同管理办法》，较为系统地规范了政府合约制治理行为。宝安区各行政、事业单位均按规定的流程指引开展合约的前期准备、协商谈判以及签约履行等工作，综合运用庭外和解、积极应诉等手段，共签订各类合约 2 936 份，累计节约 5 000 多万元，较好地实现了降低治理成本、提高治理效率的目标。此后，全国各地陆续开展合约制治理实践，发展态势良好。

合约制治理已经成为国家治理过程中至关重要的一环。而探索合约制引入绩效管理机制，构建合约主体之间的履约责任规则，采用一个系统的评估框架去区分好的合约制和坏的合约制，是培育政府和私人部门、第三部门或公民个体之间的合作意识与信任机制，确保合约制产生最佳结果的重要方法。可见，对合约制治理的有效性进行检验，明确什么是好的合约制治理的评价标准，是合约制治理发展的必然要求。

然而，近年来，合约制治理实践并未取得预期的效果，有的甚至不了了之。面对这一情况，研究合约制治理有效性检验标准，可以帮助改进合约制治理行为，从而更好更快地实现合约制治理目标，因而具有重要的理论和实践意义。

首先，构建起一套合约制治理有效性检验框架具有重要的理论意义。当前学界尚没有形成一套完整的合约制治理有效性检验框架，因此，从理论层面而言，本章主要具有以下三点价值和贡献。第一，对合约制治理有效性检验理论

---

① BROWN T L, POTOSKI M. Contract-management capacity in municipal and county governments. Public Administration Review, 2003, 63 (2).

形成补充。当前,学界直接涉及"政府合约制治理有效性检验"或者"公共部门合约制治理有效性检验"相关的文献资料相对较少,大部分文献依旧集中在探讨"治理""关系治理""政府合约"等内容上。同时,许多文献资料都围绕合约制治理有效性检验的含义、类型、优势以及风险等内容展开讨论,鲜见涉及有关政府合约制治理有效性检验的实施效果及改进的问题,且以描述性语言为主。本章将在整理分析现有文献资料的基础上,梳理出一套具有针对性的合约制治理有效性检验框架,以便于未来有效性检验工作的进一步开展。第二,对合约制治理有效性检验的"案例库"形成补充。与国外大多以个案形式探讨政府合约制治理的思路不同,目前国内学界的研究以定性描述当前合约制治理的总体情况为主,国内学界鲜有针对当前政府合约制治理的案例研究内容。因此,在理论梳理的基础上,本章将选取国内外具有代表性的案例进行分析,以便于加深对合约制治理有效性检验理论的理解。第三,丰富国家治理理论体系。合约制治理有效性检验是国家治理理论的重要内容,对合约制治理进行科学、系统、全面的有效性评价,有助于明确合约制治理的评价标准,推动未来合约制治理工作的进一步开展,从而促进国家治理工作的持续有效进行。

其次,构建起一套合约制治理有效性检验框架具有重要的实践意义。第一,有利于合约制治理有效性检验实践朝着纵深方向不断发展。总体而言,公共部门合约制治理是新兴起的治理实践,仍然处于发展阶段。近年来逐步用"治理"这一新理念,取代以往的"管理"或者"行政"这一理念。此外,在治理实践活动中,集中精力关注政府内部制度与组织的改进,对第三部门等外部资源考量较少,呈现不足的发展态势。因此,构建合约制治理有效性检验框架,有利于明确合约制治理的范围和标准,促进合约制治理实践的进一步发展。第二,有利于明确合约制治理成效的评价标准。即使是在当下合约制治理研究火热开展的时期,各地合约制治理活动依旧缺乏科学有效的规划性和持续性,这导致许多合约制治理主体不能很好地发掘自己的潜力和特质,片面追求"公开""透明""高效""廉洁""服务型政府"等较为笼统的概念,从而导致政府合约制治理趋于同质化,片面地追求治理方式的创新,将"合约制治理"简单地等同于"合约外包""承包""特许经营"等,导致合约制治理失效。因此,构建合约制治理有效性检验框架,有利于明确评价的标准,指导各地因地制宜地开展合约制治理实践活动。

二、合约制治理有效性检验的理论基础

(一) 理论渊源与发展

合约制治理有效性检验理论的发展源远流长。法学领域的合约最早可以追溯到古罗马时期。古罗马出台了作为商品生产者社会的第一部法律《罗马法》，而契约法律制度又是《罗马法》的精华所在。德国著名法学家耶林（Jhering）在《罗马法的精神》一书中曾经对此有过经典的阐述："罗马帝国第三次征服世界，第一次以武力，第二次以宗教，第三次则凭借法律。"[①] 西方契约法以《罗马法》为根基，并加以发展，大陆法系和英美法系都受其影响。

政治学领域的合约概念，在公元前5世纪就出现在古希腊哲学家伊壁鸠鲁（Epicurus）提出的"社会契约说"中。这一学说也为近代"社会契约论"的发展提供了直接的理论来源。"实质上说，现代民主政治就是契约政治。"[②] 对政治契约阐述较为精辟的是美国诺贝尔经济学奖得主布坎南（Buchanan），他认为"政治就是这样一个过程，在这个过程中，具有各自的和潜在的不同利益和价值的个人，为了获得对合作努力的各自估价的利益与价值而相互作用。因此，政治的最终模式就是契约行为，除此之外，别无可行的选择"。同时，布坎南进一步指出："政治契约模式必须恪守三项准则，第一，私人和公众代理人的行为受到法律的限制与约束；第二，在法律范围内，政治实体中所有成员都有平等进入决策机构的机会，在做出的集体决策中都有平等的分量；第三，在法律范围内集体行动和对变更法律所采取的行动之间有一条公认的界限，对后者的决策规则一定要比前者范围更加广泛。"

随着新公共管理运动的不断发展，为了提高政府治理效率，各国政府都开展了各式各样的改革实践。OECD指出这场改革运动的理念为："在各个层级之间、在监督机构与执行机构之间、在公共和私人的各个生产单位之间应当引进一种更为合约化、更具有参与性、更具有选择自由的新型关系。"[③] 在这一改革理念的指导下，公共部门在实践过程中大量吸收了私人部门的科学管理技术和

[①] 周枏. 罗马法原论：上. 上海：商务印刷馆，1994.
[②] 张振国，薛现林，王利军，等. 中国传统契约意识研究. 北京：中国监察出版社，2008.
[③] 休斯. 公共管理导论：第2版. 北京：中国人民大学出版社，2001.

方法，把公共选择理论、委托-代理理论、交易成本理论等主流思想与市场机制有机结合在一起，形成了"新合约主义"，并在新公共管理运动的实践中不断融合和改进。[①] 这一现象首先在学术领域引发了思考，胡德认为，把公共事务都通过合约的方式进行是新公共管理运动的重要环节；休斯指出这种"新合约主义"是新公共管理运动的新锐表现[②]；莱恩则把新公共管理运动与合约主义完全等同起来[③]。可见，合约制治理理论逐步代替传统的政治管理理论，成为公共部门治理的最新理论范式，是在对传统官僚制治理低效率、高消耗的分析和反思的过程中逐渐形成并发展起来的。

自1922年韦伯专门撰文对官僚制进行阐述后，在其后很长一段时间内官僚制理论被认为是传统公共行政学派的理论基石。在当时的社会环境下，官僚制理论对公共部门的治理起到了极大的推动作用，当时的学界普遍认同官僚制部门是唯一能够高效、及时地进行公共产品和服务供给的组织。

直至20世纪四五十年代，西方国家逐步从工业社会向后工业社会过渡，韦伯的官僚制理论的弊端在实践中逐渐暴露出来，再次引发了学界对官僚制理论的热情讨论。1948年，沃尔多撰写了《行政国家》一书，指出官僚制已经不能有效地实现效率目标，对政府效率的评价也缺乏精准性。此后，社会学、经济学以及政治学领域的众多学者对韦伯的官僚制理论展开了广泛而全面的批评和思考。其中，以尼斯坎南最具有代表性。尼斯坎南在其1971年出版的《官僚制与代议制》一书中，综合运用公共选择理论和经济学分析途径构建了尼斯坎南模型，用于分析官僚制的效率问题。[④] 尼斯坎南指出，基于"经济人"假设，官僚组织中的工作人员会努力追求自身利益最大化[⑤]，这样一来，在传统官僚制的财政预算制度下，因为信息不对称，工作人员就会出现寻租腐败等现象，忽视公众对公共产品和服务的需求，从而造成公共产品和服务的供给和需求失衡的局面，导致公共资源配置的低效率或无效率，从而无法实现帕累托最优。[⑥]

20世纪70年代末80年代初，凯恩斯理论受到挑战，西方各国滞胀严重，

---

① 陈振明. 国家治理转型的逻辑：公共管理前沿探索. 厦门：厦门大学出版社，2016.
② 休斯. 公共管理导论：第2版. 北京：中国人民大学出版社，2001.
③ 莱恩. 公共部门：概念、模式和方法. 北京：国家行政学院出版社，2003.
④ 同②.
⑤ 尼斯坎南. 官僚制与公共经济学. 北京：中国青年出版社，2004.
⑥ 莱恩. 新公共管理. 北京：中国青年出版社，2004.

失业率大增，政府面临着巨大的财政赤字压力，同时政府管理的合法性受到普遍质疑。①② 面对这种局面，各国政府先后掀起了以追求"3E"为主旨的政府再造运动，学界也积极开始讨论效率和效益的问题。公共选择理论的发展，敦促政府积极采用市场机制来解决官僚制运作失灵的问题。此时，依靠民营化等市场机制控制政府规模、减少财政开支、节约行政成本，并提高政府工作效率，成为当时政府改革和治理运动的核心思潮。莱宾斯坦专门撰文提出了"X-效率理论"，这一理论认为过高的行政成本导致了公共组织行政效率低下，而X-非效率则是由长期合约造成的。一般来说，长期合约具有稳定性，不具有充分的竞争性，对委托-代理双方而言，压力比较小，在这种宽松的氛围下，政府雇员就会慢慢形成松懈、怠慢的工作态度。在此基础上，莱恩在《新公共管理》一书中，对当时政府效率问题进行了进一步阐述，他认为这种消极的工作态度会造成公共产品和服务供给总量的减少，此时，以政府为代表的公共部门就会通过提高单位公共产品和服务的价格来平衡组织收益，甚至追求获得收益的最大化。③

20世纪末，OECD各国的新公共管理运动的实践，极大地推动了合约制治理理论的继续前进。在私人部门治理领域，现代合约制治理理论成为经济学研究的热点领域，其中以科斯为代表的交易成本理论、以詹森（Jensen）和麦克林（Meckling）为代表的委托-代理理论的应用最为广泛，成为提高私人部门治理效率、解决市场失灵问题的不二选择。为了提高公共部门的X-效率，公共部门积极开展政府再造运动，西方国家率先将私人部门行之有效的合约制治理理论引入公共部门的日常工作中，这一做法不仅打破了公私领域的制度界限，也促进了市场机制和官僚制的融合。此后，运用交易合约和雇佣合约成为政府合约制治理不可或缺的重要手段。

总体来说，合约制治理理论是随着公共部门治理的发展而不断发展的，它是在以往的委托-代理理论、合约经济理论以及合约理论的基础上演变而来的。现在，合约制治理理论已经成为国家治理理论的最新范式，并且又有了新的研究热点，那就是思考什么样的合约制治理才能称为好的合约制治理，因此合约制治理有效性检验成为当前学界讨论的前沿和热点。表5-1梳理了2000年以

---

① 胡代光，厉以宁，袁东明. 凯恩斯主义的发展和演变. 北京：清华大学出版社，2004.
② 陈振明. 国家治理转型的逻辑：公共管理前沿探索. 厦门：厦门大学出版社，2016.
③ 莱恩. 新公共管理. 北京：中国青年出版社，2004.

来公共部门合约制治理研究的主要著作。

表 5-1　2000 年以来公共部门合约制治理研究的主要著作

作者	著作	年份
奥斯特罗姆（Ostrom）	《公共事务的治理之道：集体行动制度的演进》《公共服务的制度建构》	2000
萨瓦斯	《民营化与公私部门的伙伴关系》	2002
霍恩（Horn）	《公共管理的政治经济学：公共部门的制度选择》	2004
罗伯特·登哈特（Robert Denhardt）、珍妮特·登哈特（Janet Denhardt）	《新公共服务：服务，而不是掌舵》	2004
朗蒂内利（Rantinelli）	《发展的伙伴：公私机构在提供公共服务中的合作》	2004
奥斯本（Osborn）、盖布勒（Gaebler）	《改革政府：企业家精神如何改革着公共部门》	2013

（二）概念辨析

1. 合约制

新公共管理体制中的合约是由指导公共服务提供的各种协议构成。① 莱恩在《新公共管理》一书中指出，公共部门合约制是一种公共部门的基本交换工具，"是购买者和供应者之间经过招标/投标过程所达成的一种合约，是一种私法协议"。新制度经济学把合约制定义为一种微观层面对交易机制进行约束的制度。以张五常为代表的学者把合约制定义为在自愿交易过程中的一种基于承诺的产权流转方式。② 威廉姆森指出，合约制是微观治理过程中的一种有效的规制方式。③ 在我国，合约制是指一切以合约形式完成治理工作的一种新的治理机制。我国学者陈振明教授及其团队承担的国家自然科学基金面上项目"作为

---

① 莱恩. 新公共管理. 北京：中国青年出版社，2004.
② 张五常. 再论中国. 香港：香港信报有限公司，1987.
③ 袁庆明. 新制度经济学教程. 北京：中国发展出版社，2011.

一种国家治理新方式的合约制：机制设计与有效性检验"的相关研究成果中，将合约制定义为合约框架内一种权力的转移。

可见，当前学界对合约制的含义没有统一的表述，但是不同学者给出的含义存在相通之处：合约制是一种以合约作为基石的权力转移方式，旨在提高公共产品和服务供给水平的同时，提高政府整体治理效率的一种新型的政府治理机制。表5-2对合约的内涵进行了梳理。

表5-2 合约的内涵梳理表

来源	合约的内涵	所属领域
《罗马法》	合约是指由双方意愿一致而产生的相互间法律关系的一种约定	法学
《法国民法典》	合约为一种合意，依照此种合意，一人或数人对于其他人负担给付、作为或者不作为的债务	法学
《契约论》	理想中的政府建立的基础或合法性的来源，国家建立在契约之上	政治学

资料来源：费安玲. 罗马法与学说汇纂. 北京：中国政法大学出版社，2016.

2. 合约制治理

合约制治理这一提法来源于"治理"这一概念。公共领域中"治理"的内涵，包括正式的和非正式的一系列的制度安排，与过去的政府"统治"存在明显的区别。表5-3展现了世界银行、全球治理委员会对治理内涵的不同理解。表5-4从权威来源和运行方向两个方面，对治理和统治两个概念进行了辨析。

表5-3 对治理内涵的不同理解

来源	治理内涵
世界银行	治理是对一个国家用于发展的经济和社会资源进行管理过程中的权力实施方式
全球治理委员会	治理是公共和私人机构管理其共同事务的诸多方式的总和

资料来源：根据世界银行官网和中国新闻网资料整理。

表 5-4　治理和统治概念辨析

概念	权威来源	运行方向
治理	不局限于政府	上下互动
统治	政府	自上而下

资料来源：彭宗超. 公共治理视野中的中国听证制度改革. 公共管理评论，2004（1）．

合约制治理最早出现在企业管理中，指的是企业通过合约的方式进行生产活动的总称。具体来说，包括合约的订立、履行、变更、解除、转让、终止这五点内容，通过审查、监督、控制这三个手段进行合约制治理。1937年，科斯在其《企业的性质》一文中，将企业定义为一系列合约关系的总和。

库珀在《合同制治理：公共管理者面临的挑战与机遇》一书中指出，公共部门领域的合约制治理主要指的是政府把提供公共产品和服务的工作外包出去，以合约的形成、实施、终止或者转换的形式进行公共领域管理的一种综合型治理手段。[1] 同时，库珀还认为合约制治理行为已经渗透到公共管理的日常运行中。以美国为例，美国政府正在日益依赖与社会组织的合约。在当代，合约制治理已经逐步被看作是一种在宏观层面和微观层面开展治理活动的国家政治行为，具有较强的技术性。[2]

3. 合约制治理有效性检验

意大利经济学家帕累托从制度层面对"有效性"进行了分析，认为其是资源分配的一种理想状态，假定固有的一群人和可分配的资源，从一种分配状态到另一种状态的变化中，在没有使任何人境况变坏的前提下，使得至少一个人变得更好。习近平主席在2016年主持召开的中央全面深化改革领导小组第二十一次会议上，首次提出对当前改革成效的评价标准："要把是否促进经济社会发展，是否给人民群众带来实实在在的获得感，作为改革成效的评价标准。"[3] 我国政府改革与治理的最终目标，是实现国家经济的和平与发展，稳固社会的长治与久安，满足人民群众的不断发展的需求。落实到政府合约制治理过程中，就是为了提高政府治理效率，满足人民群众的需求，促进社会各项工作的蓬勃

---

[1] 库珀. 合同制治理：公共管理者面临的挑战与机遇. 上海：复旦大学出版社，2007.
[2] 俞可平. 国家治理评估：中国与世界. 北京：中央编译出版社，2009.
[3] 中共中央宣传部. 习近平新时代中国特色社会主义思想学习纲要. 北京：学习出版社；人民出版社，2019：92.

发展。

合约制治理有效性，是指政府开展合约制治理活动获得成果与预期目标的契合程度。具体来说，指的是政府在通过合约制对体制内外进行治理的同时，向公众提供公共产品和服务的能力，这种能力一般体现在公共产品和服务供给的质量、效果、速率以及公众满意等方面。

合约制治理有效性检验，指的是考察合约制治理行为是否起到了应有的效果，合约框架内的权力转移是否行之有效，是否达到了预期的目标，是否满足人民群众的需求和期望。确立合约制治理有效性检验框架的过程，实际上是一种将公共管理学理念与现实社会合约制治理分析相结合的过程，也是一个检验并且提升合约制治理改革的重要环节。

与传统的治理效率相比，合约制治理有效性更加强调目标的达成程度，注重质量层面，它更加强调效果（不仅仅是短期的效果，更加关注长期的可持续性发展），重视提供的公共产品和服务的质量（不仅仅考核工作量和投入量），注重质量保证能力（不仅限于单一的政绩成果）。因此，对于如何进行合约制治理有效性检验的问题，必须从主导合约制治理的政府、参与合约制治理的社会组织和公众等多个层次综合考量。

建立一套科学的合约制治理有效性检验框架和评价指标体系，是客观认识当前合约制治理情况的前提。基于对合约制治理有效性进行较为全面的检验，政府部门才能够发现合约制治理过程中的问题和不足，从而在下一阶段的合约制治理过程中进行修正和完善。

（三）合约制治理有效性检验的代表性理论

合约制治理有效性检验的理论是随着合约制治理活动发展而不断深化并拓展外延。具体来说，治理活动这一提法最早出现在工商管理领域，以企业管理的形式为世人所熟知。此后，随着政府重塑运动的推广，大量被实践证明的科学有效的企业治理工具被引入政府管理领域，政府逐步采用标杆管理、全面质量管理、差距矩阵模型等绩效评估手段对政府管理效果进行评价。随着社会治理理论的推广，在全球范围内，掀起一股从"政府管理"向"政府治理"转变的浪潮，与之适应，政府开始探索治理评估的新思路和新方法。合约制治理，作为国家治理的最新范式，能够更好地适应治理实践的需求，更好地组织起全社会力量来提供公共产品和服务，以满足公众的需要。

具体来说，合约制治理有效性检验的理论发展大致经历了企业治理检验理论阶段、政府管理检验理论阶段、社会治理检验理论阶段以及国家治理检验理论阶段这四个发展阶段。

1. 企业治理检验理论阶段

美国学者米恩斯（Means）等人在1932年出版了《现代公司与私有财产》一书[①]，开启了企业治理检验理论探讨的先河。此后，众多学者不断对这一理论进行拓展，并尝试对企业治理情况进行评价。

总的来说，在企业治理检验理论阶段，对企业治理成效的检验以各种雇佣合约为基础，考察企业绩效。企业治理检验理论先后发展了四种考核办法，即德能勤绩考核法、360度评估法、目标KPI考核法和战略绩效管理法。

（1）德能勤绩考核法。

这种考核方法的核心在于关注被考核对象的"德"与"勤"这两个维度的内容，而对实际工作成果不是那么重视。作为早期企业合约制治理的考核办法，德能勤绩考核法的评价标准比较宽松，大多采用"尺度评价法"，即给每一项指标定义一个分数，按照个人主观意愿打分。这样一来，就缺乏固定而客观的考核标准，常常因为个人主观色彩过于强烈而影响最终的评价效果。

（2）360度评估法。

这一评估方法又称为全方位绩效考核办法，指的是从利益相关者那里获取被考核对象的相关考察信息，对被考核对象进行一个全方位的立体化的绩效评估。这些考察信息一般包括以下几种：上下级之间的监督和反馈；同级之间的监督和反馈；协作与联动部门的监督和反馈；顾客的监督和反馈。这一考核办法综合考察组织内外的治理评价情况，并通过采用多个信息来源的方式保证信息的真实性和可靠性。

（3）目标KPI考核法。

这一考核办法的核心在于对基于目标达成的制胜因素的分析和考察，也是一种对重点工作的考察方式。一般来说，在进行考察时，会选择若干与当前工作关系最为密切的关键指标，并以此作为核心标准，对员工进行考察。目标KPI考核法一般不单独使用，而是作为综合考察阶段的一个辅助方法。在偶尔

---

① MEANS G, BERLE A A. The modern corporation and private property. 2nd ed. New York: Routledge, 2017.

单独使用的时候，关注的也是雇员个体的能力和素质，而不是整体组织的效果。

(4) 战略绩效管理法。

这一考核方法主要指的是利用平衡记分卡进行治理有效性的评估。平衡记分卡将企业治理效果的评价维度划分为四个方面，即财务、客户、内部流程和学习成长。这种考核办法把企业制定的工作目标具体分解为考核细则，通过与实际治理成果进行比较来区分管理效果的好坏。

此外，也有部分企业采用共同体 GTT（go to team）管理系统来直接进行企业治理的评估。共同体 GTT 管理系统以员工雇佣合约管理为中心，以绩效管理为主线，从组织架构、岗位工作、审批流程、目标绩效、员工成长、薪酬、员工培训等维度出发，全方位评价企业开展内部合约制治理是否达到预期的效果。同时，也会参考文化形成、知识总结、技能分析、激励手段等方面的内容，帮助考核企业及其雇员的合约制治理成效。

2. 政府管理检验理论阶段

政府管理检验主要以政府绩效评估的方式进行。随着新公共管理运动的开展，大量的企业治理方法涌现，要求政府去芜取精，吸收科学的考核和检验办法，提高政府绩效，以更优的姿态处理公共事务。从评估标准上看，对政府绩效的评估主要分为两种：一种是对政府行为及其成果的评估；另一种是对政府能力的评估。

(1) 政府行为及其成果的评估。

政府行为及其成果的评估，指的是在对政府管理阶段所采取的管理行为和管理结果的一种内部性的评估。一般来说，可以分为合规评估、成果评估、经济性评估、成本效益评估、资源配置效率评估以及公平评估这几种类别。开展政府行为及其成果的评估可以及时且迅速地了解政府在当前管理过程中的行为方式和目标达成情况，从而帮助改进管理方法，提升政府效率。但是，这种评估方式很难制定一个评估行为的统一标准，尤其是不同部门之间的比较，缺乏统一的评估准则，给政府行为及其成果的考察带来不小的难度。

(2) 政府能力的评估。

这一评估具体指的是对政府开展管理活动的一种综合能力的评估。目前，对这一维度评估的理论探讨比较少，最具有代表性的是美国雪城大学马克斯韦尔公民与公共事务学院所作的评估。其对政府能力高低的评判标准主要在制度建设方面，对政府管理活动进行全面考察，同时也高度关注管理对象对结果的反馈。

政府能力评估的考察维度，主要包括经济、效率、效果、行政执行能力、公平正义这五个方面（见表5-5）。可见，政府能力评估的考察兼具内部考察与外部考察的视角（见表5-6），以预定的工作目标为基础，考察各项工作的具体落实情况，力求做到全面、真实、可靠。

表5-5 政府能力评估的考察维度

维度	内容
经济	管理项目中占用资源的情况
效率	投入与产出的比例关系
效果	公共服务实现目标的程度
行政执行能力	把效率和效果结合起来的衡量指标
公平正义	接受公共服务的团体和个人都受到公平的待遇，社会弱势群体能同等享受公共服务的补偿机制

表5-6 政府能力评估的考察视角

视角	内容
内部考察	部门整体绩效管理
	部门领导班子和领导干部考核
	工作人员绩效管理
外部考察	社会满意度评估
	重大项目和公共政策评估
	独立的第三方绩效评估

3. 社会治理检验理论阶段

社会治理检验指的是对整体社会治理水平高低的一种评价和判断。社会治理兴起于20世纪末，指的是包括政府、企业、公民在内的多个社会主体通过协调、平等对话的方式，以法律法规为基础，对公共事务进行治理，努力达到帕累托最优的过程。

社会治理检验的核心工作是考察治理制度建设的水平。具体来说，在发展的初期，以社会治理的绩效评估为主，基本沿用政府管理检验理论阶段的检验手段。随着社会治理检验理论的发展,许多国家立足于本国国情,设计出了各具特色的社会治理评价指标体系。

(1) 社会治理绩效评估。

社会治理绩效评估,是基于社会治理概念的提出而产生的一种评估方式。相比政府管理评估而言,社会治理评估的内涵更为丰富,除了包括政府、企业、公民等多个主体外,其评价指标体系也更为翔实。张欢、胡静提出了社会治理绩效评估必须重点从公众层面进行考察的观点,并列举了3个检验维度和12个评价指标(见表5-7)。

表5-7 公众层面的社会治理绩效评估表

维度	评价指标
公平感	分配公平
	程序公平
	人际公平
	信息公平
满意度	公共社区服务
	社区便民服务
	民生保障服务
幸福感	社会整合
	社会贡献
	社会和谐
	社会认同
	社会实现

资料来源:张欢,胡静. 社会治理绩效评估的公众主观指标体系探讨. 四川大学学报,2014 (2).

(2) 中国社会治理评价指标体系。

中国社会治理评价指标体系由中央编译局与清华大学合作设立,包括1个一级指标、6个二级指和35个三级指标(见表5-8)。其中,该指标体系的二级指标所代表的六个考察维度,构成了我国社会治理评价指标体系基本框架的六大基石,体现了民主、法治、公平、正义、稳定、参与、透明、自治等社会治理领域的重要工作理念。这一评价指标体系设立的宗旨是为社会治理的改革和创新指明方向,帮助政府及时发现社会治理中出现的问题,并及时调整治理政策的规划和实施,给未来国家治理的开展提供了有益的经验借鉴。

表 5-8 中国社会治理评价指标体系

一级指标	二级指标	三级指标
中国社会治理指数	人类发展、社会公平、公共服务、社会保障、公共安全、社会参与	人均可支配收入、平均受教育年限、平均预期寿命、居民幸福感；城乡居民收入比、基尼系数、高中阶段毕业生性别比重、县处级以上正职领导干部中女干部比重、居民公平感、人均基本公共服务支出、基本公共服务支出占财政总支出比重、人均公共服务设施指数、一站式服务普及率、失业率、居民对公共服务的满意度；基本社会保险覆盖率、住房支出占人均可支配收入比例、社会救助比率、低保标准与人均可支配收入比例、居民对社会保障水平的满意度；万人刑事案件发案率、万人治安案件发案率、非正常死亡率、群体性事件数量、万人恐怖袭击伤亡人数、居民安全感；万人社会组织数量、万人志愿者数量、政府购买社会组织公共服务占公共服务支出比重、居民委员直选率、居民参选率、重大决策听证率、预算制定过程中的公众参与率、媒体监督的有效性、居民对参与社会管理的满意度

资料来源：俞可平. 中国社会治理评价指标体系. 中国治理评论，2012（2）.

4. 国家治理检验理论阶段

国家治理检验指的是从宏观视角对国家综合治理水平的全方位考察。具体来说，国家治理检验需要从多方面入手，综合考察政府治理、社会治理、企业治理等多个维度。在考察国家治理的过程中，合约制作为一种新型的治理工具，应用广泛并发挥了重要作用，一方面，政府作为核心要素，以正式和非正式合约实现内外部治理并统筹社会治理；另一方面，以合约外包的形式由企业来承担公共产品和服务的供给。因此，在很大程度上，国家治理检验就是对现阶段合约制治理的成效进行检验。表 5-9 从广义和狭义的角度分别考察了国家治理检验的内涵。

表 5-9 国家治理检验的内涵

视角	内涵
广义	对政府治理、社会治理、企业治理等维度进行考察
狭义	对中央政府治理水平的考察

（1）国外国家治理评估。

目前，国际上的国家治理评价指标体系主要有四类，包括联合国开发计划署治理评价指标体系、多边机构治理评价指标体系、双边机构治理评价指标体系、独立机构治理评价指标体系。

表 5-10 国际上的一些国家治理评价指标体系

类别	内容
联合国开发计划署治理评价指标体系	联合国是以贫困和性别为维度的"民主治理指标框架" 联合国人类发展报告 联合国人类发展中心的"人文治理指标" 联合国奥斯陆治理研究中心的"民主治理测评体系"
多边机构治理评价指标体系	世界银行的"世界治理指标" 世界银行的国家政策与制度评估 世界银行的治理与反腐败观察 经济合作与发展组织的"人权与民主治理测评"指标体系
双边机构治理评价指标体系	英国海外发展组织的"世界治理评估" 美国国际发展署的"民主与治理框架" 荷兰国际关系研究所的"治理与腐败战略评估"
独立机构治理评价指标体系	世界经济论坛的"全球治理倡议" 瑞典哥德堡大学的"治理质量观察"

资料来源：俞可平."国家治理体系和治理能力建设"笔谈. 华中科技大学学报，2014 (3).

(2) 中国国家治理评估。

中国国家治理评估主要包括中国治理评估、治理绩效评估、治理现代化评估以及善治评估。

第一，中国治理评估。中国治理评估方面的理论研究相对比较丰富。俞可平教授提出的"中国治理评估框架"，包括评估中国国家治理有效性检验的 12 个主要考察维度，并在其下具体设置了 116 个详细指标。这 12 个考察维度分别为公民参与、人权与公民权、党内民主、法制、合法性、社会公正、社会稳定、政务公开、行政效益、政府责任、公共服务、廉洁。这个评估框架简明扼要地考察了当前中国国家治理的总体情况，能够较为真实完整地反映当前中国的治理现状，对未来的合约制治理框架的搭建具有一定的指导意义。值得一提的是，这套指标体系还设置了对未来治理前景的预测性指标；主客观指标设置比较科学，既有描述性的指标，又有数据性的指标，总体来说设计翔实。

俞可平在借鉴国际经验的基础上，基本建立了一整套国家治理评估体系，并细致分析了我国国家治理评价指标体系。[①] 汪仕凯则指出国家治理评估体系

---

① 俞可平. 国家治理评估：中国与世界. 北京：中央编译出版社，2009.

应当综合考虑主客观指标。① 其中，涉及合约制治理的指标为通过外包实现的公共产品和服务的供给部分的指标，主要包括交通设施覆盖率、通信设施建设水平、水利设施完成率、民生设施建成率等。

此外，盛明科等人设计了"中国政府服务的公众满意度测评模型"，主要从公众期待、服务成效、感知价值、公众满意度、公众负面反馈、信任程度这六个维度出发进行考察。李宪奇将国家治理主体（政府组织与非政府组织）和国家治理建设内容（治理结构与治理能力）做交叉，形成一个2×2的治理体系和治理能力现代化评估体系的概念模型进行有效性检验。②

第二，治理绩效评估。一般来说，治理绩效评估指的是治理结果对治理目标的实现程度。具体来说，按照治理过程划分，治理目标主要有可持续的发展、生活质量的普遍提升、可持续的稳定三个方面的内容，并且这一目标的实现是可持续的，具体内容见表5-11。

表5-11 治理目标

治理目标	内涵
可持续的发展	经济和社会的协调发展、均衡发展具有可持续性； 政府政策制定可持续发展
生活质量的普遍提升	社会公共服务特别是社会福利服务均等化和质量不断改善； 公众各方面的需求得到满足
可持续的稳定	公民的自由和权利得到法律的保障； 公民及其组织对政策过程的参与和支持； 公民具有高度的安全感和公平感

资料来源：俞可平. 国家治理评估：中国与世界. 北京：中央编译出版社，2009.

此外，我国的治理权力运行遵循的开放、公平、公正、透明、廉洁等原则，对治理目标的实现具有直接影响。因此，在治理绩效评估方面，学界普遍认同应把这几点原则纳入考察范围内。其他诸如政府制定政策的质量和数量、公共服务提供的水平和质量、公共权力的规制和运行等，也是治理绩效评估考察的重点内容。

---

① 汪仕凯. 国家治理评估的指标设计与理论含义. 探索，2016（3）.
② 李宪奇. 中国城市治理评估模型的建构与应用. 江淮论坛，2015（6）.

第三，治理现代化评估。治理现代化评估指的是对治理能力、治理水平以及治理体系的现代化程度的考察。一般来说，可以从民主化、法制化、制度化、高效化这四个维度进行考察（见表5-12）。其中，民主化和法制化代表的是科学治理，制度化和高效化则蕴含着有效治理的思想。

表5-12 治理现代化评估维度

维度	内涵
民主化	政府治理结构的设计和运行在委托-代理关系中体现了民主授权和民主监督问责的原则； 选民和民选政治家（政府领导人和民意代表）之间建立选举授权和选举问责机制； 代议制机关和政府之间建立组成政府的授权和监督政府、更换政府的问责机制
法治化	治理过程能够体现限制政府权力和维护公民自由权利的有机统一； 通过在政府内部建立规则和程序的最高权威地位来实现政府内部控制的法治化； 政府对经济社会的规制须依法而行，实现法治化，公民拥有各种权利救济手段
制度化	各类治理主体如中央政府、地方政府、市场和企业、社会组织、公民和社区等在政府治理模式中的地位和作用及其相互关系都有相应的法律规定； 避免互动过程中产生不必要的摩擦和内耗
高效化	政府优质高效地履行自身经济社会监管、公共服务等职能； 通过创新治理工具、更新治理技术、增强治理主体能力来提高政府治理效率和效益，更好地为公民服务、为社会服务

资料来源：王丛虎，祁凡骅．探索治理现代化的评估维度．中国人民大学学报，2015（3）．

有学者认为，考察治理现代化水平可以从现代化治理的各个环节入手，从功能和制度的视角出发，具体检验治理制度体系和执政体系水平。同时，把治理现代化的工作目标作为考察的基准点，通过对治理成果的检验，分析结果与目标之间的偏差情况。具体来说，一般从12个维度展开检验：公民参与情况、精英录用比例、政治制度、政治决策体系、法律法规、公共财政执行、监督、反馈、社会福利现状、公共服务水平、问责、寻租腐败。通过对上述维度的分析，可以基本形成对治理现代化水平的一个大概了解，并发现存在的不足，为进一步提高治理现代化水平提供一些经验和借鉴。

第四，善治评估。善治是当前社会治理改革的重要目标。善治是一个新兴的概念,指的是良好的治理。这种良好的治理强调国家、社会、公民三方必须在公共事务治理过程中通力合作,克服传统治理带来的弊端,以实现公共资源配置的最优。

善治评估,最重要的是检验在治理过程中,是否实现公开、透明、参与、法治、责任、效率、回应、公正、廉政、和谐以及可持续发展这几个核心目标。学界大多从上述目标出发,构建善治评价指标体系,以时刻把握政府在善治开展过程中的工作动态和社会反响,力求为政府治理转型探寻一条科学可行的道路。

总的来说,在当前,合约制治理有效性检验在理论领域的讨论更多地集中在国家宏观治理层面上,也逐步形成了对合约制治理有效性检验的分析视角,即不能单独考察政府治理水平,而是要从政府、企业、公民三个维度出发,进行全面综合的检验,在关注政绩的同时,也要重视社会影响。

三、合约制治理有效性检验的文献综述

(一) 文献计量分析

在对文献进行计量分析时,在外文文献资料搜集阶段,主要以"contract effectiveness""contract capacity""contract performance"作为关键词在谷歌学术和新加坡国立大学图书馆数据资源库进行检索并分析,检索结果数量见表5-13。在中文文献资料搜集阶段,则以"合约(制)治理""有效性检验""合约(制)治理有效性检验"为关键词在万方数据库和读秀中文数据库进行检索并分析。截至2020年1月,我们可以得出合约制治理有效性检验研究在文献数量上体现的两点特征。

表 5-13 国外知名学术网站关于合约制治理有效性检验相关文献数量统计

单位:个

关键词	2008 年之前		2008 年至 2020 年 1 月	
	谷歌学术	新加坡国立大学图书馆数据资源库	谷歌学术	新加坡国立大学图书馆数据资源库
contract effectiveness	1 758 000	451 578	742 000	433 479

续表

关键词	2008年之前		2008年至2020年1月	
	谷歌学术	新加坡国立大学图书馆数据资源库	谷歌学术	新加坡国立大学图书馆数据资源库
contract capacity	1 600 000	981 742	1 270 000	1 138 535
contract performance	1 210 000	1 148 659	1 690 000	1 780 122

资料来源：www.lib.nus.edu.sg；https：//scholar.google.cn.

第一，西方文献研究数量较为丰富，但是涉及公共管理领域的研究在数量上与其他学科仍然存在差距。

近十年来，有数以万计的研究作品问世。但是通过对被引用频数较高的文献进行粗略分析后可以看到，筛选所得的文献都偏向于经济学领域和工程建筑领域。这类文献主要使用计量方式对某个具体项目的合约制治理的全过程进行管控与风险评估，其评估手段则以绩效评估为主。涉及公共管理领域的合约制治理的文献则相对较少，研究视角主要集中在政府合约外包领域，主要研究合约的质量、产出、结果和绩效等内容。文献类型以某个国家的具体案例分析为主。此外，许多作者并非公共管理领域的学者，他们大多具有建筑学领域的专业背景，采用建筑学的专门分析技术方法对合约管控与合约实施效果进行分析，对本研究具有较大的学习和借鉴意义。

对所筛的文献所属的外文期刊刊种分布进行分析，可以看到《应用物理学杂志》（*Journal of Applied Physics*）、《应用物理学快报》（*Applied Physics Letters*）是收录相关文献最多的两本杂志，而《电子器件月刊》（*IEEE Transactions on Electron Devices*）、《隐形眼镜和前眼》（*Contact Lens and Anterior Eye*）则是收录相关文献最多的两本国际A类杂志，值得注意的是，这四本杂志都不是公共管理领域的国际顶级期刊。

对公共管理领域内四本顶级期刊中的相关文献进行分析，可以了解到，2000—2008年，从数量上看，研究合约制治理有效性检验的文献相对较少；从内容上看，主要从考察政府合约绩效的角度出发，发现大多数文献发表于《公共管理》（*Public Administration*）这一杂志上（见表5-14）。2008年以后，从数量上看，研究合约制治理的文献数量有了明显攀升，《公共行政研究与理论杂志》(*Journal of Public Administration Research and Theory*)、《监管与治理》(*Regulation and Governance*)的相关文献数量的涨幅尤其受人瞩目（见表5-15）。从内容上看，不少学者已经开始关注合约制治理有效性检验这一前沿热点问题，专门探讨这一话题的文献不再仅仅局限于绩效评价的角度，而是开始尝试从合约本身的质量、合约制治理流程、公众态度等不同的角度进行探索，取得了一定进展。这一变化主要得益于十几年来新公共管理运动的开展，要求政府理顺合约关系，做到公开、民主、透明。这些做法很好地激发了学界对政府合约制治理这一领域的研究热情。

表5-14 2000—2008年核心外文期刊涉及合约制治理有效性检验相关文献数量统计

单位：个

期刊名称	contract effectiveness	contract capacity	contract performance
Journal of Public Administration Research and Theory	138	95	133
Regulation and Governance	2	5	5
Public Administration	740	540	719
Public Administration Review	248	186	254

资料来源：www.lib.nus.edu.sg.

表5-15 2008年至2020年1月核心外文期刊涉及合约制治理有效性检验相关文献数量统计

单位：个

期刊名称	contract effectiveness	contract capacity	contract performance
Journal of Public Administration Research and Theory	293	192	287
Regulation and Governance	161	144	153
Public Administration	288	260	308
Public Administration Review	528	413	539

资料来源：www.lib.nus.edu.sg.

第二，我国对合约制治理有效性检验的研究尚处于发展阶段，仍然具有探索空间。

总体而言，国内学界对合约制治理这一领域的研究热度在稳步上升，针对合约制治理的文献研究，在 2012 年底 2013 年初呈现出井喷的状态，这与国际领域对这一主题研究热潮的兴起存在着极为密切的关联。

以"合约制治理有效性检验"为关键词在读秀中文数据库进行搜索，找到相关条目约 577 条，研究领域涵盖合约制治理的关系机制、关系治理、服务质量以及治理模式等方面。此外，与这一研究主题密切相关的图书资料共有 9 本，模糊相关的图书资料共有 107 本，一类核心期刊论文 47 篇，学位论文 29 篇，会议论文 6 篇，总体来说资源数量相对丰富。

以"合约制治理"以及"有效性检验"作为关键词，在万方数据库上进行检索，截至 2020 年 1 月，从数量上看，搜索到学位论文 18 篇，期刊论文 13 篇；以"合约制管理"及"有效性检验"为关键词，搜索到学位论文 87 篇，期刊论文 16 篇。从内容上看，目前国内对"合约制治理"和"合约制管理"等概念存在交叉使用的现象；大多数文献依旧集中在探讨合约制治理的内涵、定义、种类等概念化的内容上，对实践案例的分析相对比较少。

此外，对于合约制治理结果的研究，很大程度上将合约制治理有效性检验简单地等同于合约制治理的绩效检验。这说明，当前我国学界对合约制治理有效性检验的研究尚有探索空间。

（二）国外合约制治理有效性检验研究

国外关于合约制治理有效性检验的文献，从研究内容来看，主要是对合约制治理有效性检验相关内容的探讨，具体包括合约制治理有效性检验的起源和内涵、内容和维度、影响因素、评价视角和框架、负面影响、改进这六个领域。

1. 合约制治理有效性检验的起源和内涵

合约制治理有效性检验理论发展是国家治理检验理论发展的最新领域。以奥斯本和盖布勒为代表的学者认为合约制治理来源于政府重塑运动，他们认为政府应该通过学习企业管理领域的市场竞争、合约制治理等手段来提高公共部门的工作效率，同时，政府应该像企业一样对合约制治理的好坏进行定期的检验和反馈。[1][2] 具体来说，合约制治理有效性检验是随着"合约制""合约制治

---

[1] OSBORNE D, GAEBLER T. Reinventing government. New York: Plume, 1992.
[2] OSTROM V, OSTROM E. Public goods and public choices. Boulder, CO: Westview Press, 1997.

理""有效性检验"理论共同发展的。

合约制是以合约作为基石,旨在提高公共产品和服务供给水平的同时,提高政府整体治理效率的一种新型的政府治理机制。合约制在政府治理过程中已有不少实践,有的学者认为政府公共采购中存在着大量合约制。[1] 然而,当前学界对合约制的含义没有统一的表述,在新制度经济学领域内,合约制指的是在微观层面的一种对交易机制进行约束的制度。以张五常为代表的学者则把合约制定义为在自愿交易过程中的一种基于承诺的产权流转方式。[2] 威廉姆森则指出,合约制是微观治理过程中的一种有效的规制方式。[3] 新公共管理中的合约制,是由指导公共服务提供的各种协议构成的。莱恩在《新公共管理》一书中指出,公共部门合约制是一种公共部门的基本交换工具,"是购买者和供应者之间经过招标/投标过程所达成的一种合约,一种私法协议"。

"合约制治理"这一提法来源于"治理"这一概念。公共领域治理的内涵,包括正式的和非正式的一系列的制度安排,与过去的政府"统治"存在明显的区别。合约制治理最早出现在企业管理中,指的是企业通过合约的方式进行生产活动的总称。具体来说,包括合约的订立、履行、变更、解除、转让、终止等内容,并通过审查、监督、控制这三个手段进行合约制治理。

在政府合约制治理有效性方面,国外一些学者通过对英国医疗服务外包合约制治理情况的分析,认为合约制的有效性指的是公共服务的质量。[4] 还有一些学者则认为合约制治理有效性指的是政府开展合约制治理活动获得成果与预期目标的契合程度。具体来说,指的是政府在通过合约制对体制内外进行治理的同时,向公众提供公共产品和服务的能力,这种能力一般体现在公共产品和服务供给的质量、效果、速率以及公众满意等方面。检验政府合约制治理有效性,指的是考察这个合约制治理行为是否起到了应有的效果,是否达到了预期的目标,是否满足人民群众的需求和期望。与传统的治理效率相比,合约制治理有效性更加强调目标的达成程度,注重质量层面,更加强调效果(不仅仅是短期的效果,更加关注长期的可持续性发展),重视提供的公共产品和服务的质

---

[1] 莱恩. 新公共管理. 北京:中国青年出版社,2004.
[2] 张五常. 再论中国. 香港:香港信报有限公司,1987.
[3] 袁庆明. 新制度经济学教程. 北京:中国发展出版社,2011.
[4] ELKOMY S, COOKSON G, JONES S. Cheap and dirty: the effect of contracting out cleaning on efficiency and effectiveness. Public Administration Review, 2019 (2).

量（不仅仅考核工作量和投入量），注重质量保证能力（不仅限于单一的政绩成果）。因此，对于如何进行合约制治理有效性考量的问题，必须从主导合约制治理的政府、参与合约制治理的企业和公众等多个层次综合考量。

2. 合约制治理有效性检验的内容和维度

对合约制治理有效性检验的起源和内涵进行研究后，学界的研究重点逐渐转向对合约制治理有效性检验的内容和维度上来。不少学者对合约制治理有效性检验的内容和维度问题提出了自己的看法，大体上可以归纳为以下四类。

第一类，从合约制治理的委托-代理视角入手，进行有效性检验的内容和维度的分析。莱恩指出，要保证公共部门合约制的有效运作，必须满足以下三点：第一，明确界定和区分购买者和供应者；第二，签订和执行最优的合约，符合购买者和供应者双方的自我利益；第三，在考虑如何分割最优合约中，购买者和供应者之间存在利益冲突。简单来说，莱恩认为最有效的公共部门合约制，应该将谈判、最优选择、所有权这三者有机地结合在一起，才能实现。换句话说，评价合约制是否有效的评价标准就是：第一，是否具有合理谈判；第二，是否选择最优方案；第三，所有权是否明晰。

库珀认为对合约制治理有效性检验必须考虑委托、代理双方达成一致的程度。[1] 库珀认为，公共部门合约制治理是关于纵向的权威政府行为模式和横向谈判功能设计的一个函数关系具体化表达，而不同合约目标的冲突，则是导致合约制治理效果低下的重要原因，即合约制治理能力与合约目标的移位呈现负相关。一些学者认为合约制治理能力与合约双方的互动存在相互影响的关系，特别是供应者之间的竞争关系会对合约制治理产生双面影响。在垄断环境下，供应者无法进行良性市场竞争，甚至无法进入投标环节，因此将会导致合约制治理失灵。[2] 在此基础上，有学者指出，合约供应者的选择依据在于该项公共产品和服务的复杂程度以及供应者的生产能力，而不单单是报价的高低。[3] 相关学者通过对美国地方政府在1997—2007年合约制治理能力变化的考察也印证

---

[1] 库珀. 合同制治理：公共管理者面临的挑战与机遇. 上海：复旦大学出版社，2007.
[2] BROWN M, BRUDNEY J. A "smarter, better, faster, and cheaper" government: contracting and geographic information systems. Public Administration Review, 1998, 58 (4).
[3] WEIKART R. Hitler's ethic: the nazi pursuit of evolutionary progress. Cambridge: Cambridge University Press, 2009.

了这一观点。[1][2]

此外，学者从委托-代理关系的其他角度出发进行分析。一些学者认为承包者与合约管理部门的互动频率与合约制治理的成效密切相关；他们认为在政治经济学理论指导下，通过适当的激励与规制方法，最大化挖掘供应者们的竞争潜力，可以保证获得第三方服务的效率和质量。

第二类，从合约制治理的运行流程入手，对有效性检验的内容和维度进行分析。一些学者按照计划、实施、反馈这一运行顺序展开思考，对合约制治理能力以及合约制治理改革效果进行综合检验评估，在明确合约管理与合约绩效是密切相连的基础上，提出了与合约制治理效果密切相关的三项重要考核内容，即可行性能力评估、执行能力评估以及评估能力的考核。[3] 有学者通过对法国农业合约制治理项目"土地管理合同方案"的追踪分析，认为该项合约中期管理没有适当地采用可持续发展工具，也没有进行客观的实施条件评估，从而导致最终的合约目标发生偏离。因此，他强调必须顺应合约制治理的发展流程，采用相对合理的可持续发展工具。[4] 而这种可持续发展工具主要指各类政策工具。马弗尔（Marvel）则通过对美国联邦政府采购合约进行分析，指出合约制治理的有效性与制定合约制治理的初始目标密切相关，过分追求合约制治理的目标契合度是许多低效合约制治理产生的根本原因。彼得森（Petersen）等学者认为合约制治理的有效性与合约制治理开展前的规划与准备工作密切相关，事前进行财政预算并贯彻执行，可以有效地提高合约制治理的有效性。同时，政府管理也是保证合约制治理有效开展的关键。[5] 还有一些学者则着眼于合约制治理的实施环节进行考察，他们通过对欧洲危机管理中的相关合约外包服务治理进行分析，点明政府执行能力，特别是政

---

[1] ALVERMANN D, MARSHALL J, MCLEAN C, et al. Adolescents' web-based literacies, identity construction, and skill development. Literacy Research and Instruction, 2012, 51 (3).

[2] GREITENS S C. Rethinking China's coercive capacity: an examination of PRC domestic security spending, 1992−2012. The China Quarterly, 2017.

[3] TSENG M, LIN J, HUANG T, et al. Endoscopic submucosal dissection for early colorectal neoplasms: clinical experience in a tertiary medical center in Taiwan. Clinical Study, 2013 (2).

[4] JOULIA-EKAZA D, CABELLO G Myostatin regulation of muscle development: molecular basis, natural mutations. Physiopathological Aspects, 2006 (8).

[5] PETERSEN O H, BAEKKESKOV E, POTOSKI M, et al, Measuring and managing ex ante transaction costs in public sector contracting. Public Administration Review, 2019 (4).

府的强制执行能力对合约制治理的全面贯彻落实所造成的影响。[1] 此外，也有学者探讨了合约制治理的时间长度与有效性之间的函数关系，并指出过多地延长合约执行的时间不利于合约目标的达成。

第三类，从合约本身的质量入手，进行有效性检验的内容和维度的分析。有学者通过对双层供给合约进行分析，采用动态规划的方法模拟出合约的实施流程，并指出合约所涉及的信息质量、风险供应选项的可用性概率以及两个供应选项的成本之间的差异是合约制治理考察的重要内容。[2] 萨哈（Saha）等人认为当合约本身没有对委托、代理双方的权利和责任进行明确规定时，往往会存在突然停止供应的风险[3]；此外，当意外事件发生且供应者变得不诚信的时候，合约所要求的递送供应就会存在不确定性，对交货的公共产品和服务的质量和数量造成影响。有学者则指出合约本身质量的差异，会导致供应者受约束的程度不同，在约束程度较低的情况下，部分供应者会出现不能完全交付或者完全不交付的不良后果。[4] 还有些学者则强调了弹性合约的重要性，例如，委托、代理双方在签订合同时保留一定数量的余量。一方面，这批多出的产品和服务可以应对某些产品和服务质量不过关的问题；另一方面，委托方在满足部分市场需要以后，弹性的选择部分可以用作完全供给，以满足社会不断发展和变化的需要。埃彭（Eppen）等人指出，备用合约的质量也会对合约制治理有效性检验的结果产生的影响。[5]

第四类，从公众对合约制治理提供的公共产品和服务的质量需求、满意度等入手，进行有效性检验的内容和维度的分析。库亚（Khouja）等学者提到了公共产品和服务质量是否存在不确定性，公共产品和服务是否能够切实满足公

---

[1] GIUMELLI F, CUSUMANO E. Normative power under contract? commercial support to European crisis management operations. International Peacekeeping, 2014 (3).

[2] CHEAITOU A, CHEAYTOU R. A two-stage capacity reservation supply contract with risky supplier and forecast updating. International Journal of Production Economics. 2017 (1).

[3] SAHA S, MOORTHI S, PAN H, et al. The NCEP climate forecast system reanalysis. Bulletin of the American Meteorological Society, 2010 (8).

[4] GÜLLÜ R, ÖNOL E, ERKIP N. Analysis of an inventory system under supply uncertainty. International Journal of Production Economics, 1999 (3).

[5] LYER A, EPPEN G D. Backup agreements in fashion buying: the value of upstream flexibility. Management Science, 1997 (11).

众的需求，成为合约制治理检验的重要内容。①② 一些学者认为可靠的供应者和不可靠的供应者所供给的公共产品和服务会存在较大的质量差距，因此，必须严格管控由第三方通过履行合约的形式所供给的公共产品和服务的质量。科斯坦蒂诺（Costantino）等学者强调选择不可靠供应者会导致公共产品和服务的质量不符合公众的期待，情况严重时，甚至会导致供应链的中断。③ 琼斯（Jones）等学者通过对英国医疗服务合约外包过程中的辅助项目和核心项目的考察，即对清洁服务和总体医疗外包服务的质量进行考察，认为辅助项目的合约制治理情况对核心项目的合约制治理情况具有较好的反馈作用，即辅助项目的合约制治理进行得好，那么核心项目的合约制治理水平也会保持在相应的水平线上。④

总的来说，学界对合约制治理有效性检验的内容和维度主要从合约制治理的委托-代理视角、合约制治理的运行流程、合约本身的质量以及公众对合约制治理提供的公共产品和服务的质量需求和满意度这四个维度出发进行思考。学者们更关注合约制治理的委托与代理双方履行权责、合约质量、公众反馈等内容，同时也考虑了回应性等问题。但是从整体上看，并没有形成一个完整而全面的有效性检验内容体系。

3. 合约制治理有效性检验的影响因素

在分析了合约制治理有效性检验的内容和维度以后，不少学者对合约制治理有效性检验的影响因素展开了讨论。总体来说，主要从合约制治理的内部环节和外部环境两个视角展开分析。

第一个视角，从合约制治理的内部环境进行有效性检验的影响因素分析。一些学者强调了内部绩效合约的开展对合约制治理成效的重要影响，强调了内

---

① KHOUJA M, The single-period (news-vendor) problem: literature review and suggestions for future research. Omega, 1999 (10).

② CARIOU P, CHEAITOU A. The effectiveness of a European speed limit versus an international bunker-levy to reduce CO_2 emissions from container shipping. Transport and Environment, 2012 (3).

③ COSTANTINO F, DI G G, TRONCI M. Supply chain risk management. New Frontiers in Enterprise Risk Management, 2008 (2).

④ ELKOMY S, COOKSON G, JONES S. Cheap and dirty: the effect of contracting out cleaning on efficiency and effectiveness. Public Administration Review, 2019 (2).

部管理，特别是内部激励对合约制治理成效产生的影响。① 有学者研究了美国联邦政府公共服务合约与其替代合约之间的关系，以及以绩效为基础的合约承包权转换问题，认为绩效评估的开展可以有效提高政府合约制治理的有效性。还有一些学者则强调了雇员培训和学习对合约制治理的正向作用，根据美国审计署对合约制治理的研究，认为通过雇员培训的方式能够提高政府合约制治理能力。

还有学者对内部雇员数量和质量与合约制治理成效进行了关联度分析。范斯莱克（Van Slyke）通过对 35 位与纽约市政府服务合约密切相关的政府雇员的访谈，发现近几年来，尽管政府合约数量不断增加，但是合约承包机构的雇员数目却逐渐减少，因此不断减少的雇员必须承担愈加繁重的合约任务，这种人手短缺导致合约承包机构提供的产品和服务质量有所下降。② 戈德史密斯等人则分别探讨了管理者水平高低对合约制治理带来的影响，他们认为，一个对治理事务和合约条款都有详细了解的管理者，可以及时解决合约制治理过程中产生的问题，从而保证合约制治理的有效开展。③④

还有一些学者从组织的松散程度入手，讨论了良好的组织架构对公共部门实施合约制治理如何起到正向作用。他们认为松散的管理组织会给合约制治理带来毁灭性的影响。斯莱克则通过案例分析了如何通过改善组织结构提高合约制治理的有效性。⑤

李（Lee）等学者指出，政府往往选择熟悉机构规则、政策和内部实践的代理者进行合约外包，而非单纯根据报价进行选择，对其进行检验则有助于预防腐败和逆向选择的风险。还有学者认为合约制治理有效性检验的推行可以明显

---

① JOAQUIN M E, GREITENS T J. Contract management capacity breakdown? an analysis of U. S. local governments. Public Administration Review，2012，72（6）.

② VAN SLYKE D M. The mythology of privatization in contracting for social services. Public Administration Review，2003（4）.

③ GOLDSMITH D J. Communicating social support. Cambridge: Cambridge University Press，2004.

④ ALVERMANN D, MARSHALL J, MCLEAN C, et al. Adolescents' web-based literacies, identity construction, and skill development. Literacy Research and Instruction，2012，51（3）.

⑤ VAN SLYKE D M. The mythology of privatization in contracting for social services. Public Administration review，2003（4）.

减少组织的内耗。[1]

斯莱克等学者对不同层级政府的合约制治理行为进行分析，认为复杂的公共产品和服务供给是无法由单一层级政府凭一己之力提供的，需要由多层级政府通力合作，并与私人部门开展有效配合，才能实现其有效性。[2]

张五常等学者基于合约的复杂性，认为政府通过合约制治理的方式提供公共服务会受到多种因素的制约，其中合约双方对合约关系本身的责任感和满意度对合约有效履行起到至关重要的作用，特别是对涉及非营利组织的合约制治理过程中，沟通质量、信任程度、灵活性和资产专用性与满意度对合约长期承诺的兑现尤其重要。相反，对营利组织而言，较低的责任感和满意度与合约有效履行相关联。[3] 布伦杰斯（Brunjes）则指出合约双方的关系维持状况以及共同合作的水平，对合约制治理的有效性产生重要影响。[4]

第二个视角，从合约制治理的外部环境进行有效性检验的影响因素分析。一些学者主要分析了一般环境对合约制治理有效性的影响。他们认为合约制治理的有效性程度与其外部环境密不可分，具体来说，可以分为三点，即国家经济环境、政治环境以及文化环境[5]，强调以上三点内容会对合约制治理的效果产生不可忽视的影响。贝尔曼（Berman）则认为国家政策，尤其是财政政策，会对合约制治理的成效产生重要影响。[6] 另有学者认为资金方面的短缺将会导致政府只能在有限的合约项目中不断追求公共产品和服务的质量，无法全面开展合约制治理活动，从而对合约制治理的成效产生负面影响。贝尔曼强调了政府在教育以及交通领域的专项补助政策和税收优惠政策能够明显提高该

---

[1] LEE A H I, KANG H, HSU C, et al. A green supplier selection model for high-tech industry. Expert Systems with Applications, 2009 (5).

[2] BROWN T L, POTOSKI M, VAN SLYKE D M. Complex contracting: management challenges and solutions. Public Administration Review, 2018, 78 (5).

[3] CHUANG E, MCBEATH B, CARNOCHAN S, et al. Relational mechanisms in complex contracting: factors associated with private managers' satisfaction with and commitment to the contract relationship. Journal of Public Administration Research and Theory, 2019 (10).

[4] BRUNJES B M. Competition and federal contractor performance. Journal of Public Administration Research and Theory, 2019 (10).

[5] TSENG M, LIN J, HUANG T, et al. Endoscopic submucosal dissection for early colorectal neoplasms: clinical experience in a tertiary medical center in Taiwan. Clinical Study, 2013 (2).

[6] BERMAN B. Developing an effective customer loyalty program. California Management Review, 2006 (1).

领域合约制治理的有效性。① 此外，还有学者强调了政策环境因素对合约制治理目标实现的影响作用，进而分析政策改革的影响。

还有一部分学者分析了特殊环境对合约制治理有效性的影响。他们分析了政府在应对特殊环境（例如危机管理情境下的）合约制治理能力的成效，并总结了成功的合约制治理的经验。②

此外，有的学者认为公众参与跨部门的合作，在有非营利组织参与的情况下，可以大大提高合约制治理在联合治理过程中的有效性。③

4. 合约制治理有效性检验的评价视角和框架

在对合约制治理有效性检验的起源和内涵、内容和维度以及影响因素进行了较为广泛的讨论后，国外学界继而对合约制治理有效性检验的评价视角和框架展开了思考。通过对现有文献资料的分析，主要可以分为四类。

第一类，从政策循环视角出发，进行合约制治理有效性检验框架的设定。有些学者认为对合约制治理有效性检验应该从政策循环的视角出发，具体分为四个层面进行检验框架的构建：第一层，代理机构设置的能力；第二层，合约制治理相关政策和流程的制定能力；第三层，合约制治理的执行能力；第四层，合约制治理的成果的考察能力。他们指出，在具体分析每个层次的成效时，还应该综合考虑四个层次之间的承上启下的互动关系。同时，检查在此过程中合约制是否覆盖并指导运行整个组织的工作。④

第二类，主张从事前、事中、事后三个环节出发，进行合约制治理有效性检验框架的设定。具体分为三个层次：第一层，可行性评估，即对是否具有开展合约制治理能力和基础的评估；第二层，执行能力评估，即对开展投标/竞标合约、选择一个合适的供应者、进行合约谈判、设立专门系统进行合约制治理的能力进行评估；第三层，评价能力评估，即对所提供的公共产品和服务以及

---

① BERMAN B. Developing an effective customer loyalty program. California Management Review, 2006 (1).

② GIUMELLI F, CUSUMANO E. Normative power under contract? commercial support to European crisis management operations. International Peacekeeping, 2014 (3).

③ CHENG Y. Exploring the role of nonprofits in public service provision: moving from coproduction to co-governance. Public Administration Review, 2018 (7).

④ YANG K, HSIEH J Y, LI T S. Contracting capacity and perceived contracting performance: nonlinear effects and the role of time. Public Administration Review, 2009 (4).

人员工作评价能力的评估。斯克拉尔（Sclar）认为对可执行能力进行评估，可以考察合约涉及的委托、代理双方是否具有开展合约制治理的基础和条件。[①]而缺乏可行性评估时，政府可能只适合在仅有一个供应者的垄断语境下进行合约制治理，因为即便具有多个供应者进行竞争，政府也无法做到有效甄别。也有学者认为对执行能力进行评估，可以有效地检验政府执行合约制治理的能力和水平。缺乏执行能力的政府会无法进行合理的投标、谈判和履约，最终变得过分依赖代理者，试图用道德进行约束，导致合约失去法律效应。而莱维特（Leavitt）认为如果没有对评估能力进行合理的评价，则容易导致政府无法确定供应者是否按照合约规定提供了公共产品和服务，从而造成下一轮的可行性评估和执行能力评估的失败。[②] 总体来说，可行性评估、执行能力评估以及评价能力的评估是不可分割的，它们共同构成对合约制治理的检验。

第三类，从合约的内涵、定约双方和制定的视角出发，进行合约制治理有效性检验框架的设定。特雷弗（Trevor）等学者从合约的内涵、定约双方和制定的视角出发，总结了对合约制治理能力和效果的评价框架，具体来说可以分为如下四个评价层次：第一层，考察潜在供应者之间的有限竞争或不竞争；第二层，明晰难以制定供给标准的公共产品和服务是否满足书面合约中的规定和描述；第三层，管理者是否有机会接触到具有特殊知识或技能的供应者；第四层，管理者是否合理并及时地履行对合约的监管。特雷弗等学者认为只有按照上述评价层次对合约制治理进行考察，才能在未来的实践中，有效地克服与合约相关的一些问题，包括价格欺诈、不完全合约等不良行为。[③]

此外，也有不少学者采用卓越绩效评价框架对合约的各个方面进行有效性检验。卓越绩效评价框架对管理层面和结果产出层面做了较为细致的分析，并建议在实践中，对领导维度、顾客维度、创新维度、雇员能力以及学习成长维度进行重点考察。

源于美国的波多里奇国家质量奖评审准则，是对全面质量管理的完善和标

---

① SCLAR E D. You don't always get what you pay for: the economics of privatization. Ithaca, NY: Cornell University Press, 2000.

② LEAVITT J W. The healthiest city: milwaukee and the politics of health reform. Wisconsin: University of Wisconsin Press, 1996.

③ BROWN T L, POTOSKI M. Contract-management capacity in municipal and county governments. Public Administration Review, 2003, 63 (2).

准化，也有学者从这个评审准则的内容中获得灵感，对合约制治理成效进行考察。该评审准则从整体视角对组织及其运行进行了综合考察，具体来说，包含领导、战略、顾客与市场、技术改进、人力资源管理、过程治理、成果这七个考察维度。

第四类，从顾客满意度视角出发，进行合约制治理有效性检验框架的设定。顾客满意度评价框架设立的初衷是调查顾客对企业提供产品的满意程度。引入合约制治理领域后，该框架通过设定不同层级的评价指标，深入浅出地对顾客合约制治理满意度情况进行全面考察。

瑞典顾客满意度模式框架提出了"顾客满意弹性"这一概念。满意弹性测量的是顾客忠诚度与顾客满意度之间的关系，具体来说，考察的是顾客忠诚度如何随着满意度的改变而变化，并从定量的角度通过两者之间的线性关系来描绘。满意弹性测量的前导因子主要有两个，即顾客感知和顾客期望。顾客满意度则可以通过顾客投诉和顾客忠诚度这两个指标考察。其中，顾客忠诚度是顾客满意度模式框架中的因变量（见图5-1）。

图5-1 瑞典顾客满意度模式框架图

资料来源：http://wiki.mbalib.com/wiki/.

此外，也有少数学者从公众对合约制治理中公共服务供给方的信任角度进行思考，他们认为公众对公共服务供给方的信任程度越高，越能提高合约制治理的有效性，从而更好更快地提供更多的公共产品和服务。[1]

总的来说，当前对合约制治理有效性检验的评价视角和框架的讨论还是比较有创新意义的。不同学者基于不同视角开展了较为深入的讨论。虽然在全面性上有所欠缺，但是可以从研究深度上给予弥补。对上述评价视角进行综合思考，对本章具有较好的启发意义。

---

[1] MONIKA B, TOBIAS J. Building institutional trust through service experiences: private versus public provision matter. Journal of Public Administration Research and Theory, 2019 (10).

5. 合约制治理有效性检验的负面影响

首先,虽然合约制治理有效性检验具有无法比拟的优点,能够促进合约制治理活动有序高效地开展。但是,有部分学者认为,对合约制治理进行严格的评估,可能会造成合约制治理局限于条块规定、缺乏灵活性,从而不利于合约制治理工作的开展。乔昆(Joaquin)等学者认为合约制治理会导致部分代理机构一味追求合约的效率,从而忽视合约履行的质量问题,在某些情况下可能产生逆向风险等问题。[1] 布朗(Brown)等学者指出政府开展合约制治理时,委托、代理双方市场具有狭隘性,在有限市场条件下,过度关注合约制治理有效性可能会增加合约所涉及项目的建设风险。[2]

其次,部分研究表明,合约制治理有效性检验的泛化,会过度削弱政府权力。有些学者通过研究指出,对合约制治理的过分依赖会导致代理机构职能过大,削弱政府控制能力,从而影响政府合约制治理能力的发挥。[3][4] 布朗等学者通过对通信领域合约制治理的研究,发现合约制治理检验水平越高,越容易削弱地方政府进行内部管理的能力。[5] 也有学者认为将政府的公共服务评价功能分散地外包给第三部门,会削弱政府决策权威。[6]

再次,一些研究还讨论了合约制治理有效性检验的开展,这会造成政府职能部门或者第三部门机构庞大,人浮于事。相关研究表明,美国政府自从对合约制治理进行专门评估后,代理机构工作人员从2001年到2009年增加了六倍,而完成的合约制治理评估工作量并没有显著增加。

最后,有研究表明合约制治理有效性检验的定期开展,会大幅增加政府开

---

[1] GREITENS T J, JOAQUIN M E. Policy typology and performance measurement: results from the program assessment rating tool (part). Public Performance & Management Review, 2010 (10).

[2] BROWN T L, POTOSKI M. Managing contract performance: a transaction costs approach. Journal of Policy Analysis and Management, 2003 (3).

[3] MILWARD H B, PROVAN K G. Governing the hollow state. Journal of Public Administration Research and Theory, 2000 (4).

[4] ALVERMANN D, MARSHALL J, MCLEAN C, et al. Adolescents' web-based literacies, identity construction, and skill development. Literacy Research and Instruction, 2012, 51 (3).

[5] BROWN M M, O'TOOLE L J, BRUDNEY J L. Implementing information technology in government: an empirical assessment of the role of local partnerships. Journal of Public Administration Research and Theory, 1998 (10).

[6] TSAY A A. The quantity flexibility contract and supplier-customer incentives. Management Science, 1999 (10).

支，造成财政压力。获得合约制治理有效性检验过度的产品和服务，有可能会在交通运输上花费更多的成本，从而给政府带来巨大的财政压力。政府为了进行有效性检验，总是倾向于购买易于测量的产品和服务，而不是关注公共产品和服务的质量和价格，从而造成政府财政支出过多。而对合约制治理成果进行定期检验，会增加政府的财政开支，并且这种财政开支无法保证合约制治理工作可以稳定运行下去。

6. 合约制治理有效性检验的改进

对合约制治理有效性检验的负面影响进行反思的同时，学界也对如何改进合约制治理有效性检验的问题展开了研究。现有研究表明，合约制治理有效性检验的改进思路，主要从公共部门、公众、政策环境以及综合角度进行了讨论。

(1) 从公共部门角度进行思考，寻求合约制治理有效性检验的改进方法。许多学者坚信，应该从政府内部入手提高合约制治理有效性检验的水平。[1] 他们共同撰文指出，为了保证代理方供给公共产品和服务的质量和成本，政府不一定要全权委托成本最低的供应者，也可以选择以高成本供应者和低成本供应者共同合作的方式开展，这样操作既能中和公共产品和服务的供给成本，也能在合约制治理实施过程中保持竞争性。[2] 普洛伯（Propper）认为合约制治理方式虽然能够暂时性地保证合约充分执行，但无法规避道德风险和逆向选择的发生，因此政府应当采取适当的规制手段，防患于未然。[3] 此外，还有研究强调了政府应该加强合约制治理有效性检验的风险管理。

还有一些学者则强调要多渠道、多方面入手提高合约制治理有效性检验的水平。他们通过对公共建筑领域的合约制治理研究，指出政府应该采用不同的检验方法去考察不同类型的合约。[4] 也有学者通过案例研究证实了具有收入共享期权的合约和具有综合公共服务的合约需要采用不同的合约制治理有效性检

---

[1] RAINEY H G, STEINBAUER P. Elephants: developing elements of a theory of effective government organizations. Journal of Public Administration Research and Theory, 1999 (1).

[2] BOUTE R N, MIEGHEM J A V. Global dual sourcing and order smoothing: the import of capacity and lead times. 2011 MSOM Annual Conference, 2011 (6).

[3] PROPPER C. Constrained choice sets in the U. K. demand for private medical insurance. Journal of Public Economics, 1993 (7).

[4] YAN X, ZARIC G. Families of supply chain coordinating contracts in the presence of retailer effort. International Journal of Production Economics, 2016 (5).

验方式，才能得到可靠的结果。费理斯（Ferris）等学者指出，当存在多个检验方案可供选择时，可以更全面地评估合约制治理的有效性。[①]

（2）从公众角度进行思考，通过公众的反馈和督促去改进合约制治理有效性检验。美国顾客满意度指数模型框架在瑞典顾客满意度模式框架的基础上进行了改进：一是单独考察质量感知维度。二是在顾客期望维度中加入了"满足顾客需求程度期望"和"可靠程度期望"两个内容。其中，对质量感知维度的考察，又可以细分为"产品和服务达到顾客需求的程度""实现需求的可靠度""总体完成质量"三个次一级指标。

此外，在实际操作中，美国顾客满意度指数模型框架一般来说只需要选择120～250个样本，就可以得到一个相当准确的满意度检验结果，因此实践性较强。

（3）从政策环境角度出发寻找思路，寻求合约制治理有效性检验的改进方法。阿里坎（Arikan）等学者通过对合约制情境下政府颁布的相关政策、规定等进行分析，强调了良性政策对合约制治理有效性检验工作的辅助作用。[②] 在政府外部机构对合约制治理成效进行考察的时候，可以通过制定出台相关政策，用科学的定价策略，控制检验成本，以减少政府财政压力。

（4）从综合角度展开思考，寻求合约制治理有效性检验的改进方法。美国政府从综合视角出发，对公共服务的合约制治理有效性检验提出了四种改进方法：一是重视承包者报告，二是定期进行政府检查，三是高度关注公民满意度调查，四是多渠道实施舆论监督。其中，承包者报告由承包者主动按期提交；政府的定期检查的范围包括合约的规模、内容以及特别条款的解释等；对公民的满意度调查则需要到政府相关部门进行正式备案，并定期向社会公布，对投诉要求及时反馈；在舆论监督方面，美国政府与媒体进行密切合作，对媒体曝光的承包者的不良行为及时查处，从而保证美国公共服务领域合约制治理的正常进行。此外，一些学者则提出政府应该和企业同时对合约制治理进行有效性

[①] FERRIS J M, GRADDY E. Organizational choices for public service supply. Journal of Law, Economics & Organization, 1994 (1).

[②] ARIKAN E, JAMMERNEGG W. The single period inventory model under dual sourcing and product carbon footprint constraint. International Journal of Production Economics, 2014 (11).

检验，而不是某一方单独开展。① 格雷戈里（Gregory）从理论层面指出，应该整合全社会的力量，集思广益，定期开展听证会，以提高合约制治理有效性检验的水平。② 恩斯特（Ernst）则强调了政府在合约制治理过程中的社会责任问题，他认为政府如果诚实地履行职责，在检验过程中坚持公开透明原则，则可以在一定程度上提高合约制治理有效性检验水平。③

（三）国内合约制治理有效性检验研究

国内合约制治理有效性检验的相关文献材料，大部分是从公共产品和服务供给合约的实施绩效角度进行考察。一些学者从公共服务供给方着手，对如何通过合约制治理来推进地方政府公共服务供给的发展进行思考。谢洪涛和陈帆从合约与绩效之间的关系入手，基于文献研究和问卷调查，建立了针对特定项目的合约制治理要素影响项目绩效的贝叶斯网络模型，并具体分析了各要素的概率分布，认为"对于顾客满意度以及传统绩效指标，关系治理指标相对于合约制治理要素所产生的正向作用更显著；而对于改进与创新以及组织成长两个绩效指标，关系治理指标具有显著的正向作用，而合约制治理指标具有一定的反向作用"④。周义程认为提高合约制治理有效性，必须构建我国公共服务的多主体供应模式，切实落实政府职能转变。⑤ 张菀洺认为在合约制治理过程中应当吸收非政府组织加入公共产品和服务的供给中，在明确政府职能划分的同时，形成多主体供应的格局，才能提高合约制治理的有效性。⑥ 杨国栋指出，培育公民社会是提升我国政府部门公共服务供给水平的重要路径，向非政府组织放权，切实做到合约制治理有效性检验的公开化、创新化的同时，落实对该领域内的绩效评估工作。⑦ 杨国栋等学者在总结中外合约制治理经验时，指出我国公共服务领域的合约制治理及其有效性检验工作不能由政府单独完成，还需要

---

① EPPLE D, ROMANO R E. Ends against the middle: determining public service provision when there are private alternatives. Journal of Public Economics, 1996 (62).

② GREGORY R. Social capital theory and administrative reform: maintaining ethical probity in public service. Public Administration Review, 1999 (59).

③ ERNST J. Whose utility? the social impact of public utility privatization and regulation in Britain. Buckingham: Open University Press, 1995.

④ 谢洪涛, 陈帆. 契约治理与关系治理对建设项目绩效的影响研究. 项目管理, 2003 (10).

⑤ 周义程. 公共服务供给主体选择的悖论及其消解策略. 行政与法, 2005 (11).

⑥ 张菀洺. 政府公共服务供给的责任边界与制度安排. 学术研究, 2008 (5).

⑦ 杨国栋. 论我国地方政府公共服务供给能力提升的行动逻辑. 江西行政学院学报, 2007 (3).

发挥诸如企业等其他市场主体的功效，做到多方通力合作。[1]

还有一些学者则以具体案例研究的方式，通过对地方政府公共服务供给领域的合约制治理情况进行分析，对其有效性进行简单的评价。例如，田永贤认为影响地方政府合约制治理效果的最大因素是地方政府在公共服务过程中权力过大，造成资源配置效率低下。[2] 陈振明指出在公共服务供给过程中，公民和政府间的互动成效会极大地影响合约制治理的实际成果，必须设计专门的监管方式进行合理监督。[3] 此外，陈振明还指出，可以通过案例研究的方式，分析给定激励条件下，合约制相关利益主体的交互方式和博弈行为，分析不同合约制治理领域内的可能效果，从而形成对合约制治理的检验框架。[4] 蔡晶晶通过实验指出，可以在正确分析本国国情的基础上，借鉴西方国家合约制治理的经验，选择某项公共服务供给领域作为研究对象，具体分析合约制治理的起因、分析框架、路径选择，为我国合约制治理有效性检验的发展提供借鉴和依据。[5]

在对合约制治理有效性检验研究方面，聂辉华和李金波认为在分别考察中央政府和地方政府合约制治理的同时，必须关注企业发挥的功效，并以这三者为基础组成一个三层代理模型。[6] 欧博文、李连江则在聂辉华等人的基础上，将政府分为中央政府、省级政府以及地方政府这三个维度，并分析了不同层级政府间在合约制治理过程中的委托-代理关系。[7] 于东山指出政府合约制治理有效性检验至少应当包含"议程设定能力""合约制定能力""合约执行能力""合约评价能力"这四个维度的考察。[8] 王桢桢从"平等""自由""合作""互惠"四个维度出发，分析合约制治理内在机制对其有效性的影响。[9] 吕志奎通过案例研究的方式，指出从实施主体角度，即公民、法人和其他社会组织这三个维度对合约制治理效果好坏进行评估。[10]

---

[1] 杨国栋，赵亮，沈荣华．推进我国地方公共服务供给的基本思路．安徽师范大学学报（人文社科版），2008（2）．
[2] 田永贤．公共服务供给的组织间合作网络．东南学术，2008（1）．
[3] 陈振明．加强对公共服务提供机制与方式的研究．东南学术，2007（2）．
[4] 陈振明．合约制治理研究论纲．厦门大学学报（哲学社会科学版），2017（4）．
[5] 蔡晶晶．西方可抉择公共服务供给机制的经验透视．东南学术，2008（4）．
[6] 聂辉华，李金波．政企合谋与经济发展．经济学，2006（6）．
[7] 欧博文，李连江．中国乡村中的选择性政策执行．（2011-03-01）．中国社会学网站．
[8] 于东山．西方国家公共服务合同外包理论研究的新趋势．广东行政学院学报，2010（8）．
[9] 王桢桢．科层制治理与合同制治理：模式比较与策略选择．学术研究，2010（7）．
[10] 吕志奎．中国社会管理创新的战略思考．政治学研究，2011（6）．

在合约制治理有效性检验机制改进研究方面，我国更多的是从企业管理或者经济管理的视角出发，公共管理领域的研究相对较少。[①]

在合约制治理有效性的研究范围上，相对比较狭窄，基本集中在对公共服务供给层面进行静态的描述，缺少动态的常规化的研究；同时，缺少实证研究，导致国内研究成果的实践性比较弱，对实际政府工作的借鉴意义比较小。

（四）综述

通过对国内外文献的梳理，可以看到：

第一，合约制治理有效性检验与合约制治理绩效检验存在密切关联。目前对合约制治理绩效检验主要围绕合约制治理的发展过程展开，主要包括治理前期绩效、治理中期绩效、治理完成后总体绩效这三个方面内容。与此对应，合约制治理有效性检验则一般从可行性评估、执行能力评估、评价能力评估这三个维度开展，同时引入绩效管理中常用的一些考核分析工具，如全面质量管理模型、卓越绩效管理模式等，辅助评价工作的开展。

第二，合约制治理有效性检验没有形成完整的评价体系和运行机制。目前对合约制治理及其有效性检验等领域的研究主要集中在合约制治理有效性检验的起源和内涵、内容和维度、影响因素、评价视角和框架、负面影响、改进等方面，以描述性语言为主；涉及有关政府合约制治理实施效果及改进的文献相对较少。此外，直接与"政府合约制治理""公共部门合约制治理"相关的文献资料较少，大多数文献依旧集中在探讨"治理""关系治理""政府合约关系"等内容。

第三，文献主要以定性的方式描述当前合约制治理，学界少有针对当前政府合约制治理的计量研究。合约制治理涉及面广、维度众多，既包含以合约外包的形式和企业合作提供部分公共产品和服务完成的交易型合约制治理；也包含以雇佣合约的形式完成的代理型合约制治理。单纯依靠数据，很难对合约制治理的好坏做出全面的评估。总体上说，现有文献以大量的描述性评估为主，客观地表达出当前合约制治理的成效情况。

第四，公众对合约制治理的反馈越来越受到重视，满意度调查贯穿于合约制治理评价过程的始终。现有文献大多采用顾客满意度评价体系，从公众视角

[①] 陈振明．加强对公共服务提供机制与方式的研究．东南学术，2007（2）．

出发，探讨合约制治理是否满足了公众对政府工作的需求，并且是否在适当的时间内完成。

第五，以个案研究的方式为主。合约制治理案例最多涉及的领域是政府合约外包、信息服务外包等。这一方面说明合约制治理范围不断拓展，政府不断尝试利用社会力量提供公共服务。另一方面也反映出不少公共服务合约外包过程中的问题，比如，在政府采购中，辅助服务占工程服务类政府采购的大多数，社会服务等专业服务和公共服务项目还很少。这对进一步完善合约制治理有效性检验范围和改进措施提供了有益思考。

第六章
合约制治理风险的识别与评估

一、合约制治理风险的内涵与特征

二、合约制治理风险的识别过程及方法

三、合约制治理风险的识别与分析

四、合约制治理风险评估的风险矩阵模型

20 世纪最后的二三十年，一场声势浩大的新公共管理运动席卷全球。传统的官僚制形式逐步转变为一种灵活的、以市场竞争为核心的公共治理模式——合约制治理。合约制为改善公共服务带来了希望，也带来了风险与问题，包括治理成本升高、竞争不充分、腐败频发、公共利益难以得到保障等。系统全面地识别风险、评估风险后果，构建风险防范机制是合约制治理成功的关键。本章将探讨合约制治理风险的识别与评估问题。

一、合约制治理风险的内涵与特征

（一）合约制治理风险的内涵

风险是由于未来发展的不确定性和外部客观环境的复杂性，导致实际结果与预期结果产生偏离，进而受到事前无法预测的损失和损害。风险具有"危难、损失或损害发生的可能性或不确定性"以及"危机、损失或损害的预期与结果"两个基本要件。系统或组织运行必然伴随的风险称为内生性系统风险，由于管理漏洞、制度缺陷造成的风险称为外生性管理风险。

统计学家把风险定义为实际结果与预期结果的离差度。风险 R 通常可表示为事件发生的概率及后果的函数：

$$R=f(P,c) \qquad (6-1)$$

式中，P 表示事件发生的概率；c 表示事件发生的后果。

合约制治理风险是指在合约制治理过程中，由于合约战略决策失误、合约管理失灵、合约履行不当、合约制度失范以及外部不可控因素的影响造成公共利益受损、公共服务供给不足或不均、政府合法性缺失的可能性，是政府在公共服务过程中涉及合约的有害事件的发生概率和不良后果的总和。

可以说，风险伴随着政府公共服务合约制供给的整个过程。合约战略规划、合约的运用决策、资金预算的编制、合约招标/投标、合约管理过程、监管、绩效评估等各个环节，都存着潜在的风险。

（二）合约制治理风险的特征

1. 合约制治理风险的社会影响深远

政府公共服务的目标是在公共服务领域中引入竞争机制，以合约方式把部分公共服务从政府手中转移到社会组织手中，以实现社会资源的最优配置，保障公共利益最大化。一旦风险发生，并对公共利益产生损害，就可能会影响到一个或多个地区的不同群体。风险除了会造成客观的不利后果之外，还会造成主观影响，包括人群心理影响、社会影响、政治影响等。[1]

2. 合约制治理风险具有突发性

合约制治理的体系复杂，在风险转变成实质性的损害之前，风险发生的诱发因素存在于体系内的几个环节中。如果缺乏有效的监管和评估机制，问题的出现就会具有突发性。

3. 合约制治理风险的防御难度大

公共服务的供给涉及社会与民生的各个方面，政府购买服务覆盖范围非常广泛，同时政府难以具有处理多领域专业问题的能力。合约制治理风险的特征表明，我们必须重视风险，加强风险管理。

4. 合约制治理风险具有可变性

风险并不是绝对的和一成不变的，随着人类社会的进步和科学技术的发展，人们认识和防范风险的能力不断增强，从而抵抗各种风险事件的能力也不断增强。对于公共服务合约制的风险，人们可以完全把握或部分把握其存在和发生的规律，可以完善合约制的制度和机制设计，并在实际操作过程中采取种种手段控制和消除风险，从而消除或减少风险所造成的公众利益损失。

二、合约制治理风险的识别过程及方法

（一）合约制治理风险的识别过程

不管是政府风险管理还是企业风险管理都必须经过风险识别，因为风险识别是展开风险管理的前提条件，风险识别的质量直接关系到风险防范的有效性。我们认为不仅要研究已有的案例风险，还需要从理论上以合约制治理的不同层次为依据，研究不同治理层次存在的各项风险。图6-1展示了合约制治理风险

---

[1] 周玲，朱琴，宿洁. 公共部门与风险治理. 北京：北京大学出版社，2012.

的识别过程。

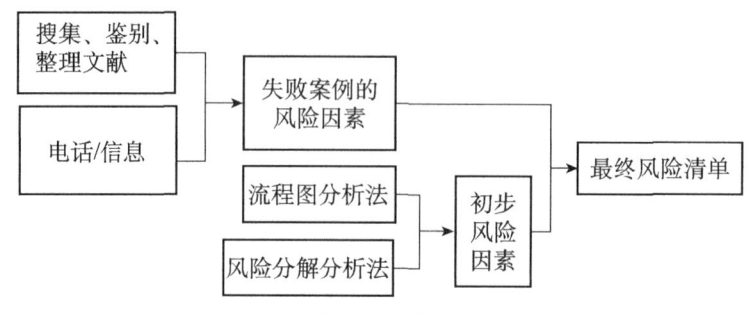

图 6-1　合约制治理风险的识别过程

具体来说，第一步，通过搜集、鉴别、整理文献，找出近 20 年来我国合约制治理的失败案例，以电话/信息的方式对公共服务领域合约制出现的问题进行访谈，初步归纳失败案例的风险因素。第二步，基于对合约制治理的理论分析，对合约制的操作层次、机制层次和制度层次进行风险分析。合约制的操作层次主要表现为工具属性，侧重于合约交易过程。本章引入企业风险管理中的流程图分析法，对操作层次的不同阶段进行风险识别和风险分析，之后根据风险的可变性运用风险分解分析法对机制层次和制度层次的风险进行分析，形成初步风险因素。第三步，与失败案例的风险因素相结合，形成最终风险清单。

（二）合约制治理风险的识别方法

合约制治理风险识别的完整性和准确性将会影响合约的有效履行和公共服务供给质量，所以利用科学合理的方法进行风险识别就显得尤为重要。

对不同行业领域、不同的风险主体需要采取不同的风险识别方法，需要有针对性地实现风险防控。不同的风险识别方法均有其优劣，一般来说在风险管理的实际工作中，应根据实际情况有针对性地选择风险识别方法，提高风险识别质量。

本章结合公共服务合约制自身的特点和各种风险识别方法的适用性，认为流程图分析法和风险分解分析法较为合适。原因主要包括以下两点。

一是数据有限，定量分析方法并不适用。从理论上讲，服务合约在许多方面不同于购买产品的合约，当政府的职能不局限于签订采购合约，而开始将健康保护、学校管理、项目管理转交给承包者时，这种区别就更加明显。从实践上来说，我国公共服务合约制运用得越来越频繁，政府和社会资本合作（PPP）项目在各地区都有出现，从政府公开的信息资料中，可以查阅到相关的流程和企业信息等。但是公开的信息有限，如购买公共服务的合约失败的原因通常以罗列的形式发布，不会公开详细情况。在最初确定风险清单时，需要对各个环节的各类风险进行全面系统的分析。所以样本量有限是最大的障碍。

二是流程图分析法的实用性以及风险分解分析法的适用性。在众多风险识别方法中，流程图分析法是较为普遍的一种，能够对流程的每一阶段、每一环节逐一进行调查分析。流程图分析法强调活动的流程，可以比较清楚地显示活动流程的风险，但不寻求引发事故的原因，这就需要在风险清单确定之后，对每一类风险的产生原因进行分析。而风险分解分析法能够对复杂程度较高的事务进行分解，并对存在的风险进一步分解。公共服务合约涉及多方主体，存在多重委托-代理关系，每一种大的风险项下又包含很多小的风险项，适合采用风险分解分析法。

三、合约制治理风险的识别与分析

（一）合约制治理失败案例的风险

1. 合约制治理失败案例的选择

合约制治理在我国的公共服务供给领域越来越受青睐，私人资本的介入不仅缓解了地方财政的压力，还可以降低公共服务成本、提高供给效率。20 世纪80 年代，合约制就已经出现在我国基础设施建设领域的项目中。近年来，政府购买服务得到快速发展，各省都出台了相应的实施细则。但不可否认的是，不管是政府购买服务、PPP 项目还是凭单制的使用，在政策制定方面都有待完善，特别是 PPP，在 2016 年 10 月财政部"90 号文"和 8 月国家发展改革委"1744 号文"中，还出现两个部门"文件打架"的情况，可见合约制的政策制定仍是"摸着石头过河"。除了政策因素之外，还有众多因素都可能导致合约制的实践失败。

柯永建和王守清对我国 PPP 项目失败的 16 个典型案例做出了风险分析（见表 6-1）。

表 6-1　16 个典型案例的风险分析

编号	项目名称	出现的问题
1	江苏某污水处理厂	2002—2003 年出现谈判延误、融资失败
2	长春汇津污水处理厂	2005 年政府回购
3	上海大场水厂	2004 年政府回购
4	北京第十水厂	2005 年外资撤资
5	湖南某电厂	没收投标保函，项目彻底失败
6	天津双港垃圾焚烧发电厂	政府承诺补贴数量未明确定义
7	青岛威立雅污水处理项目	重新谈判
8	杭州湾跨海大桥	出现竞争性项目
9	鑫远闽江四桥	2004 年走向仲裁
10	山东中华发电项目	2002 年降低收费，收益减少
11	廉江中法供水厂	从 1999 年开始闲置至今，谈判无果
12	泉州刺桐大桥	出现竞争性项目，运营困难
13	武汉汤逊湖污水处理厂	2004 年整体移交给国有企业
14	上海延安东路隧道	2002 年政府回购
15	沈阳第九水厂	2000 年变更合同
16	北京京通高速公路	运营初期收益不足

资料来源：柯永建，王守清. 特许经营项目融资 PPP：风险分担管理. 北京：清华大学出版社，2011.

以上的 16 个案例虽然较为典型，但时间都比较久远，我们还需选取近年来的案例：

（1）乐清市市政园林局 2015 年 12 月 1 日因评标过程不公正被投诉，之后被判定成交结果无效，被责令重新开展采购活动。[①]

（2）衢州城市房屋拆迁有限责任公司就衢宁铁路工程衢江段房屋征收（拆迁）中介服务项目投诉衢州市衢江区铁路建设项目办公室，以及衢州市兴衢房屋征迁服务有限公司、衢州市柯城房屋拆迁有限公司、衢州市友邦房屋拆迁有限公司三家房屋拆迁公司。经核实，该招标事项存在违反政府采购法律法规事

---

① 评委"增量"打分致采购失败.（2016-01-29）. 政府采购信息网.

实：一是公告发布媒体不合法规。该项招标信息仅在衢江政务网发布，未按规定在浙江政府采购网公告。二是招标时限不合法规。浙江方圆工程咨询有限公司在开标日前一天才在浙江政府采购网补发了该项目的招标公告，但招标起止时间未作相应调整，之后被判定招标结果无效，责令重新开展采购活动。①

（3）杭州利康科技有限公司在 2014 年 5 月浙江工商大学大学健康体适能与运动训练监控中心仪器设备项目采购活动中，通过公司股东开会等场合授意浙江高斯博健康科技有限公司、广州市东岘源电子科技有限公司共同参加投标并实施串标行为，罚款 7 470 元，并列入不良行为记录名单，禁止参加政府采购活动二年。②

（4）杭州爱中物业管理有限公司因对嘉善县公共资源交易中心和嘉善县环境卫生管理处组织的嘉善县城区公共区域保洁的政府采购项目的采购过程的质疑答复不满，于 2015 年 12 月 17 日重新提起投诉，后判定"在评标过程中，果然有跟此次评标无关的领导进入评标室，进入评标室后在卫生间里和评标人员进行了长时间的沟通交流，最终被工作人员请出来。我们认为该领导干预评标过程，影响中标结果"事项属实，责令重新开展采购活动。③

（5）浙江宇康工程管理咨询有限公司于 2015 年 9 月对绍兴市公共资源交易中心提起投诉，在此项事件中，绍兴市公共资源交易中心修改了投标截止时间和开标时间，但未将对已发布招标文件的修改情况以书面形式通知浙江宇康工程管理咨询有限公司，在招标程序上不符合《中华人民共和国政府采购法实施条例》第三十一条、《政府采购货物和服务招标投标管理办法》第二十七条的规定，后又以浙江宇康工程管理咨询有限公司超时为由，拒收其投标文件，导致其未能参与评标。后裁定为招标无效，责令重新采购。④

（6）四川金鹏宏达实业有限公司在参加成都市人民代表大会常务委员会办公厅《成都人大》印刷服务采购项目、成都市食品药品监督管理局印刷服务采购项目的投标活动中提供的社保缴纳证明材料等被查核实为虚假材料，处以 927 元的罚款，并将其列入不良行为记录名单，一年内禁止参与政府采购

---

① 惊！开标日前一天才发招标广告．(2016-01-29)．政府采购信息网．
② 赶紧看看浙江如何处理串标主谋．(2016-01-29)．政府采购信息网．
③ 采购单位领导进入现场观看评标致采购失败．(2016-01-29)．政府采购信息网．
④ 违反《条例》31 条规定的后果．(2016-01-29)．政府采购信息网．

活动。①

（7）成都鹰皇科技有限公司于 2011 年 5 月至 2013 年 10 月在青川县文化中心及综合文化站建设—专用设备采购等项目的采购活动中，通过向采购人行贿、修改招标项目技术指标、参数等手段谋取中标，判定将该公司列入不良行为记录名单，二年内禁止参加政府采购活动。②

（8）上海泛微网络科技股份有限公司在参加巴中市恩阳区政务服务和公共资源交易服务中心于 2015 年 10 月 15 日组织的巴中市恩阳区政务信息管理办公室升级改造区政府门户网站采购项目（第二次）的招投标活动中，提供的"CCCS 客户联络中心标准体系认证证书"是虚假材料，但巴中市恩阳区财政局只做出了处以 7 460 元罚款的处罚决定。③

（9）河南鑫源机械制造有限公司在参加江油市环境卫生管理所的护栏清洗车采购项目的政府采购活动中，涉嫌提供虚假参数谋取中标。江油市财政局对该公司处以罚款 2 650 元，判定将该公司列入不良行为记录名单，一年内禁止参加政府采购活动的行政处罚决定。④

（10）成都市城市管理机械化作业处纯电动洒水车采购项目的评审专家在本项目的评审过程中未按照招标文件规定的评审程序、评审方法和评审标准进行独立评审，成都市财政局做出对本项目评审专家的上述违法违规行为分别给予警告，并分别处以 2 000 元罚款的行政处罚决定。⑤

2. 失败案例的风险

柯永建、王守清将 16 个失败案例的风险归纳为 13 个风险项：法律变更风险、审批延误风险、政治决策失误/冗长风险、政治反对风险、政府信用风险、不可抗力风险、融资风险、市场收益不足风险、项目唯一性风险、配套设施服务提供风险、市场需求变化风险、收费变更风险、腐败风险。

从柯永建和王守清的研究可以看出，在 13 个风险项中，政府信用风险是造成 PPP 项目出现频数最高的风险项，16 个案例中出现了 9 次；排名第二的风险

---

① 成都这样处理虚假材料谋取中标．（2016 - 01 - 29）．政府采购信息网．
② 这个企业向采购人行贿被判政采"禁赛"两年．（2016 - 01 - 29）．政府采购信息网．
③ 虚假材料谋取中标被处采购金额千分之十罚款．（2016 - 01 - 29）．政府采购信息网．
④ 虚假技术参数谋取中标 被处一年内禁止参加政采．（2016 - 01 - 29）．政府采购信息网．
⑤ 评审专家未按招标文件评标被罚 2 000 元．（2016 - 01 - 29）．政府采购信息网．

项是市场需求变化风险，出现 5 次；排名第三的风险项是市场收益不足风险，出现 4 次；而审批延误风险、政治反对风险、融资风险、配套设施服务提供风险、收费变更风险和腐败风险 6 个风险项均只出现 1 次；其余 5 个风险项出现 2~3 次（见表 6-2）。

表 6-2　16 个案例的风险项

风险项	1	2	3	4	5	6	7	8	9	10	11	12	13	14	15	16
法律变更	√		√											√		
审批延误				√												
政治决策失误/冗长				√			√				√					
政治反对				√												
政府信用	√	√			√	√			√		√			√		
不可抗力	√				√											
融资					√											
市场收益不足						√		√				√				√
项目唯一性								√	√			√				√
配套设施服务提供													√			
市场需求变化								√	√	√		√				√
收费变更										√						
腐败															√	

根据近年来我国合约制治理领域的失败案例可以看出，政府和企业都存在诚信缺失、契约精神缺失的问题。其中政府的失信行为包括评标过程不公正，招标程序不合规、不合法，领导干预等，企业不当行为包括围标、串标、提供虚假信息、行贿等，还有第三方评估机构进行不公正评审等。

在近年的这 10 个案例中，当涉及政府招标过程不合规、评审不公正或非市场力量进行干预时，投诉结果往往是判定招投标过程无效，需要重新进行招投标，但是政府行为人既没有受到行政处罚，也没有被罚款。当涉及企业围标、串标、提供虚假信息、行贿等问题时，处罚也较轻，例如在这 10 个案例中，最高罚款7 470元，二年禁止参加招投标。这说明我国在鼓励引入公共服务合约制的背景下，对恶意违规行为的惩罚机制不够完善，影响健康有序的市场竞争环境。

（二）合约制治理操作层次的风险因素

以公开招标的流程为例（见图6-2），对合约制治理操作层次的风险进行分析。

1. 各环节风险因素筛选

（1）整体规划阶段。

在整体规划阶段的主要风险包括：

1）迎合考核。此项风险因素是指政府人员以迎合考核标准为目的而进行公共服务外包，而不是以引入竞争机制、创新公共服务供给机制或以减少地方政府财政负担为目标，出现目标偏差。在公共服务领域实施合约制的出发点不是以市场和公众需求为主，而是以政治响应为主。

2）信息不完全。此项风险因素是指在合约的整体规划阶段，各种原因导致对公共服务了解不够充分，对质量和数量的规划出现偏差。

3）政策冲突。此项风险因素是指公共服务合约制的政策相互"打架"，包括中央指导性文件与地方实施细则之间的不一致或存在空白、各部委之间"文件打架"、已有文件与新颁布的政策法令相冲突的情况，造成无法对公共服务合约制的范围和适用性做出准确判断或导致做出错误判断。

（2）合约签订阶段（招标—开标—评标—定标—发放通知—签署合同）。

在合约签订阶段的主要风险包括：

1）腐败。此项风险因素包含寻租性腐败、占有性腐败、流失性腐败、支出性腐败、决策性腐败、经营性腐败、毒性腐败等多种腐败类型。腐败既包含政府官员的行为，也包含社会组织和社会组织在招投标过程中使用的不正当竞争手段。

2）非市场力量干预。此项风险因素包括来自上级和其他部门的干预。可分为强制性干预和非强制性干预。强制性干预包括下达行政命令、指示、规定等；非强制性干预涉及劝告、说服、诱导等手段，以及来自其他部门人员的暗示、授意、打招呼等干预和插手具体的招投标活动。从签约过程来说，从编制招标

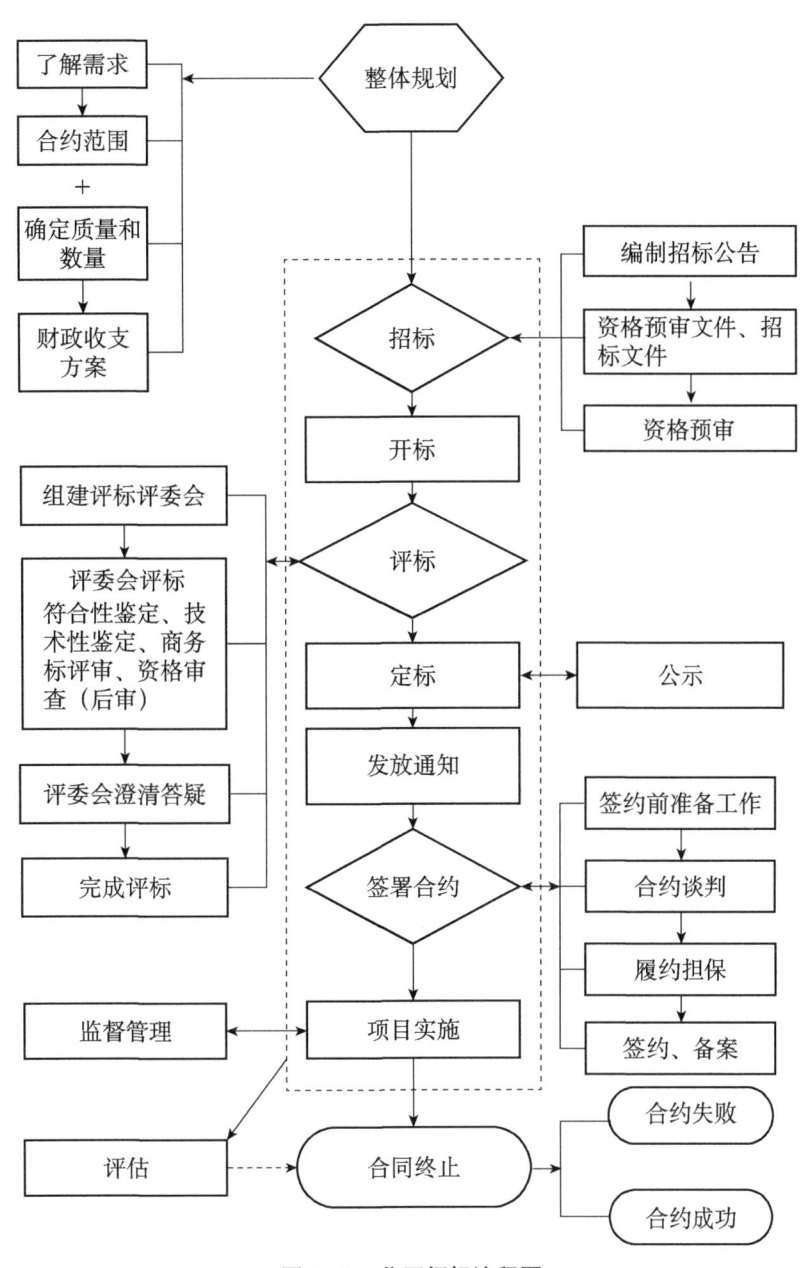

图 6-2 公开招标流程图

公告，资格预审文件、招标文件，到资格预审、评标、确定中标的过程都有可能会受到来自非市场力量的干预。

3) 政治/公众反对。此项风险因素是指因公益性要求较高、预期收费过高、环境评估不合格等原因，最终影响公众利益无法得到保护，并且引致社会公众重视此类公共服务外包产生的风险。

4) 不规范招标。此项风险因素是指违反《中华人民共和国招标投标法》的行为，如在招标文件中要求或者标明特定的生产供应者以及含有倾向或者排斥潜在投标人的其他内容的度身招标、倾向招标、隐性公告标、排斥法投标、使用活技术标等行为，地方主管部门实行保护主义，缺失公平与公正。

5) 围标和串标。此项风险因素是指在正式投标阶段投标人之间为围标行为，以及在资格预审和正式投标的招投标全过程中可能发生在投标人之间或投标人与招标人/招标代理机构之间的串标行为。

6) 低价竞标。此项风险因素是指投标人以较低的投标报价，击败其他竞争对手，从而取得项目代理权的一种行为。此项风险因素特别指通过对政府采购利用价格战原则，故意报出比市场价格要低的手段以更符合中标条件，以损害采购人利益和破坏正常采购秩序为代价，并通过私下交易、贿赂等方式获得竞标。

7) 瞒报资质。此项风险因素是指代理单位为了中标故意隐瞒信息、提供虚假信息或资质造假的情况。此项风险因素涉及赔偿、责令改正、停业整顿，或处以罚款、没收非法所得、降低资质等级或吊销资质证书等处罚行为。

8) 缺乏有效竞争者。此项风险因素是指因招标程序不透明、不公正，或因标的欠缺吸引力、缺少竞争者造成流标。

9) 过程冗长。此项风险因素是指从项目申请到签订合约的过程繁杂、时间冗长，包括地方政府决策流程不规范、决策过程冗长、双方谈判时间冗长。此项风险因素除了包括投标人恶意延长时间的因素外，地方政府应当承担主要责任。

10) 逆向选择。此项风险因素是指在选择代理人时，如果作为委托人的政府所掌握的与代理人相关的信息极其有限，就容易选择错误，甚至会导致"劣币驱逐良币"的现象，与价格较低的投标人签约，而将资质好、价格相对较高的优质投标人排除在外。

(3) 项目实施阶段。

1) 政府信用。此项风险因素可以理解为签约地方政府没有履行合约所规定的相关责任与义务，使另一方蒙受损失，直接或间接地导致项目失败的风险。

2) 环保。此项风险因素是指由于需要满足环保法规要求而增加的新资产投入或迫使项目中止/终止等风险。

3) 法律变更。此项风险因素是指相关法律条款或政策内容发生变更，导致现有合约条款设置与其有一定程度的冲突，从而可能引起项目成本增加、收益降低或者需要重新进行谈判，修改部分项目合约条款，延长项目时间。例如税收优惠政策的变动等。

4) 不可抗力。我国《民法典》规定，不可抗力是不能预见、不能避免且不能克服的客观情况。具体说，不可抗力有三个构成要件：第一是该事件是当事人在订立合约时不能预见的，如果当时能够预见，则只能是风险；第二是该事件是在合约履行期间发生的；第三是该事件的发生和后果是不能避免并且不能克服的。其主要包括自然事件（如火灾、洪水）、人为事件（如罢工、破坏活动）和政治事件（如战争、暴动）等。

5) 法律法规不完善。此项风险因素是指公共服务外包市场相关法律建设较为滞后，并且没有专门的管理部门对其进行管理，所涉及的外包政策主要包括服务业等相关法律，并且内容较为分散，不具备较佳的可操作性。地方政府主要依靠规范性文件来指导具体的工作。

6) 忽视社会效益。此项风险因素是指忽视公共服务的属性，降低了政府公共服务的质量和效益，忽视了项目实施后为社会所做的贡献。

7) 公共责任缺失。此项风险因素是指地方政府将公共服务外包给社会组织之后，政府部门并没有对公共服务承担起相应责任，在对相关服务投入资本后，便将提供服务的责任全部转交给民营机构，最终造成了公共责任缺失。

8) 市场变化。该风险因素包括利率波动风险、外汇风险和通货膨胀风险等，即市场利率变动的不确定性、外汇汇率变化和外汇能否兑换的不确定性、整体物价水平上涨，造成货币购买力下降，从而导致项目成本增加等。

9) 资金欠缺。此项风险因素是指购买服务金额不足、相关项目投入少、缺少活动经费，没有形成稳定的、制度化的预算安排，造成资金链紧张，最终导致融资困难。

10) 项目唯一性。该风险因素可以理解为政府部门以及相关投资者对项目进行筹建或者改建，最终项目形成了商业性竞争，继而引发了项目唯一性风险。当项目唯一性风险形成后，将会导致市场需求发生巨大的变化，并且会影响市场收益，产生巨大的政府信用风险等，对项目发展形成巨大影响。例如杭州湾跨海大桥项目开展不到2年，大桥的施工仍然处于准备中，最主要的原因是当地政府并不满意桥的资金回报率，最终导致项目形成唯一性风险以及无法满足预期收益风险。

11）市场需求变化。除了项目唯一性风险之外，随着社会环境的不断发展变化以及受到了外部宏观经济的影响，市场需求变化也会对项目产生极大的风险。

12）未如期完工。此项风险因素是指当项目无法如期落实，投入成本费用超出预期，从而导致现金流不足，不能按时偿还债务等。其中时限延长与违约项中"延迟履行"的侧重点和范围有所不同，时限延长的可能性较高、原因复杂、影响较大。时限延长不仅仅是代理方的责任，委托方临时改变合约条款等原因也会造成时间延后，随之带来管理成本和融资成本的增加。

13）劳动纠纷。企业和劳动者之间普遍存在的纠纷包括：企业开除职工、职员辞退等情况所产生的争议；对国家政策规定的工资薪金、福利待遇等规定存在争议；因签订的劳动合同履行问题引发的争议；因法律规定的具体处理存在争议。以上的纠纷均被称为劳动纠纷，会导致外包服务质量下降、消费者满意度降低，甚至中止合约、终止合约的情形。

14）技术不成熟。此项风险因素是指所采取的技术不成熟，难以满足合约预定的标准和要求，或者使用性较差，迫使机构追加投资进行技术升级改造带来的风险。

15）隐性成本。此项风险因素是指政府和社会组织双方在整个外包过程中未能计入的成本以及事先无法预料的开支，具有隐蔽性较强、难以避免、不易量化的特点。无论是地方政府、营利性，还是非营利性组织，要取得成本优势，对于隐性成本的控制与管理尤为重要。

16）转包和分包。此项风险因素是指违法转包和擅自分包。转包容易使不具有相应资质的代理方进行生产和供给时，造成公共服务质量低下、市场混乱的现象，所以我国法律法规均作了禁止擅自转包的规定，转包即违法转包。在分包过程中，虽然总代理方负有连带责任，但没有取得发包人的同意，多次分包或分包给不具有资质的分包单位，都会给政府监管带来困难，从分包过程中得利的行为违背了签订合约的本意。

17）监管缺失。此项风险因素是指在服务项目的申请、评审、立项、招标、订约、实施、调整、结项、评估、反馈等一系列环节中存在的同体监督、多头监管、监督不力、形式监督等问题。

18）合同模糊。此项风险因素是指合同中界限不清楚的模糊词、所指不明确或所指简化的模糊词、范畴模糊词、意义抽象模糊词、数量模糊词、选择连词引起的词义模糊等都可能引起合约纠纷的模糊条款。委托方和代理方都有故意设计模糊条款的动机。

19）相关基础设施不到位。此项风险因素是指项目的配套基础设施不到位，造成时限延长、服务质量下降、成本增加等。

20）代理方管理问题。此项风险因素是指代理方总是较为重视合约管理的前期阶段，一旦合约签订了，合约权利与义务确定了，一些代理方往往就把合约管理抛之脑后，因此合约管理的问题大多数产生在中期和后期阶段。例如代理方法制观念淡薄、风险意识差，合约应变更时没有变更等问题。

21）惩罚机制缺失。此项风险因素是指双方诚信意识不强，违约现象普遍存在，对于违约和失信行为的惩罚措施则常常缺失或缺乏法律依据，违约成本低。

22）运营变更。此项风险因素是指由于前期设计的可建设性较差、设计错误或含糊、规范标准变化、合约变更、业主变更等原因引发运营变更。

23）组织协调。此项风险因素是指由于经营人组织协调能力不足，导致项目参与各方的沟通成本增加、相互矛盾冲突产生变化。

（4）合约终止阶段。

1）评估不达标。此项风险因素特指项目后评估，包括目标评估、过程评估、效益评估、影响评估、持续性评估等方面不达标。

2）残值折旧严重。此项风险因素是指投资者对设备资源的过度应用，导致特许期期满后项目设备材料的残值已折旧严重，这将会对项目后期的运营造成极其严重的影响。

3）政府回购。此项风险因素是指在合约到期时不再续约，而重新由政府提供服务，即出现逆合约承包，特别是短期合作的情况下，社会组织会因资产专用性承受损失；或者在合约还未到期时，由于政治因素或其他原因，政府违约重新收回。

4）权力竞争。此项风险因素是指当政府提供公共服务的能力受制于外部承包者时，政府迅速调动资源来有效实施其政策意图的能力也会受阻，在客观上形成了社会组织与地方政府的权力竞争。

5）依赖性。此项风险因素是指在合约外包中政府部门将项目生产力转交给私营企业，在此环境下体现出政府部门对私营企业的过度依赖，对第三方所提供的服务过度依赖，具体的绩效也存在依赖合作伙伴的情况。

特别需要说明的是，风险具有可变性和相对性的特征，并且有不同的分类标准。本章首先按照合约制治理过程阶段进行分类，不同阶段的风险项具有相对性，例如政府的不规范招标，在整体规划阶段是信息不完全下的机会主义行为，属于信息不完全风险因素下的风险事件，而在签约阶段，是造成腐败和合约失败风险事件的风险因素。所以本章虽然分析了各风险的生成机理，但仍需按照各阶段的划分标准将各风险因素进行罗列。

2. 合约制治理四大阶段的操作层次风险因素分析

在整体规划阶段为信息不完全1个风险项；在合约签订阶段为不规范招标、围标和串标、低价竞标、瞒报资质、过程冗长5个风险项；在项目实施阶段为不可抗力、市场变化、资金欠缺、市场需求变化、未如期完工、劳动纠纷、技术不成熟、转包和分包、合同模糊、相关基础设施不到位、代理方管理问题、运营变更和组织协调13个风险项；在合约终止阶段为评估不达标和残值折旧严重2个风险项。共计21个风险项，占风险项总数的51%。

（1）合约不完备性和信息不完全下的风险。

合约不完备性和信息不完全无法避免，只能通过合理的风险规避机制减少损失。风险分解分析法能够将复杂程度较高的事物进行分解，并将系统分为多项要素，以便展开更为细化的风险分析。在文献分析的基础上，对合约不完备性和信息不完全下的风险进行分解分析。初步风险清单是基于大量的文献查阅进行分析确定。具体来说，所查阅和综述的文献包括筛选出的与公共服务合约外包高度相关的英文文献和中文文献。

1）道德风险。

通过合约对委托-代理关系进行约束与治理，其中最重要的问题便是需要对合约的内容进行全面而细化的设计，必须设计能够让委托人自觉履行职责、能够确保委托人与代理人之间公平合作关系的合约安排。如果合约双方所接收的信息不一样，将会存在信息不完全风险，若一方接收的信息相对较少，在双方合作关系下，该方将会处于不利的态势。也就是说，任何合约都会因为不完备性和有限理性而难以避免道德风险，合约的不完备性、信息不完全以及腐败等因素都会造成合约制治理难以有效实施。

第六章 合约制治理风险的识别与评估 | 137

从制度经济学层面上分析，道德风险可以理解为在受到了个人某种利益因素的驱动下，违反诚实、可靠的基本准则，并在此环境下不会受到惩罚。委托人与代理人双方都可能发现，通过利用道德风险可使合约的利益偏于自身一方。政府部门作为委托人也有维护自身利益的动机，签订合约后，可能会存在违约情况。在此环境下，委托人将存在极为严重的道德风险问题，因此其必须要严格遵守合约规定内容，若代理人的产出较高，委托人理应给予代理人更高的报酬。但委托人可以将其视为产出不高而降低支付给代理人的报酬，或者将部分本应支付给代理人的报酬占为己有。① 如果代理人预测到委托人可能会耍赖，就不会积极地努力工作，但因为成本太高，代理人的努力程度和机会主义行为是很难观察和监测到的。我们无法确保合约双方都会一心一意地去履行合约内容，当合约内容存在模糊时，将会导致合约双方在自身利益驱动下通过钻合约的漏洞，从中获取不正当利益，当然，这些行为均与契约精神相违背。道德风险的具体表现见图 6-3。②

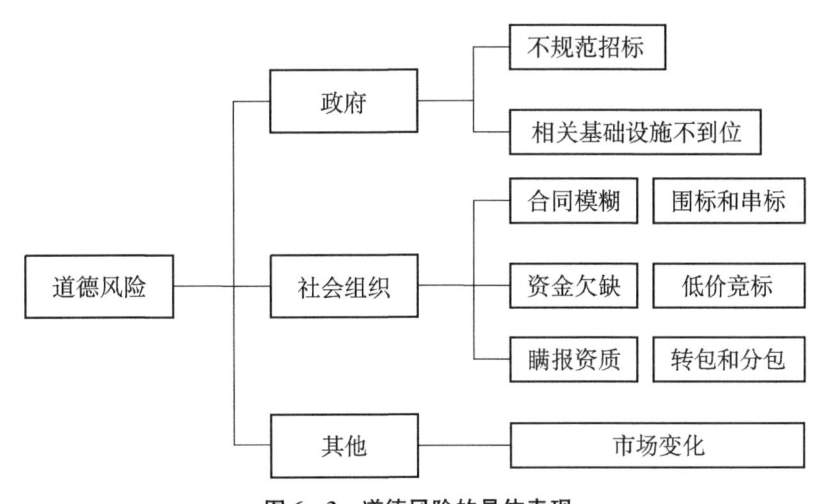

图 6-3 道德风险的具体表现

道德风险的概念源于保险市场，后来被广泛运用于代理人对委托人产生不利行动的分析，即道德风险指的是不利于委托人利益的代理人最大化自身利益

---

① 吕志奎. 政府合同治理的风险分析：委托-代理理论视角. 武汉大学学报（哲学社会科学版），2008（5）.

② 莱恩. 新公共管理. 北京：中国青年出版社，2004.

的行为。① 在合约制治理中，代理人的逐利性是第一属性，在 SZ 市 X 乡案例中，企业成立了非营利组织承接社会救助，很大一部分原因在于"相比于企业因街面上有流动人口被扣的考评费来说，20 万元的投入对企业来说算不了什么"②，这类风险几乎是无法避免的。

道德风险是合约制治理中的普遍问题，是针对各种签约后的机会主义行为的一个通用概念，它造成了委托-代理关系中当事人之间的效用冲突。政府作为合约当事人在签订合约前就已掌握合约内容和代理人的相关信息，但是对合约签订后所发生的情况了解的是不完全的，无法对代理人的行为做到全面地预测。在信息不完全的环境下，政府部门与代理人之间所承担的风险也并非对称，在此环境下，将存在一定的道德风险。谈判合约、签订合约以及履行与监督等方面均会导致一定成本费用的支出，现实中不存在无交易成本的合约，合约成本也是道德风险出现的重要原因。

第一，在合约制治理中，道德风险可能源于委托人政府信息不完全风险以及代理人风险两种。当假设代理人为风险中性者，在后期通过对代理人的行为进行观察后便能够察觉到，那么政府作为委托人就可以与代理人签订一份完全合约，将代理人的全部行为后果转移到代理人身上，即将全部风险转移给代理人。但是在现实经济生活中，完全合约难以达成，企业作为代理人也并非风险中性者，与委托人政府相比，甚至是典型的风险规避者，若所有的行为后果都将由代理人负责，这将代表随机事件的风险也将全部由代理人负责。因此，企业必须与相关政府部门签订分散风险合约，才能够有效规避风险，但是政府无法将其他不确定因素与企业行为引发的风险有效的区分开来，这就使得企业有可能将自己行为造成的风险一起转嫁到政府身上，由此便容易引发道德风险问题。此外，由于公共产品和服务的特性，在短期内可能很难确定产品供给的实际质量，甚至在合约到期时都无法观察到代理人行为带来的外部效应；并且一级地方政府很可能面临多重的合约关系，当两种通过合约方式供给的公共产品和服务共同消费时，由于它们的实际作用受到彼此的影响，道德风险问题就有可能出现。例如，"药品必须与医生的服务一起使用，药品的疗效不好可能是因为药品的质量低，也可能因为病人没有听从医嘱"③。在理想的情况下，如果代

---

① 何自力. 比较制度经济学. 天津：南开大学出版社，2003.
② 王浦劬，萨拉蒙. 政府向社会组织购买公共服务研究：中国与全球经验分析. 北京：北京大学出版社，2010.
③ 何自力. 比较制度经济学. 天津：南开大学出版社，2003.

理人在知晓自己的供给能力和质量的前提下,对未来自身行为给予一种承诺,那么双方的风险都会相应减少。在这种情况下,相当于将大部分未来不确定风险转嫁到了代理人身上,这样的承诺又会造成作为委托人的政府和作为消费者的公众的道德风险。所以,信息不完全及代理人之间的风险分担会引起道德风险问题。

第二,在合约制治理中,合约的签订和履行过程复杂,例如按照萨瓦斯的界定,公共服务合约承包流程至少应该包括[①]:考虑实施合约外包→选择拟外包的服务→进行可行性研究→促进竞争→了解投标意向和资质→规划雇员过渡→准备招标合约细则→进行公关活动→策划管理者参与竞争→实施公平招标→评估标书和签约→监测、评估和促进合约的履行。

如果严格按照类似的程序签订合约,那么无论是政府还是企业,在高昂的成本面前都无法完全掌握与自己相关的信息,在这种情况下道德风险是不可避免的。特别是涉及复杂且长期的交易合约时,不可预见的不确定事件随着时间的推移而增加,双方当事人签订合约所需的成本就会增加。卖方提供的合约条款对于消费者来说可能存在道德风险,这就需要政府制定公平交易的法规来治理。但如果可以减少程序,又会出现靠"关系"的不规范操作,例如某街道向某仁爱社会服务中心购买社区服务的案例中,并没有走竞标程序就与承包者签约了,双方的合作主要是基于熟人关系的非制度化程序。[②] 依靠熟人关系确定承包者,本质上违反了民营化的竞争要求,道德风险更是不可避免。

所以,信息不完全、风险分担的非对称性以及合约成本是造成道德风险的主要原因。

2) 逆向选择。

在合约制治理模式中,政府严重依赖所选的经理人,治理的成效在很大程度上取决于经理人的能力。政府需选择较为符合条件的经理人,并能够让他自觉遵守合约规定且履行合约相关责任。其中存在的委托-代理关系较为典型。

在制定的合约中,合约双方必须要保持相互信任,遵守契约精神,这也是合约所要求的,这也是实现交易的前提条件。该种委托-代理关系能够形成信任的因素主要有两种:第一种因素是作为委托人的政府对代理人能力的信任,坚信代理

---

① 萨瓦斯. 民营化与PPP模式:推动政府和社会资本合作. 北京:中国人民大学出版社,2015.
② 王浦劬,萨拉蒙. 政府向社会组织购买公共服务研究:中国与全球经验分析. 北京:北京大学出版社,2010.

人具备足够的实力遵守合约内容负责运营,并能够将委托人的义务落于实处;第二种因素是代理人十分讲究诚信,并且对于合约规定的内容认真履行,遵守合约的契约精神,与此同时也赢得了委托人的高度信任,委托-代理关系得以持续发展。但是如果代理人对谈判的信息有所隐瞒,造成信息不对称时,将会导致逆向选择问题的发生,严重时将会导致"劣币驱逐良币"的现象发生。

以 SZ 市 X 乡地方政府购买城市管理服务为案例展开分析,其中购买的服务主要涉及政府分离出的或新增的社会管理和公共服务事项。一般来说,政府部门采购具有较强的专业性,并且采购方案的提出者必须要具备更为完全的信息数据,从而为委托人提供更为专业的信息数据,在此环境下,委托人必须要投入大量的成本。SZ 市 X 乡采用了两级购买方式,即街道办采购物业公司提供的公共服务,物业公司成立非营利组织承接其中的社会救助服务。[①] 我们把政府与企业签订购买合约作为一级购买,将企业注册的非营利组织承接的救助服务作为二级购买。政府部门作为委托人在甄选代理人时,掌握的与代理人有关的信息是非对称的,在采用两级购买方式中,在筛选上其实更容易导致逆向选择的产生。此外,代理人之间容易合谋,委托人是无法发现的,及时观察到也需要投入较大的成本费用,这是不理想的。政府采购过程中,委托人所作出的决策普遍会受到代理人所提供的信息影响,因此可以说,实际的采购范围、采购方式以及采购限额最终的决定权在代理人手上。[②]

在政府与企业的动态合约关系中,可能出现两种经典的情况:一是代理人拥有私人信息,但代理人的类型不随时间的变化而变化,甚至政府与代理人签订了长期的合约,致使长期以来代理人没有更换过。在这种情况下,最优长期合约可以在委托人承诺未来不进行帕累托改进的情况下使用完全承诺下的动态显示原理,最优单期合约也能得到简单复制。但是政府在未来不进行帕累托改进的情况几乎不可能出现。二是代理人每一期都会出现新的类型。在这种情况下,由于双方存在信息不对称,每一期代理人的类型可以看作受到随机因素的影响,代理人过去表现的历史对于当前交易不再具有任何信息价值。此时,期内/跨期配置的权衡成为动态逆向选择面临的主要问题。在合约制的现实运用中,更多的情况是每一期合约到期后,政府都需要面临随机因素的影响,需要

[①] 王浦劬,萨拉蒙. 政府向社会组织购买公共服务研究:中国与全球经验分析. 北京:北京大学出版社,2010.

[②] 吕志奎. 政府合同治理的风险分析:委托-代理理论视角. 武汉大学学报(哲学社会科学版),2008(5).

重新花费成本来获取代理人的信息，此时作为委托人的地方政府很可能在财政压力下出现逆向选择的风险。

综上所述，信息不完全风险项在合约制治理整体规划阶段将会直接导致签约过程、合约制治理实施阶段和合约终止后的公共服务评估阶段的风险事件。

（2）合约管理风险。

当政府对外承包的公共服务职能越来越多，合约管理能力就会愈发重要。此项风险因素中的合约管理并非狭义上的对合约签订之后行为的一种约束，而是指在公共服务合约制治理过程中，基于专业知识和行政精神对有关合约的一切行为进行纠正、约束、引导和激励的一种劳动、信息、技术密集的活动。

政府高度重视合约管理能力问题，并应具备卓越的合约管理能力。在库珀看来，合约管理能力至少应当涉及四个方面：一是为合约管理确立预算的能力；二是在实践过程中分清"管理"和"管制"的界限，既不能产生监控不利的情况，又不能将"管理"变为"管制"，增加承包者的成本，甚至提高门槛；三是对公共管理者的教育管理问题；四是需要招聘、培训和留住公共部门中一些高质量的合约管理者。库珀认为，在现实中很少有政府部门声称它们接受了足够的培训，并接受过较高质量的合约管理能力培训。

合约制治理在操作层次上的另一大风险为公共服务合约管理风险，包括合同模糊、未如期完工、残值折旧严重、运营变更、组织协调、资金欠缺（见图6-4）。公共服务合约管理风险不仅存在于作为委托方的政府部门，还存在于作为代理方的社会组织。公共服务合约制在我国属于起步阶段，可谓是"摸着石头过河"，从政策依据法律法规到合约专利专业人员的配备，都存在准备不充分的问题。而企业由于逐利的本质，以节省成本为重要行为准则，对合约管理缺乏动力。由此形成的公共服务合约管理问题造成公共服务合约制治理的问题层出不穷，成本居高不下。

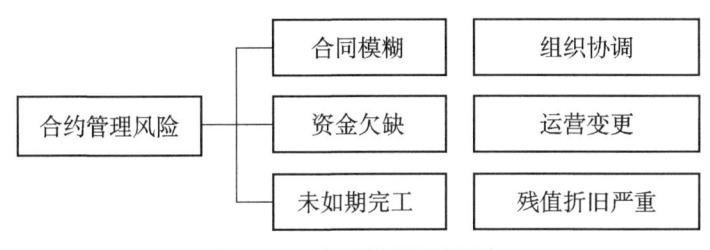

图6-4 合约管理风险因素

(三) 合约制治理的制度、机制和操作层面风险分析

1. 迎合考核风险分析

根据对迎合考核风险因素的定义，发生此项风险源于政府人员的绩效考核机制和晋升机制。根据库珀的研究，合约制治理是作用于"横向"和"纵向"的交叉点上，纵向政治结构与横向的合作关系形成难以调和的矛盾。

迎合考核是我国合约制治理中典型的制度风险。从签订公共服务合约的目的来看，地方政府采用合约的方式提供公共服务的主要原因在于上级政府的大力推广。造成对公共服务合约制的可行性评估不是基于市场的需求变化，或者其动力不是来源于市场，而是自上而下的政治动力。

2. 法律法规风险分析

法律法规风险的主要表现如图6-5所示。我国公共服务外包范围逐渐扩大，虽然国家相关政策已经对公共服务外包做出了规定和说明，但是具体的界定以及相关内容还需要进一步完善，还需要出台相关法律法规加以完善。2014年《中华人民共和国政府采购法实施条例》对公共服务采购相关内容进行了规定。2015年5月，国务院办公厅出台《关于在公共服务领域推广政府和社会资本合作模式的指导意见》，以更好地解决政府部门与社会资本之间的合作以及后期合作项目的具体运作、衔接等问题。只有将政府部门出资方面的法律规定以及性质明确下来，并将政府部门以及私营企业之间的权责关系逐步趋于规范化处理，才能够促进两者之间的持续合作，并在法律环境下确保合作的长期性以及稳定性。

图6-5 法律法规风险

除此之外，"文件打架"（见表6-3）也是法律法规风险因素。例如2016年，财政部公布了《政府和社会资本合作项目财政管理暂行办法》，对公共服务领域PPP项目操作流程予以规范，同年，国家发展改革委正式发布《关于切实

做好传统基础设施领域政府和社会资本合作有关工作的通知》，但是这两份文件因为内容冲突引起相关业内人士的困扰。

表6-3 "文件打架"实例

文件	《政府和社会资本合作项目财政管理暂行办法》	《关于切实做好传统基础设施领域政府和社会资本合作有关工作的通知》
适用领域	能源、交通运输、市政工程、农业、林业、水利、环境保护、保障性安居工程、医疗卫生、养老、教育、科技、文化、体育、旅游等15个公共服务领域	能源、交通运输、水利、环境保护、农业、林业等6个传统基础设施领域
信息公布	依托财政部PPP综合信息平台，公开项目实施方案、合约、实施情况等	实现PPP项目库的构建，但必须在线上审批监督管理平台以及重大项目库的基础上实现构建；项目储备、动态管理、实施监测
管理程序	待项目的可行性得以充分证实后，将相关评价以及论证工作落实；研究建立部门间的PPP协同管理机制，进一步梳理PPP相关工作的流程环节	推行PPP项目联审机制；建立健全投融资领域相关主体信用记录；综合评估项目建设，并验证项目是否满足条件能够引用PPP模式展开论证
采购程序	按照《中华人民共和国政府采购法》相关规定择优确定社会资本合作伙伴；但凡涉及工程建设、设备采购等外包项目，必须要严格按照相关法律规定，按照《中华人民共和国招标投标法实施条例》第九条的规定，合作方可以不再进行招标	按照《中华人民共和国招标投标法》等法律法规，通过公开招标、邀请招标等方式，确保其公平性，以更好地选择社会资本作为合作伙伴
公平竞争	不得以不合理的采购条件对合作方差别待遇，必须极大地去激发民间投资，对存在差别待遇的PPP项目，政府部门在项目后期不给予资金支持与政策支持；鼓励民营资本的进入	通过招标的方式对社会资本进行选择时，必须对投标方式以及标准围绕公平公正性落实，避免出现隐性壁垒；探索更为深入的PPP项目发展所有制，以更好地将各自的优势发挥出来，继而体现项目开展的高效性
实施机构	限定在政府或其指定的有关职能部门或事业单位	当地政府行业主管部门及其委托的相关单位

3. 合法性风险分析

在公共服务合约制治理过程中，公共服务的接受主体是广大社会成员，公共服务合约涉及民生问题，在服务供给层面上，必须体现公平公正性，必须要保障不同地区、不同社会群体的利益。但某些私营企业为了能够获得公共服务的生产权，往往需要经过一番利益的追逐，在此环境下，公共服务逐渐演变为了商业竞争，所谓的公平性原则也无法体现，而体现出来的是"嫌贫爱富"现象以及"刮脂行为"。针对具有较大利润空间的项目，必须要严格遵守相关法律规定以及市场竞争制度，体现出竞争的公平性，才能使社会公众踊跃参与其中；反之将会导致社会公众不愿意提供服务，不参与社会服务，公共服务业将无法体现出其质量与公平性，因此社会弱势群体也可能无法享受到社会公共服务，严重体现出其不公平性，例如政府为了迎合考核而忽视真正的公众需求，产生腐败风险、政府信用风险、不规范招标风险。因公共服务提供者忽视社会效益、政府公共责任缺失等原因，导致公众反对，使政府合法性受到冲击（见图 6-6）。

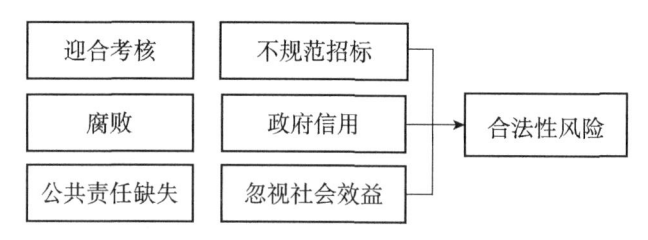

图 6-6　导致合法性风险的因素

我们从制度层次、机制层次和操作层次对四个阶段的风险因素进行分类（见表 6-4）。

表 6-4　阶段划分与风险层次

阶段划分	序号	风险名称	治理层次
整体规划阶段	1	迎合考核	制度层次
	2	信息不完全	操作层次
	3	政策冲突	制度层次
合约签订阶段	1	腐败	制度层次
	2	非市场力量干预	机制层次
	3	政治/公众反对	机制层次
	4	不规范招标	操作层次

续表

阶段划分	序号	风险名称	治理层次
合约签订阶段	5	围标和串标	操作层次
	6	低价竞标	操作层次
	7	瞒报资质	操作层次
	8	缺乏有效竞争者	机制层次
	9	过程冗长	操作层次
	10	逆向选择	机制层次
项目实施阶段	1	政府信用	机制层次
	2	环保	制度层次
	3	法律变更	制度层次
	4	不可抗力	操作层次
	5	法律法规不完善	制度层次
	6	忽视社会效益	制度层次
	7	公共责任缺失	制度层次
	8	市场变化	操作层次
	9	资金欠缺	操作层次
	10	项目唯一性	机制层次
	11	市场需求变化	操作层次
	12	未如期完工	操作层次
	13	劳动纠纷	操作层次
	14	技术不成熟	操作层次
	15	隐性成本	机制层次
	16	转包和分包	操作层次
	17	监管缺失	制度层次
	18	合同模糊	操作层次
	19	相关基础设施不到位	操作层次
	20	代理方管理问题	操作层次
	21	惩罚机制缺失	机制层次
	22	运营变更	操作层次
	23	组织协调	操作层次

续表

阶段划分	序号	风险名称	治理层次
合约终止阶段	1	评估不达标	操作层次
	2	残值折旧严重	操作层次
	3	政府回购	制度层次
	4	权力竞争	制度层次
	5	依赖性	制度层次

四、合约制治理风险评估的风险矩阵模型

（一）风险矩阵模型

1. 风险矩阵的定义

美国从1969年起就把风险研究和控制引入政府采购，特别是技术含量较高的国防科技。研究者从风险的各个层面和角度，分析其技术管理、组织管理，制定出风险稳定的策略，以此来指导现实工作。现在，风险管理在美国的很多领域都成为一项法定性的工作。

1994年4月，风险矩阵与电子系统结合实施，并在美国空军体系中获得了越过预期的成功。风险矩阵具有定量分析和定性分析的优势，它归属于风险管理，是其过程中的一个识别结构，能够发现项目的潜在影响因素，并对其进行评价。1996年之后，美国空军部门大量使用风险矩阵评价工具，使很多项目得以顺利开展。美国MITRE公司潜心研究，模拟出一套风险矩阵的通用应用模型。

风险矩阵，与其说是与风险挂钩的计算评价方法，不如说它是一种管理性质的工具。在ISO Guide 73：2009《风险管理：术语》标准中，国际标准化组织（ISO）将风险矩阵描述为："一种排列和评价工具，使可能性的后果和范围可以度量。"首先，风险矩阵是一种工具，该工具可以描述风险量，使之有序展示。其次，风险矩阵的内容要素为风险结果、风险概率。最后，风险矩阵的风险范围不具有普遍性，需要特殊对象特殊定义，该方法可以是定性的，也可以

是定量的。

2. 风险矩阵的不同形式

风险矩阵可以用列表的形式，也可以用图谱的形式来展示。在风险管理实务中，风险识别阶段一般用列表展示，便于穷举；在风险分析和评估阶段，一般用图谱展示，以展示风险的分布情况（见表6-5）。本章在筛选初步风险清单时采用列表形式，在确认最后风险清单时使用图谱形式。

表6-5 列表式风险矩阵

风险名称	风险源	风险原因	后果性质	后果大小	可能性	风险等级
风险1						
风险2						
风险3						
……						
风险n						

在ISO/IEC 31010：2009《风险管理：风险评估技术》标准中，风险矩阵被表示为后果/可能性矩阵图谱（见表6-6）。

表6-6 后果/可能性矩阵图谱

发生可能性等级	E	Ⅳ	Ⅲ	Ⅱ	Ⅰ	Ⅰ	Ⅰ
	D	Ⅳ	Ⅲ	Ⅲ	Ⅱ	Ⅰ	Ⅰ
	C	Ⅴ	Ⅳ	Ⅲ	Ⅱ	Ⅱ	Ⅰ
	B	Ⅴ	Ⅳ	Ⅲ	Ⅲ	Ⅱ	Ⅰ
	A	Ⅴ	Ⅴ	Ⅳ	Ⅲ	Ⅱ	Ⅱ
		1	2	3	4	5	6
		风险后果程度					

在表6-6中，区域Ⅰ位于矩阵图谱的右上角；区域Ⅱ位于矩阵图谱的右下角；从左下到右上被分为区域Ⅴ、区域Ⅳ和区域Ⅲ。这种图谱的优势在于很直观，从左下角到右上角，越接近右上角的区域，其风险越大，组织决策者越应该关注此类风险。反之，越接近左下角的区域，管理者越可减少对这类风险性的关注。

在一般的风险管理中，为了便于管理者能够很快识别出哪些风险在影响程度、出现频率都较高的区域，哪些风险在影响程度、关注度都较低的安全区域，对风险矩阵做了"红、黄、绿"三级区分，如图6-7所示。

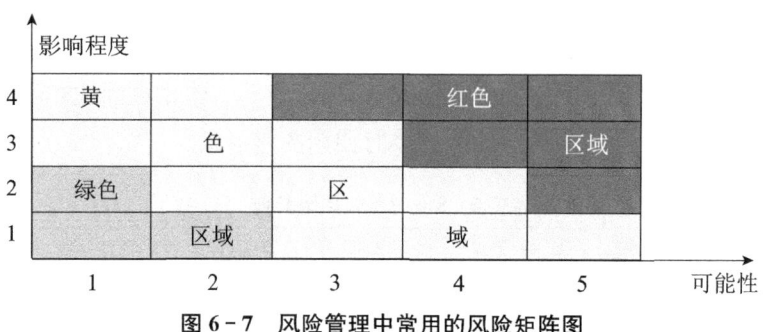

图6-7 风险管理中常用的风险矩阵图

在本章的理论评估部分，我们采取定性矩阵方法进行风险评估。在后期的问卷中，采用定量与定性相结合的风险矩阵方法选取指标和进行数据收集，在得到合约双方的L值和C值之后，数据准确，可以使用风险管理实务中典型的定量风险矩阵图（见图6-8）。

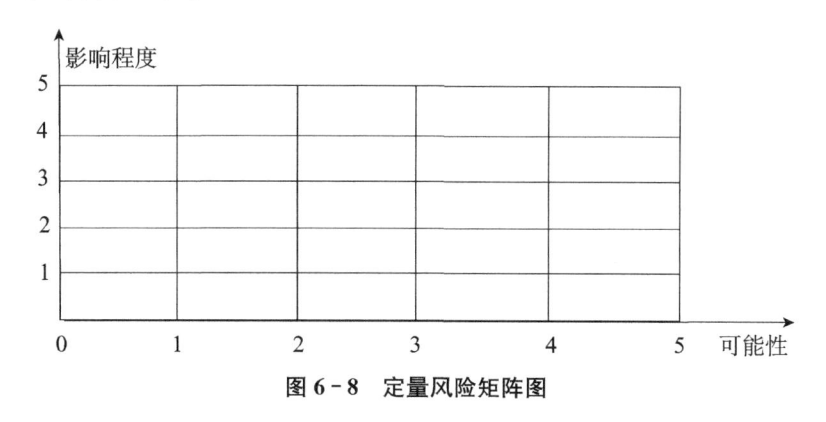

图6-8 定量风险矩阵图

3. 可能性准则与后果准则

（1）可能性准则（L准则）在定量分析中称为概率准则（P准则），用来判定识别风险可能发生的程度，对于可能性的大小，可以用定性描述，也可以用半定量或定量描述，本章根据指标的选取需要选用半定量描述。为了方便可能性准则在风险评估中的应用，常常用"1、2、3、4、5"来描述可能性的高低。其中，"1"表示某风险后果在某段时间内发生的可能性"极低"；"2"表示某风险后果在某段时间内发生的可能性"低";"3"表示某风险后果在某段时间内发生的可能性"中等";"4"表示某风险后果在某段时间内发生的可能性"高";"5"表示某风险后果在某段时间内发生的可能性"极高"(见表6-7)。

表 6-7　可能性准则级别说明

级别	1	2	3	4	5
风险后果发生的可能性程度	极低	低	中等	高	极高

(2) 后果准则,亦称"后果程度准则"或"C准则"。后果准则主要用来判定识别风险的后果严重程度。后果严重程度可以用定性描述,也可以用半定量或定量描述,风险后果的不同程度被称为"后果水平"或"后果等级"[①]。本章鉴于指标选取方法和数据有限性,采用半定量描述后果准则,即对后果准则"数据化",常用"1、2、3、4、5"来描述后果的程度。其中,"1"表示某风险后果的影响程度"极低";"2"表示某风险后果的影响程度"低";"3"表示某风险后果的影响程度"中等";"4"表示某风险后果的影响程度"高";"5"表示某风险后果的影响程度"极高"(见表6-8)。本章在半定量评估中能够保证评估的准确性,对各个等级的描述尽量具体、准确,缩小不同人员对同一风险项的理解差异。

表 6-8　后果准则级别说明

级别	1	2	3	4	5
风险后果的影响程度	极低	低	中等	高	极高

(二) 合约制治理的列表式风险矩阵评估

首先,由于我国合约制治理尚处于不成熟阶段,可借鉴的本土化合约制案例较少;其次,由于我国地域发展不平衡,各地区的合约制治理在方式、手段和结果差别迥异;最后,由于数据局限性,无法获取全国数据形成大样本统计。

---

① 李素鹏. 风险矩阵在企业风险管理中的应用:详解风险矩阵评估方法. 北京:人民邮电出版社,2013.

所以本章选取定性风险评估的研究方法。风险矩阵模型有不同的形式，分为定性风险矩阵、定量风险矩阵，以及定性与定量相结合的方式。本章在理论建构环节，选取定性风险研究，通过文献分析和案例分析，对每一项风险进行可能性和后果分析；实证分析环节，在获得 JS 省公共服务外包的问卷调查数据的基础上，运用定量与定性相结合的方法进行风险评估。

1. 列表式风险矩阵的选取

本章选取风险矩阵模型进行风险评估。在定性风险评估阶段，我们认为风险矩阵图谱的方法缺乏准确度。SECA 公司在采用定性分析的过程中，将后果大小分为"较大""中级""较小"三个等级，将可能性等级划分为"很低""较低""中等""较高"四个等级。本章采用列表式风险矩阵，基于文献分析和案例分析，对每项风险的风险源、风险产生的原因和结果作出较为准确的定性分析。

2. 合约制治理不同阶段的列表式风险矩阵

合约制治理整体规划阶段、合约签订阶段、项目实施阶段、合约终止阶段的风险矩阵分别见表 6-9、表 6-10、表 6-11、表 6-12。

表 6-9 整体规划阶段的列表式风险矩阵

风险名称	风险性质	后果层次	后果大小	可能性	风险等级
迎合考核	考核机制	制度层次	较小	较高	中级
信息不完全	风险客观	操作层次	较大	较高	较高
政策冲突	沟通合作机制	制度层次	较大	中等	中级

表 6-10 合约签订阶段的列表式风险矩阵

风险名称	风险性质	后果层次	后果大小	可能性	风险等级
腐败	考核机制	制度层次	较大	中等	中级
非市场力量干预	风险客观	机制层次	较大	中等	中级
政治/公众反对	沟通合作机制	机制层次	较大	中等	中级
不规范招标	法律法规机制	操作层次	较大	较高	较高
围标和串标	法律法规风险	操作层次	较大	较高	较高
低价竞标	法律法规风险	操作层次	中级	较高	中级

续表

风险名称	风险性质	后果层次	后果大小	可能性	风险等级
瞒报资质	法律法规风险	操作层次	中级	中等	中级
缺乏有效竞争者	竞争机制	机制层次	较大	中等	中级
过程冗长	审批机制	操作层次	较小	较高	中级
逆向选择	信息激励机制	机制层次	较大	较低	中级

表 6-11　项目实施阶段的列表式风险矩阵

风险名称	风险性质	后果层次	后果大小	可能性	风险等级
政府信用	约束机制	机制层次	较大	较低	中级
环保	政策法规	制度层次	较小	中等	较低
法律变更	法律法规机制	制度层次	较大	较低	中级
不可抗力	自然风险	操作层次	较大	较低	较低
法律法规不完善	法律法规风险	制度层次	较大	较高	较高
忽视社会效益	激励机制	制度层次	中级	较高	中级
公共责任缺失	激励机制	制度层次	中级	中等	中级
市场变化	经济风险	操作层次	较大	较低	中级
资金欠缺	经济风险	操作层次	中级	中等	中级
项目唯一性	约束机制	机制层次	较大	较低	中级
市场需求变化	经济风险	操作层次	中级	较高	中级
未如期完工	约束机制	操作层次	较小	较高	中级
劳动纠纷	社会风险	操作层次	较大	较低	较低
技术不成熟	经济风险	操作层次	中级	较高	中级
隐性成本	经济风险	机制层次	较小	较高	中级
转包和分包	法律法规机制	操作层次	较大	中等	中级
监管缺失	法律法规机制	制度层次	较大	较高	较高
合同模糊	约束机制	操作层次	较大	中等	中级
相关基础设施不到位	社会风险	操作层次	较大	中等	中级
代理方管理问题	约束机制	操作层次	较大	较高	较高
惩罚机制缺失	法律法规风险	机制层次	较大	较高	较高

续表

风险名称	风险性质	后果层次	后果大小	可能性	风险等级
运营变更	约束机制	操作层次	较小	较低	很低
组织协调	约束机制	操作层次	较小	中等	较低

表6-12 合约终止阶段的列表式风险矩阵

风险名称	风险性质	后果层次	后果大小	可能性	风险等级
评估不达标	激励机制	操作层次	较小	较高	中级
残值折旧严重	监管机制	操作层次	较小	较低	较低
政府回购	激励机制	制度层次	较大	中等	中级
权力竞争	制度设计	制度层次	较大	较低	较低
依赖性	制度设计	制度层次	较大	较低	较低

(三) 合约制治理的列表式风险矩阵评估分析

1. 公共服务合约制操作层次的风险评估分析

首先，在公共服务合约制操作层次中，整体规划阶段的信息不完全风险因素发生的可能性较高、后果的影响程度较大，风险等级较高。根据文献分析和案例分析，认为合约签订阶段的不规范招标、围标和串标的风险出现频率高，一经投诉查实，会直接导致公共服务合约的无效性，带来资源浪费和成本升高，其后果的影响程度较大，所以对这一类风险在公共服务合约制签约过程中的风险评级较高。项目实施阶段中相关政策、法律、市场和客观环境的变化对公共服务合约制的影响较大，要求合约双方就情况变化作出及时调整和协商，否则将带来较大的损失。

其次，根据对公共服务合约制四个层次的列表式风险矩阵结果，操作层次的风险因素数量最多，占风险因素总数的50%以上。这与我国合约制治理的实践相吻合，根据对失败案例的分析，几乎每一个失败案例都伴随着操作层次的风险事件。我国公共服务供给以政府为主体，在引入合约制之后，在本土化过程中出现了众多不适应现象，这些风险和问题的表象首先反映在实际操作过程中，特别是不规范招标风险出现频率居高不下。我国合约制的实践过程中，不规范招标、低价竞标等不正当竞争手段是导致对合约制双方受到处罚、重新招投标的最重要的原因，由此导致的资源和成本的浪费更是应该引起公共部门的高度重视。

最后，合约制治理的操作层次的风险等级分布不均，差异较大。在操作层次风险因素中，有4个较高等级，4个较低等级，12个中级等级。这说明根据文献分析和案例分析，风险因素的重要程度并不一致。法律法规风险等级较高，因法律法规有明确规定和界限，一旦出现违法违规的情形，可以做出明确判罚。而相对于法律法规机制来说，激励、约束机制下的风险评级较为困难，此类风险发生的可能性普遍较高，但对合约制的影响程度则较小，换句话说，即使发生此类风险事件，也不会中断或取消该合约。

2. 公共服务合约制机制层次的风险评估分析

机制层次的风险包括非市场力量干预、政治/公众反对、项目唯一性、隐性成本、惩罚机制缺失、缺乏有效竞争者、逆向选择、政府信用等。

在合约制治理机制层次的风险因素中，大部分风险等级在中级。操作层次居于合约制治理的表象层级，其风险较易检测和防范，而机制运行居于合约制治理的中间层次，其风险具有隐蔽性的特征。根据风险识别与分析，机制层次的风险往往是操作层次风险因素的风险事件。当操作风险发生之后，机制风险才会显现。例如我们将项目唯一性作为机制层次的风险之一，当市场需求变化风险出现，政府根据现状决定无法履行合约之后，才会出现项目唯一性风险问题。

3. 公共服务合约制制度层次的风险评估分析

制度层次的风险包括迎合考核、政策冲突、腐败、监管缺失、法律变更、环保、法律法规不完善、忽视社会效益、公共责任缺失、政府回购、权力竞争和依赖性等。

合约制治理的制度层次风险中，虽然多数评级为中级风险项，制度设计层次的风险发生的可能性不高，但是后果严重。制度设计居于合约制治理的最高层次，是合约制治理实践的理论指导。制度层次的风险应当引起合约双方的重视。特别是忽视社会效益、公共责任缺失、权力竞争、依赖性风险，充分说明制度设计在重塑契约精神、转变治理理念和明晰政府职能方面的必要性。

政府在合约制治理过程中首先要设计好的市场化制度，提供有力的制度保障。迎合考核、政策冲突、腐败、监管缺失等风险，源于合约制的不完善。迎合考核风险虽然出现的可能性较高，几乎覆盖我国大部分地区的合约制治理，但是危害性较低，后果较小。原因在于国家在制定相关政策时，充分考察了经济和社会发展的新需求，这决定了我国合约制治理的战略目标的正确性。而各地在实践过程中，往往能够借鉴经济发达地区的成功经验，或咨询相关领域的专家学者。例如新疆合约制治理起步较晚，近年来根据国家相关政策法律，借鉴江苏省、广东省等经济发达地区的成功经验，现阶段已在部分地区试行合约制治理。而腐败风险项等级为中级，并非说明腐败对我国公共服务合约制治理的危害程度不大，主要是因为在单次的合约制过程中，腐败具有隐蔽性的特征，难以察觉和监测，并且腐败问题的处罚多针对个人，而不是否决整个合约的有效性。

第七章
跨界公共事务的合约制治理

一、跨界公共事务合约制治理的兴起与实践

二、跨界公共事务合约制治理应用框架分析

三、跨界治理合约的缔结

四、跨界治理合约的实施

五、跨界治理合约的纠纷解决

六、跨界治理合约的实施效果评估

七、跨界公共事务合约制治理的改进

合约制治理：一种国家治理的新方式

我国区域公共治理的研究越来越丰富，但对跨界地带公共事务治理的研究明显关注不足。我国跨界地带面积巨大，大约占我国国土面积的1/3。这些跨界地带的治理面临诸多问题，必须引起区域公共治理研究者的重视。跨界地带是一种具有分割性和边缘性的经济区域。我国跨界地带大都处于各自行政区经济发展圈以外的"真空地带"，远离各自省会城市，具有区域的边缘性、发展的滞后性、行政管理的分割性等特点。同时跨界地带大都是我国资源富集区，旅游资源丰富，亟须开发。在跨界地带，公共事务多而复杂，政府治理面临诸多难题，如区域水资源跨界治理与利用、区域旅游资源的合作开发、区域信息共享、区域公共危机的治理等，常常产生"九龙治水""边界地方保护主义""行政区行政""行政区经济"等现象。这些区域的共同事务所引发的矛盾和问题，一直困扰着跨界地带的发展。如何开发跨界地带和治理跨界地带公共事务，成为区域公共治理领域的一个重要研究课题。

一、跨界公共事务合约制治理的兴起与实践

（一）跨界公共事务合约制治理兴起的背景

1. 理论背景

我国跨界地带的合作与经济一体化，有来自市场的力量，具有自发形成的一面，同时，区域内共同的文化起了重要的推动作用。这种自发力量推动的合作我们通常称为区域化，或称为非正式的区域一体化或软性的区域主义。[1] 在区域一体化中，除区域化模式外，就是政府主导的区域一体化进程，通常称为区域主义，它通过政府间的持续协商、建构合作制度、达成共识、建立沟通平台等方式推动区域合作。国内外的区域合作实践都证明了单纯地依靠自发市场和区域文化力量促进区域一体化是远远不够的，特别是随着环境污染、基础设施建设、公共危机等跨区域公共问题的增多，信息不对称和外部性等弱点在区域公共问题方面愈发突出，必须发挥政府在推动区域公共问题治理中的重要作用。尤其是政府应成为区域一体化和公共问题解决的制度供给的主要承担者，

---

[1] MARCHAND M H, BOAS M, SHAW T M. The political economy of new regionalisms. Third Word Quarterly, 1999, 20 (5).

是区域合作重要制度的制定主体，在区域协调制度的构建、区域统一政策的制定、合作平台的搭建、合作机构的建立等方面，都发挥支持和推动作用。区域治理的实践表明，政府成为区域一体化进程的主要动力。

当然，在区域治理中，区域化和区域主义是一枚硬币的两面，是辩证统一的关系，市场和政府力量应是良性互动的关系，我国区域治理应构建多元治理模式，形成以政府主导、市场化运作、充分发挥民间力量的互动合作治理格局。在市场和政府的博弈中，应充分发挥市场的调节作用，弱化不必要的行政干预，但也要充分发挥政府的积极作用，尤其是在落后的省际边界地带，要依靠政府来提高区域发展能力，从我国省际边界地带签订的协议来看，大都依据了"政府主导、市场化运作"原则。在20世纪80年代，兴起了新区域主义。新区域主义是在整合传统改革主义和区域治理公共选择理论基础上发展起来的。核心观点是主张在行政区地方主体之间，建立一种跨区域治理的策略性伙伴关系，强调区域内外的横向和纵向分工协作，强调在共同利益基础上自发的区域联盟，强调利益一致基础上的区域内各主体自愿协作和达成可信承诺。新区域主义在国外区域治理中得到积极普遍的实践，随着跨区域公共问题的不断增多，在区域公共事务治理中已发展为政府与社会、市场、公共利益团体、非正式部门、志愿团体、私人企业部门、准政府机构之间形成的一种合作共治关系。

新区域主义对我国区域协作和区域法治协调产生了重要影响，它指引着我国区域治理协作制度的构建。正是在新区域主义的影响下，合约制成为我国区域治理的重要机制。我国跨界地带实施合约制治理，签署了大量的政府间合作协议，是新区域主义理念的反映和发展。合约制强调在自愿和平等的基础上签订解决跨区域问题的合约，这是一种共治和联合的治理机制。区域治理合约的实施强调了在共同利益的基础上的相互信任，这种自愿协作有助于区域共识的达成和形成可信承诺。我国合约制治理的特征与新区域主义有共同之处，跨界公共事务合约制治理是新区域主义理论的实践，构成了合约制治理实践的理论背景。

2. 实践背景

我国进行区域公共事务治理，签署大量区域政府间协议是我国区域经济一体化的现实选择。不论是在发达地区还是欠发达地区，区域间的合作都是以区域经济一体化为实践背景而建立起来的，是随着我国社会主义市场经济的发展而建立起来的,市场经济的发展会打破区域壁垒、消除地方保护主义、消除市场分割、建立区域统一市场等,区域间的经济合作由此兴起。但区域统一市场建立的过程中,我国人为划分的行政区划与经济区域产生了矛盾,如何突破行政区划的界限而建立区域统一大市场成为区域合作的一个重要问题。而且,随着合作的加深,合作在经济、政治、文化、社会、管理等各个层面展开,特别是随着区域各个方面一体化进程的加深,区域公共问题越来越多,不断增多的"公用地悲剧"成为各区域共同面对的难题。为了解决经济区域与行政区划的矛盾和区域公共问题等,亟须建立一种区域间的合作机制,而区域政府间协议因其具有很大的制度优势,成为我国区域公共事务治理的重要机制,合约制由此成为我国区域公共事务治理的重要新型方式。

21世纪以来我国的合约制治理的初步实践和发生的社会变迁是我国在跨界地带实施公共事务合约制治理的重要实践背景。我国区域合作的实践进展说明了通过合约制治理区域公共事务和实现经济一体化具有可行性,我国通过签订大量的区域政府间协议解决了很多区域公共问题,实现了区域合作和经济一体化。我国通过签署协议的方式实现区域合作,不论在发达的珠三角、长三角、环渤海地区,还是在欠发达的省际边界地带,都通过签署协议的方式达成合作和解决区域公共问题。尽管我国的区域政府间协议的运作还有很多不尽如人意的地方,但实践已经充分证明,以区域各主体间通过签署协议为主要形式的合约制治理是我国实现区域合作、解决公用地悲剧、走向经济一体化的主要出路,问题的关键在于积极建设、发展和完善以合约制为核心的治理体系,使其成为能真正帮助我国实现区域治理现代化的主要治理方式之一。实践证明,通过完善合约制治理体系的各项机制和流程,协调便能走出困境,合意便能达成,合约便能实现。我国在走向市场化的进程中,跨界地带能突破行政区划带来的刚性约束,从"行政区行政"最终走向跨区域的区域治理形态,这无疑是区域结构的重大变化,同时,经济的市场化也带来了社会制度的民主化。这一切,无疑构成了一场重大的社会变迁,这一社会变迁带来了以平等、民主、自由、合意等契约精神为特征的合约制的创立和发展,迎合了社会制度民主化的趋势和潮流。

(二) 国内区域合约制治理实践进展

随着政府改革的不断推进,合约制作为一种国家治理机制,在区域公共管理中的运用越来越多。区域内的很多需要共同面对的公共问题,往往涉及多主体之间的复杂行动，区域各政府之间、各主体之间通过签订协议解决区域内跨界公共事务的治理问题已越来越多，合约制在我国区域公共治理中的实践进展由此加快。比如，就实践领域来看，区域契约行政已被广泛用于区域间跨界河流的治理，流域综合治理在我国兴起，就流域问题达成府际协议，进行流域综合治理已成为解决流域问题的重要方式。随着人口流动加快，区域治安和安全问题突破行政区划界限，需要区域间加强合作，共同打击犯罪，区域治安与警务合作协议也越来越多。随着生态文明的建设，区域生态保护被提上日程，因为生态问题往往不是某一行政区内能单独解决的问题，空气污染、水污染、化学污染都具有流动性，某一区域的污染问题往往会快速演变为"脱域"生态危机，因此，区域府际生态协议成为一种区域生态治理方式。随着社会的流动和发展加快，区域公共危机越来越多，危机的负外部性很容易演变成区域危机，区域公共危机的治理成为府际共同问题，同样离不开府际合约制治理。凡此等等，都要求寻找到一种解决区域共同问题的治理范式，合约制在区域公共问题的治理实践上扮演着越来越重要的角色。

府际合约成为我国区域合作实践的新范式，有力地主导了我国区域合作的进程。区域公共事务采用合约制这种治理模式，最典型的表现形式就是区域政府间通过签署合约的形式推进区域合作与公共问题的解决，即我们通常所说的区域政府间协议。区域政府间协议在实践中的名称多种多样，如"协议""宣言""备忘录""意向书""意见""章程""纪要"等。从发展历程来看，我国区域政府间协议的签订主要是进入21世纪以后，在我国市场经济体制得以初步确立的基础上发展起来的，并且发展得相当快，这可以从区域政府间协议的数量和涉及范围呈现出来。我国的第一份区域政府间协议是2001年上海市和江西省签订的《上海市江西省加强全面合作协议》，自此之后，我国区域政府间协议日益增多，主要集中在长三角、珠三角、泛珠三角、京津冀、成渝经济圈、武汉都市圈等区域。在区域经济一体化的推动下，区域政府间协议不论是在发达地区还是在欠发达地区，均获得了很大发展，2004年《泛珠三角区域合作框架协议》是我国迄今为止涉及区域范围最广、规模最大的区域协议。长三角和珠三角是中国区域经济一体化比较发达的地区，这两个地区的区域合作协议的签订情况可以对我国行政协议的运用做些初步说明。长三角是我国区域经济一体化进程起步较早的区域，但据叶必丰、何渊等学者的考察，长三角签署的合作协议文件并不多，形式也不规范，直接以"协议"命名的正式协议比较少，而以

"意向书""宣言""纪要"等命名的非正式协议比较多。后来在泛珠三角区域合作中,我国的合作协议得到了广泛运用,开始走向正规化和逐步完善。正如叶必丰指出的,"合作协议并非长三角区域的首创,但其反复实践了区域合作协议的自主性,证明了合作协议的可复制性,使区域合作协议成为解决行政壁垒的一种常态机制;泛珠三角区域合作协议的大量实践,推行了合作协议的规范化和公开化;由此而及的全国范围的效仿,使合作协议具有了惯例的意义,从而充实了区域合作的制度资源"[①]。

(三) 省际边界地带合约制治理实践概况

我国国土辽阔,区域面积广大,共有34个省级行政区。这34个省级行政区塑造了我国漫长的省际边界线,我国省际陆路边界线共66条,以边界两侧各15公里计算,总面积约156万多平方公里。同时,省际边界地区因远离各自的省级行政区中心,一般都包含革命老区、少数民族聚居区、行政区划的边缘地带、经济欠发达地区、重要的库区等。如何突破行政区划界限,找到实现省际边界地带公共治理和经济发展的良好制度,成为我国区域研究的一个重要课题。从现有我国省际边界地带区域合作的实践情况来看,省际边界地带各级政府通过签署区域协议的方式进行经济合作和解决共同的区域难题成为重要方式。从签署时间来看,我国省际协议大多是2000年以后签订的,尤其是2010年我国新一轮西部开发、国家集中连片扶贫开发启动,省际边界地带政府间区域合作明显加快,签署的协议明显增多。从区域来看,以湘鄂渝黔交界的武陵山区、泛珠三角省际边界、川滇黔交界的乌蒙山区、鄂豫皖交界的大别山区、湘赣边界的罗霄山区这几个省际边界地带政府间签署的协议比较多,合作步伐比较快,区域合作取得了一系列成果。从内容来看,协议涵盖各个方面,包括组织性协议,但更多的是事务性协议。组织性协议主要是对区域合作制度的规定,这是保证区域合作的事务性协议得以落实和合作顺利实施的重要保障。从事务性协议来看,其内容包括各个方面,既有综合性的,也有具体的事务性协议,如旅游、警务、交通基础设施、环境保护、边界纠纷与稳定、流域治理等。随着经济的发展,区域公共问题不断增多,共同解决公共问题、实现经济一体化、公共服务一体化的协议成为省际边界协议的重要主题。

---

① 叶必丰,何渊. 区域合作协议汇编. 北京:法律出版社,2011.

二、跨界公共事务合约制治理应用框架分析

(一) 跨界公共事务合约制治理应用框架构建的原则与理念

1. 跨界公共事务合约制治理应用框架构建的原则

跨界公共事务合约制治理应用框架构建应坚持静态的制度建立和动态的过程设计相结合的原则。在整个合约制治理应用框架构建中，在分析约束因素、应用过程和改进与完善方面，既要坚持静态的制度与结构分析，又要坚持动态的行为与过程分析，从静态和动态两个方面分析合约制的应用问题，这是应用研究的两条基本路径。结构-制度研究路径属于方法论上的整体主义，注重体系、系统分析方法。结构-制度研究应将跨界公共事务合约制治理作为一个治理体系来看待，分析合约制的结构与功能，分析合约制作为区域治理制度的变迁历程，分析跨界公共事务合约制治理体系与自然地理、社会人文环境的互动关系，对合约本身的不完全性进行分析。从方法论上的个人主义视角去考察问题和事务的发展与变化，运用行为-过程研究路径，以个体的视角分析集体行为，分析跨界公共事务合约制治理的缔结、实施、纠纷解决与评估过程，分析跨界公共事务合约制治理的机制建设、流程优化等。以动态、微观的视角分析跨界地带各地方政府间的战略互动，分析地方政府间合约制治理过程中的沟通、协商、妥协、讨价还价、博弈等行动，这就是典型的行为-过程研究路径。静态的制度建立和动态的过程设计相结合的原则，保证了对合约制应用能进行系统、全面和深入的研究。

2. 跨界公共事务合约制治理应用框架构建的理念

跨界公共事务合约制治理应用框架构建应以契约精神为主要理念。跨界公共事务合约制治理是以合约运作为中心的区域公共治理新方式，合约是合约制治理体系的核心工具，不论我们如何界定政府间协议的性质，既然是合约，就要具有意志自由、缔约自愿、诚实守信等基本的契约精神和理念。因此，构建合约制治理应用框架，必须坚守契约精神，以自由、自愿、平等、互利互惠、协商共治、合作共赢、民主、公开等契约精神为基本理念，只有在这些理念的指导下，才能真正实施合约制治理，合约制治理才能发展为区域公共治理的一种重要新方式。在合约制治理的缔结、实施、纠纷解决与评估过程中，这些契

约精神应贯穿始终，在合约的流程优化、方式创新、制度构建、机制设计、环境优化等各个方面，都要怀有基本的契约精神，这样的设计和建构才有意义，才能真正指导合约制治理，有助于合约的实质性运行。

合约制应用框架构建还应坚持实体正义和程序正义相结合的理念。跨界公共事务合约制治理作为一种区域治理的新方式，在应用过程中必然涉及正义这个问题，治理和应用都离不开正义这个话题。跨界公共事务合约制治理就是要通过治理方式的革新，解决区域公共问题，达成集体行动，实现公共利益，因此，正义是合约制治理的核心议题。正义包括两个方面，即实体正义与程序正义，只有这两方面都实现了正义，才能有真正的正义。合约是合约制应用与治理的核心工具，合约制治理是通过合约这个核心工具的运行来实现的，而合约是凝结契约精神和法治理念的一个实体，这样合约制治理与应用自然就在契约精神与法治理念的指导下运作，通过合理的程序设计实现程序正义，最终通过程序正义实现实体正义。合约的应用必须纳入法治的框架下，遵循一定的流程和程序，也就是说在合约的缔结、实施、纠纷解决和评估过程中，每个阶段及其各环节都要遵循一定的程序，讲求程序正义，通过合理有效的程序实现实体正义，从而有效地解决区域公共问题，实现区域公共利益和共同发展。

（二）协作治理视角分析

合约是一种横向政府间的具有行政权力与法律双重性质的契约，区域治理中政府间合约具有的契约特质，蕴含了契约所具有的自由、平等、正义、协商等精神，决定其不同于传统科层制的运作模式，区域合约制治理需要寻找新的分析视角。合约制治理应用框架构建的原则是坚持静态的制度建立和动态的过程设计相结合，也就是说，既要强调合约的应用是一个动态的过程，又要强调合约过程分析中对过程本身的考察和过程中的行为考察二者的结合。在合约运行过程中，考察合约各主体的行为如何，显得尤为重要，对合约过程中的行为考察，我们可以引入协作治理视角，分析合约过程中的各种行为。在合约运作过程中，各方主体间因个体利益与整体利益的矛盾、局部利益与集体利益的冲突、短期利益与长期利益的不一致等问题，必然充满着多种多样的博弈。但最终都可以归结到协作治理视角，以协作贯穿始终，才能真正完成合约制治理，因此，协作治理视角可以用来分析合约应用过程中的行为。

协作治理应是未来公共管理的发展趋势，随着全球化、区域化、信息化、市场化和民主化的发展，以边界为基础的管理已经不再适用，取而代之的是协作网络治理途径。过去 20 多年来，公共管理最重要的进展就是对多元利益主体之间共治问题的关注，这反映了当前公共管理理论与实践发展的新趋势，"合作""参与""民主""网络""治理"等成了公共管理的重要话题。党的十八届三中全会通过《中共中央关于全面深化改革若干重大问题的决定》，将协作治理理念引入国家治理体系和治理能力现代化建设的顶层设计，强调增强改革的系统性、整体性、协同性，协作治理成为我国治理研究的一个重要领域。综观以往学界对协作治理的研究，已基本形成了多元化的研究取向和途径，主要有政府间关系视角、政策执行视角、网络治理视角、资源依赖视角、交易成本视角和制度创新视角等。

合约制治理中的协作治理视角应贯彻在合约的"缔结—实施—纠纷解决—评估"这一运行的全过程中，尤其应以协作治理视角对合约应用过程中各主体的行为进行考察。合约应用过程中充满了以利益为基础的协商和再协商、沟通和再沟通过程，形成一种协作秩序与关系。区域合约制治理的合约缔结过程、实施过程、纠纷解决过程和评估过程正是通过区域内多元利益主体的"谈判—协商—承诺—执行"这个重复的博弈行动不断演化与推进的，在这一系列行动中，各主体通过正式与非正式地互动交往，促成共识，达成共同的目标和愿景，这样协作治理行动就产生了。合约运作过程中的"谈判—协商—承诺—执行"的重复博弈就催生和推进了合约的持续实施，"谈判—协商—承诺—执行"也就构成了合约应用过程中的行为考察框架，这个框架体现了协调、协商、沟通和共识的特点，体现了基于协作治理视角展开的以合约为核心的合约制治理，而不是以行政权力为核心的权威治理。

区域公共事务治理合约从缔结到评估的运行过程中，贯穿的"谈判—协商—承诺—执行"这个重复博弈行动体现在各个行为阶段中。首先，谈判与协商是建立协作治理链条、启动协作治理行动阶段，通过各方的互动、学习与交流，达成一致性理解，形成协作的动机与理念。在谈判与协商过程中，要达成对共同问题的认知和理解，达成一致的目标，要做到信息交流与共享，并且，从降低交易成本的角度出发，各方选择最能节约交易成本的政府间协商机制。其次，承诺是形成协作治理合约阶段，是就合作关系中的权利与义务、规则达成了一致的意见，就区域公共问题的解决形成了实质性共识。经过谈判与协商阶段的讨价还价，对共同问题有了共同的理解，达成了共识与承诺，理清了各主体间的利益关系,并正式确立下来,是一个从心理契约到具有法律意义契约达成的过程,区域治理合约正式达成。协商的难题始终是区域公共治理的永久难题,区域公共事务和共同问题的解决必须着眼于协商困境的解决,而经过谈判与协商后的承诺就是解决区域公共事务治理困境的基础,这个承诺以协议的形式体现出来。协议就各方的权利与义务、运作规则、管理结构、组织、权力共享等原则作出明确规定,还可以通过法律程序确定协议的约束力。最后,协议的执行即履行协作治理承诺阶段。这是承诺的正式实施生效,通过一系列管理机构、政策工具、协作机制、协作管理链条使承诺得以实现。在承诺实现的过程中,如何避免集体选择和集体行动的冲突,如何达成区域集体行动,实现合作博弈,使协议得以真正执行,是协议执行中的主要问题。而合约要得以顺利实施,建立合约执行阶段的各种解决争端、矛盾、冲突的机制与手段就显得非常重要,最重要的是协调机制、沟通机制、争端治理机制的建立。

(三)跨界公共事务合约制治理应用框架设计

合约制的应用过程是一个合约缔结、实施、纠纷解决和评估的完整过程,是一个从开始谈判到执行的完整流程,包括分析这个过程中的行为流程,以静态的制度建立和动态的过程设计相结合为原则,以合约制应用过程分析为合约运行主线,并在过程分析中以行为的协作治理视角建立跨界区域治理合约制应用过程的协作治理框架。在合约制应用过程中,主要分析跨界治理合约的"缔结—实施—纠纷解决—评估"过程,这个过程成为跨界区域治理合约应用的基本流程和框架。这里可以借鉴伍德和格雷(Gray)的"前因—过程—结果"的合作分析模型。伍德和格雷的合作分析模型指出,合作的前提在于高度的相互依赖、资源依赖或者风险共享,有共同合作的历史,有可以互相补充的资源,以及其他复杂因素等。在这个前提下才存在真正合作的必要,然后经过谈判与协商过程,具体商讨合作事宜。具体到地方政府间的合作,一般都是平等的地方政府之间经过谈判与协商达成承诺,签署协议,谈判与协商阶段就是协议的达成过程。承诺何以能实现?就在于各地方政府的利益与区域公共利益是否能达成统一,根据交易成本理论,地方政府只有在具有一定的预期收益时,才有合作、谈判与协商的积极性,才能达成解决区域共同问题的共识和方案。

根据伍德和格雷的"前因—过程—结果"的合作分析模型,具体到跨界地带公共事务治理,可以以过程为核心,贯穿协作治理视角,构建合约制治理应用框架。以合约制应用过程分析为核心，以"缔结—实施—纠纷解决—评估"为合约制应用的基本流程，在这个过程分析中，几乎每一个阶段都要嵌入协作治理视角，每一个阶段都蕴含了"谈判—协商—承诺—执行"这样一个重复博弈行动。因此，将合约应用过程理论和行为的协作治理视角结合起来，即将行为的协作治理视角嵌入过程分析中，将两者叠加起来，就构成了合约制治理应用框架，这个框架构成跨界公共事务合约制治理应用框架的基本设计（见图7-1）。

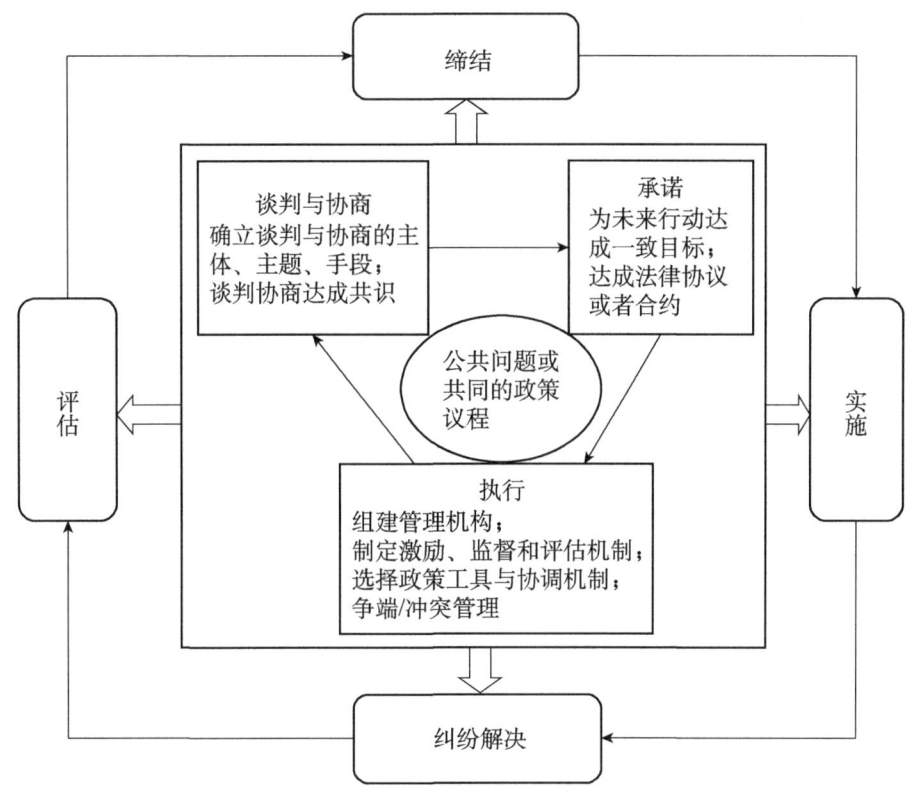

图7-1 跨界公共事务合约制治理应用框架

三、跨界治理合约的缔结

（一）跨界治理合约的缔结及合约不完全性分析

不完全合约是针对完全合约而言的，要理解合约的不完全性，可以从分析完全合约开始。完全合约，是指合约条款详细载明未来发生与合约行为相关的不确定事件时，合约当事人在不同情况下的权利与义务、风险分担、合约强制履行方式及合约所要达到的最终结果都在合约中得到明确规定。完全合约是一种可以严格履行的最优合约，合约将得到很好的执行，完成合约任务。但这种完全合约是以新古典经济理论的完全竞争市场条件为假设的，而这种假设在现实生活中很难成立，因为真正的完全竞争市场很难存在，它对个人理性和市场环境的要求都比较高。不完全合约理论使缔约各方难以预见合约执行期间发生的重要事情，这种重要事件一旦发生进而产生争议时，第三方也无法强制执行，为此必须进行理论分析和机制设计，尽量规避合约不完全性带来的损失。一般认为，不完全合约发生的原因在于人的有限理性、缔约各方信息不对称、契约运行环境的复杂性与不确定性等，这些因素导致合约各方无法完全预见和证实一切。

我国跨界公共事务的合约制治理的不完全性成因，主要表现在以下方面：一是跨界公共事务的合约制治理缔约主体的有限理性以及地方政府机会主义行为的存在。有限理性会造成合约不完全，从交易成本经济学来看，合约是"不完全的整体缔约"（incomplete contracting in its entirety），机会主义行为则使合约未能实现承诺。地方政府官员在签订跨界治理合约时，各方决策总是基于政府作为"行政人"的有限理性。地方政府的政绩考核机制缺陷和地方官员事实上的较短任期制度，诱发了地方政府间的机会主义行为，这种情况在欠发达的跨界地带表现得尤为明显。二是地方政府间在缔约和履约的各个阶段信息是不对称的，从而导致跨界治理合约的不完全性。信息不对称会导致获取信息的成本不断增大，容易诱发逆向选择，具有机会主义行为的一方会充分利用信息的不对称性逃避风险。在跨界地带公共事务治理合作中，出于地方自身利益，区域政府间难以形成有效的信息沟通机制，容易产生信息不对称。三是跨界地带区域合作和公共事务治理存在广泛且昂贵的交易费用。威廉姆森指出，人在现实生活中以一种"合约人"的形式存在，但由于机会主义行为和有限理性，交易成本总是存在的。而交易成本的大量存在使得各方都会考虑自身的交易成本，最后达成一种不完全合约。四是跨界地带区域合作和公共事务治理的环境具有不确定性，尤其是制度环境不完善，导致合约不完全。我国跨界治理合约的不完全性在形式上主要表现为合约标题过于混乱、条款过于抽象且数量偏少，特别是主要条款严重缺位，不论是条款的数量和质量都存在严重缺陷，缺乏可操作性。

（二）合约缔结过程的法律分析

第一，从缔约原则来看，我国跨界治理合约大都规定了以下缔约原则：平等原则、市场原则、自愿参与原则、互补原则、互利互惠原则、开放原则、发展原则、协商一致原则、合作原则等。从法律性来看，法律原则应具有严格的确定标准，必须有法律属性。依据法律性标准和普遍标准，很多跨界治理合约确立的一些原则不具有真正意义上的合约标准，诸如市场原则、灵活多样原则、统筹兼顾原则、务实原则、循序渐进原则、市场共拓原则、开放原则、互补原则、发展原则等都不是真正意义上的跨界治理合约原则，不具有跨界治理合约的法律属性、独特性和普遍性特征。基于跨界治理合约的法律属性与特征考虑，跨界合约缔约原则应主要指平等原则、自愿参与原则、互利互惠原则、协商一致原则、合作原则。这些原则从理论依据、法律依据、事实依据来看，都符合我国省际合作协议签署的内涵，从各原则的内容来看，与跨界治理的政府间缔结协议的价值取向是一致的。

第二，从缔约主体来看，主要是指缔约主体的缔约权问题。从缔约主体的资格要件分析，只要行为主体符合行政主体的构成要件，同时，该行为主体是地方机关，就可以成为跨界治理合约的缔约主体。但从我国跨界治理合约的情况来看，缔约主体因具体公共事务的不同而不同，因不同的部门主管的公共事务而签订不同内容的跨界治理合约。如各地方政府的交通部门之间为交通基础设施建设签订合约，各地方政府的环保、水利等部门之间为环境保护问题签订合约，各地方政府的旅游部门之间为旅游合作问题签订合约，凡此种种，都说明了跨界区域各地方政府的职能部门是跨界治理合约的主要缔约机构。同时，一般来说，跨界区域各地方政府是主要的缔约机构，由行政首长代表本地政府签署综合性的合约，合约签订后由地方政府各职能部门去执行。

第三，从缔约程序来看，通过对收集的合约样本进行分析，我国跨界治理合约的缔约程序平台大致包括行政首长联席会议制度、行政代表会议制度和非会议的要约与承诺制度。其中尤以行政首长联席会议制度为主要形式。非会议的要约与承诺制度是区域政府间协议签订前的重要程序平台，它主要是通过讨价还价或磋商沟通的方式，实现缔约各方的合意，达成一致。跨界合约不论选择哪一种缔约程序，一般都要经过要约邀请、要约和承诺三个基本步骤，只是有的是即时完成，有的需要经过具体化的会议制度。要约通常是指一方向特定的另一方做出希望与其订立协议的意思表示，一旦另一方作出承诺，该方必须与之订立合约，建立合约关系。而跨界合约缔结过程的承诺是指一方行政机关或政府同意另一方行政机关或政府作出的要约的意思。

第四，从跨界治理合约的批准来看，跨界治理合约的缔结一般需经过谈判、跨界治理合约的草拟、通过、签署、批准几个程序。批准程序最为重要，从已收集的跨界治理合约样本分析来看，跨界治理合约的批准分两种情况：一种情况是为了增加合约后期的执行权威性，主动寻求上级主管机关或中央政府的批准或备案；另一种情况是没有经过上级主管机关或中央政府的批准或备案，而是签署后立即生效。我国跨界治理合约的批准没有规律可循，有时一些无足轻重的跨界治理合约各缔约方主动寻求中央政府批准，而一些具有重大影响的跨界治理合约却回避了批准程序。因此，需要从批准的必要性、批准机关、批准程序、合约是否需要批准的选择标准等对跨界治理合约进行规制。

在区域经济一体化的大背景下，区域公共事务不断增多，跨界各地方政府运用合约实现行政合作和公共事务治理，这逐渐发展成为一种重要机制。中央政府应从最有利于发挥区域合作和公共事务治理效应的角度对跨界治理合约做好监管，对于影响较大的省际合约采取直接或者间接控制的方式进行监督，具体说，有可能涉及中央政府权限的跨界合约、影响中央政府控制力的跨界合约、法律和行政法规明文规定须经审批的省际合约，对于这三类跨界合约须经国务院批准才能生效。而对于其余的跨界治理合约，可由各缔约方商定提出申请批准，再由国务院受理并决定是否批准，也可以不提出批准申请，签署后即行生效。我国跨界治理合约如果要经过批准程序，那么批准的机关是哪些？从跨界合约的缔约主体来看，大都是跨界各地方政府及其职能部门。全国人民代表大会及其常务委员会不能成为跨界治理合约的批准机关，因为立法机关与政府之间没有隶属关系。国务院同地方政府是领导与被领导的关系，国务院也能满足对跨界治理合约持续和主动的监督。

从我国跨界治理合约的缔结原则、主体、程序和批准来看，还存在一些问题，有待完善。如我国跨界治理合约缔结的法律依据不足，这直接导致了制定的跨界治理合约法律地位不稳定、法律性质不明确，这种合约的合法性问题自始至终牵制了合约制治理的发展。又如合约的民主性问题，我国区域内合约往往是对区域公共事务进行协商达成合意，很多内容与民众的重大利益息息相关，但我国很多府际合约缔结时缺乏民众代表的参与程序,这导致了合约的民主性不足。凡此等等,都对我国合约的有效实践构成了挑战,对我国跨界治理合约进行深入的法律分析,从法律构成要件方面去完善跨界治理合约,是跨界治理合约缔结过程需要完成的任务。

(三)合约缔结过程的博弈分析

区域内各地方政府签订跨界治理合约,为的是通过合作实现互利共赢,实现正和博弈。跨界治理合约的缔结是通过有效的机制去解决共同问题,实现博弈效用最大化的正和博弈。可以说,合约作为合作制度和博弈规则,是内生的,是跨界治理合约双方通过互动而产生的。合约是以自我实施机制为主的,主要靠信任去维系和遵守,在地方政府的合作中,合约成为各地方政府行动选择的自我实施规则,使重复博弈有了规则,规制各地方政府持续不断地互动合作和有序竞争。合约的内生逻辑启示我们合约是缔约各方经过一番讨价还价的博弈而最终达成的,它从内生的角度揭示了合约的起源与实施,也清晰地揭示了合约制既是各地方政府持续不断的战略互动的产物,同时又稳定地独立于各地方政府的行动选择,成为具有指导意义的行动指南。缔约过程是一个合约内容达成的过程,最终体现为有关利益补偿、协调、信息共享、权利与义务明确的条款,但在这些实质内容条款形成的过程中,需要各地方政府间进行重复不断的博弈。我们不禁要问:为什么A政府会提出这个条件?B政府会不会答应?最后是否是采取了折中的一个方案?凡此种种,可见合约的内生过程充满了复杂的博弈。在跨界合约缔结时,每个地方政府的判断与选择都是基于以往重复博弈所形成的经验判断,利用以往经验去推断其他地方政府行为选择时可能采用的规则的一些本质特征,从而形成自己的战略。在这个过程中,唯有自身关于对方的行为选择规则的推断稳定下来并不断再生产时,自身的行动选择才趋于稳定,成为其参与博弈的行动指南。由此可见,在形成博弈均衡的演进中,具有明显的持续性和稳定性特征。合约就是均衡行动选择规则的本质特征,得到缔约各方的普遍认可,从而成为行动指南。合约是一种互动形成的动态均衡,是重复博弈的内生产物。

重复博弈之所以如此重要,是因为重复博弈帮助形成持续和稳定的信任基础,而良好的信任往往指导博弈参与者的实际行为选择并形成合约。跨界治理合约不是外生的,不是人为设计的,不只是生态、技术或文化决定的产物。合约是缔约各方根据需求通过互动而内生的，但外生的变量却是极其重要的影响因素，尤其在跨界地带这样的环境中。因此，我们需要分析环境要素的作用，分析制度与制度运行的环境间的"契合"，如果不注重制度环境的适应性问题，将会使整个制度安排持续存在帕累托无效率。这种对跨界治理合约生成逻辑的分析和对合约产生机理的分析，加深了我们对合约本质的认识和理解，有利于从缔约生成机理去把握合约的内涵和本质，较好地解释合约的内在渊源，强化了后期的实施、纠纷解决和评估。

从合约的产生和缔结来看，跨界治理合约是跨界地带各缔约主体博弈的结果。从博弈的视角来分析制度，制度是内生的，制度是博弈的结果，在我国，不论是发达地区还是欠发达地区所产生的地方政府协议，都是经过反复、漫长协商和博弈的结果。一般来说，替代产生竞争，互补产生合作，我国跨界地带各行政区划之间应积极发展合作博弈，跨界区域应在遵循地缘属性的基础上，从自身特色出发进行城市功能定位和产业分工，从而避免产业雷同以及无序和恶性竞争，最终形成竞争有序规范、产业布局合理、城市功能定位准确的边界经济圈。跨界地带能进行合作博弈的基础就在于这种地缘属性，在于资源、产业、区位的互补，而跨界各地方政府间存在的引力、压力、推力和阻力为合作博弈提供了充分条件。跨界地带资源、产业、区位的互补是跨界区域合作的基础，而要使这种合作成为现实，要使区域公共问题得到合理解决，实现非零和博弈，达到共赢，就需要跨界地带各地方政府间通过有效的磋商机制和论坛机制，达成一致意向并签订协议，通过合约分配权利与义务。因此，通过跨界治理合约产生与缔结过程分析可知，合约的产生与缔结是区域内多主体合作博弈的结果，合约制是保证跨界地带各治理主体约束好各自行为达成集体行动的一种良好的制度安排，是解决区域公共问题各方博弈均衡的表现，是一种必然的制度，是内生的。

四、跨界治理合约的实施

（一）跨界治理合约实施的效力

跨界治理合约实施的效力主要是指合约签订以后所产生的约束力，即对哪些主体有约束力的问题。如果跨界治理合约实施的效力不明就不能发挥很好的作用，就会导致约束力缺失，就不能对合约的各方发挥很好的指导和制约作用，各缔约方可以肆意违约拒绝履行，最终导致区域合作的流产，公共问题无法解决，也给下一次合作解决公共问题签订合约提供了不好的参照，从而造成区域合作的恶性循环。跨界治理合约实施的效力包括两个方面，即效力的范围和效力的等级问题。

1. 跨界治理合约实施的效力范围

跨界治理合约实施的效力范围问题，主要包括对缔约机关的约束力，对相对人的约束力，对第三方机关产生的约束力。第一，对缔约机关产生约束力，这是跨界治理合约本身的应有之义，跨界治理合约作为各地方政府解决区域公共事务签订的合约，既具有行政法的特征，也具有合约的性质。因此，在缺乏法律规制的情况下，完全可以引入法律原则中的诚实信用原则和合约必须信守原则，使合约必须得到缔约机关的善意履行，具有对各缔约主体完全的约束力。

第二，对相对人的约束力问题，跨界治理合约是对公共事务的治理，是就公共问题解决达成协议，指向公共利益，而公共利益是涉及诸多利益主体的一种共同利益，必然对与之相关的利益相对人产生影响，产生效力外溢现象，即出现"外部性"。这种跨界治理合约实施的效力外溢现象会对相对人产生一定的约束力，这种约束力不只是对相对人的一定程度的制约，更是对其在公共利益中的合法权益的法律保护。如实践中的流域治理、环境保护、旅游合作等跨界区域公共问题合约都与区域内公众利益密不可分，公众可以通过批评、建议、信访、听证等形式参与跨界治理合约的缔结过程，也可以通过告知、申辩、提供证据、听证等行政程序参与跨界治理合约的实施；当公众的权益受到侵犯时，也应当根据诚实信用原则受到保护和通过合法途径使权利得到保障。跨界治理合约对相对人的效力设定往往是间接的，缔约各方在合约签订后为落实合约内容往往会在自己管辖范围内创立行政规范性文件，而这些规范性文件会对私人利益产生实际影响，跨界治理合约对相对人产生效力的途径主要是设定权利与义务、撤销权利与免除义务、赋予能力或资格等。

第三，对第三方的约束力。对第三方的约束力是对合约相对效力原则的突破，但跨界治理合约效力所辐射到的第三方是根源于一种特殊的依赖关系，这种依赖关系要么是政治上的制衡，要么是经济上的依赖，要么是缘于一定的地缘关系，要么是受区域公共问题的影响。地缘关系将使缔约机关与第三方产生依赖关系,最典型的如交通基础设施建设与跨界河流的管理。政治上的依赖关系主要指上下级政府间,上级政府缔结的合约可能为下级政府或者职能部门设定权利与义务,而下级政府及其职能部门在缔结合约时往往寻求上级政府或者中央政府的批准。经济的依赖关系主要是随着区域经济一体化的推进,各地之间、各经济主体之间相互依赖和互为补充的现象日益凸显。随着经济交往日益密切,区域公共问题和公共服务往往突破行政区划界限,跨界公共事务越来越多,必须进行跨界治理。因此,很多跨界治理合约对第三方具有了约束力。由于上述几个方面的原因,很多跨界治理合约对第三方的利益产生了影响,通过对第三方规定权利和义务从而对之产生约束力。

2. 跨界治理合约实施的效力等级

合约实施的效力等级问题,应比照我国法律实施过程中"后法优于前法的原则"来实施,即"后面订立的合约应优于前面订立的合约"。跨界治理合约与缔约主体辖区的规章和行政规范性文件、所有的跨界治理合约的效力都低于宪法、法律和行政法规,这是确定无疑的。跨界治理合约同缔约主体辖区的规章和行政规范性文件的关系,应该采取合约优先的原则,使合约优先实施,跨界治理合约应该高于参加合约缔结的各跨界行政辖区的规章和行政规范性文件。这主要是因为,合约更能体现契约自由和自愿原则,在当代民主行政的大背景下,应该鼓励区域合作协议的契约性优先于行政性。总体来看,政府间签订合约制治理公共事务是在我国法制规范的框架下进行的,都是在宪法、法律和行政法规的规制下签订的。因此,在合约实施过程中不能再以合约与本行政区划内的规范相冲突为由而拒绝履行合约。

跨界治理合约签订后如果经国务院批准,效力是否会得到提升?是否会具有与国务院的行政法规和规范性文件一样的效力?通过国务院对跨界治理合约的批准行为使其效力等级升格,对解决区域重大公共问题无疑具有重大实践价值,有利于批准目的的实现。问题是,国务院的批准行为能使跨界治理合约的效力等级升格到什么程度?应赋予经国务院批准的跨界治理合约与国务院制定的行政规范性文件相同的效力。因为,宪法、法律和行政法规因其具有严格的制定程序,其效力等级应高于经国务院批准的跨界治理合约,但经批准的跨界治理合约的效力等级应高于中央部委和省级政府的规章制度。

（二）跨界治理合约实施的模式

实施模式是合约实施中的重要问题，合约必须有好的实施模式，才能发挥积极作用，合约实施模式的研究是合约实施研究中的重要方面。跨界治理合约实施应坚持全面履行、诚实信用、情势变更、公益优先的实施原则。全面履行就是按照缔约时签订的合约条款内容去积极执行；诚实信用是合约履行的基本信任原则；情势变更是指合约执行时往往会遇到缔约阶段不能预见，或者即使已预见但由于当初约定的调整措施已无济于事的情势变更情况，这往往需要作出新的调适及达成后续协议；公益优先是指跨界治理合约是对区域公共利益的配置，在实施过程中应坚持公共利益优先原则。按照是否设立专门的跨界治理合约实施机构这一标准，可以将跨界合约实施分为机构实施模式和自行实施模式。

1. 机构实施模式

根据对我国跨界治理合约样本的履行现状的分析，大约有一半的跨界治理合约采用了机构实施模式，或者约定机构实施模式，或者采用机构实施和自行实施同时进行的混合模式。机构实施模式主要有四种类型：一是行政首长联席会议，行政首长联席会议成为跨界治理合约缔结的重要程序平台，具有履行机构的意义，我国很多跨界治理合约为得到有效实施都制定了协作章程、联席会议章程、联席会议制度，定期召开联席会议，有力地推动了跨界治理合约的实施进程。二是日常工作小组。行政首长联席会议主要通过会议推进，有其自身缺陷，因此，很多跨界治理合约约定增设日常工作小组，这些日常工作小组在实践中具体表现为"检查组""专题组""秘书处""联络办公室""专题工作小组"等，具有常设性和松散性的特点，运作成本低，但缺乏权威性，对重大事项无决策权。三是由一方缔约机关已存在的机构加以实施。四是独立管理机构。对这种独立管理机构的设置，我国在区域合作的实践和学界探讨中都强调由中央政府建立跨区域的行政管理机构，来协调跨行政区问题。这种跨区域的行政管理机构虽然具有权威性，但在协调中央政府与地方政府、地方政府之间关系方面难以获得成功，缺乏以柔克刚的能力。因此，跨区域的行政管理机构应当是地方政府之间或者中央政府与地方政府之间妥协的产物，即应当通过跨界各地方政府协商签订合约而产生，具有协议性、权威性、独立性和常设性等特点，这样才具有真正长远的生命力。

2. 自行实施模式

跨界治理合约的自行实施无疑能提高行政效率，并且降低行政成本，对于那些不太重要的跨界治理合约，选择自行实施模式比较可行。自行实施模式以是否需要缔约机关的补充行为为标准，可以分为自动实施模式和非自动实施模式。非自动实施模式是指跨界治理合约缔结后，缔约机关还需要在本辖区内出台实施细则来解释，并通过制定规章和行政规范性文件贯彻实施。通过缔约机关在本辖区的解释行为和通过文件贯彻实施，有利于跨界治理合约在各缔约辖区的实施，也可以通过解释行为避免跨界治理合约与辖区规范性文件产生矛盾，通过解释行为使跨界治理合约内容结合本地实情得以细化，从而有利于跨界治理合约的实施。目前，我国有一些跨界治理合约在各缔约辖区实施时，各缔约的地方政府都尽量出台实施细则和文件强化实施，有力地推进了跨界治理合约的实施进程。跨界治理合约的自动实施模式是指跨界治理合约签订生效后，不需要经过缔约方的任何行为，跨界治理合约作为缔约方的行政行为依据，在缔约各方辖区得到履行与实践。在跨界治理合约自行实施模式中，对于自动实施与非自动实施的模式选择问题，一般来说，对于那些存在技术困难或者执行难度的跨界治理合约，需要采用非自动实施模式执行合约，而其他的跨界治理合约则采用效率高而成本低的自动实施模式。

（三）跨界治理合约实施的约束因素

1. 跨界治理合约实施的自然环境约束因素

自然环境并不决定社会的存在和发展，这是辩证唯物主义的观点，我们反对自然环境决定论，自然环境只是社会存在和发展的必要的外部条件，对社会发展具有一定的影响和作用。跨界公共事务合约制治理作为一种区域合作治理的新范式，必然会受到区域自然环境的影响，并且这种影响在区域发展的不同阶段会有所不同。随着人地关系的改善，人地和谐程度会提高。我们可以简单分析一下跨界地带的哪些自然环境会对实施合约制产生影响。首先，从跨界地带的自然条件和资源禀赋来看，跨界地带处于各省交界地带，大多是山地型和流域型边界地带，在我国中西部多省交界地带更是如此，自然条件和资源禀赋严重制约了社会和经济的发展。其次，从区位因素来看，跨界地带大多地处各省的边缘，远离国家政治中心，也远离各自省会，经济薄弱，修建基础设施成本非常高昂，而回报又非常有限，因此基础设施落后。最后，从跨界地带的行政区划分割性来看，部分地方的行政区划使原本统一的区域被人为分割，于是，突破行政区划，找到一种区域公共治理新方式就成为我国区域公共管理的重要课题。

跨界地带自然条件和资源禀赋条件差、区位边缘、交通等基础设施落后和行政区划分割性的特征，在很大程度上对区域合作和合约制实施产生一种负作用。在我国中西部地区，很多跨界地带处于大山和大河的分水岭，如湘鄂渝黔交界的武陵山区、陕甘宁青交界的六盘山区、川滇黔交界的乌蒙山区、陕甘川渝鄂豫交界的秦巴山区、鄂豫皖交界的大别山区、湘赣边界的罗霄山区等都是处于山体庞大、绵延起伏、万山林立的山地环境中。这种自然环境有时会使人产生封闭自守的思维观念，构成了跨界地带合约制实施和合作的观念障碍，跨界地带的自然环境正是通过对人的观念的长期负面影响而内化为合约制治理的观念障碍，从而对合约制应用产生约束。但这种对观念的负面影响也会因为跨界自然环境的改善而逐步减弱，通过人地关系的不断优化，自然环境的负面影响就会不断降低，很明显的一个现象就是随着跨界地带交通和通信条件的改善，人的观念会不断适应环境变化，合作意识会越来越强烈。

2. 跨界治理合约实施的人文环境约束因素

有的跨界地带地方政府因行政区划的刚性约束，秉持各自利益、各自为政、以邻为壑、无序开发、重复建设，区域内原本统一的资源被人为分割，出现"碎片化治理""行政区行政""行政区经济"现象。这源于跨界地带一些人文环境的约束，长期的"碎片化治理"和难以协调的局面又会强化这种人文环境的约束，固化为进行区域合作、开展集体行动和实施新的治理方式的观念障碍，并且这种观念障碍会形成路径依赖，甚至产生长期的负面影响。合约制治理这种推进区域合作治理和公共问题解决的新方式也会受到人文环境的约束而变得难以实施。人文环境更多表现为一种观念形态的东西，属于意识形态的范畴，在跨界区域中主要表现为经过长期的历史演进而形成于该区域的具有本地地域特征和民族特征的风俗习惯、乡规民约和观念体系等，是长期形成的相对稳固的一套信念、价值观和思维定式，表现为非正式制度和区域性文化形态。跨界地带长期形成的这种地域文化应积极发展成为有助于政治制度实施的府际社会资本，我国跨界地带社会资本一度缺乏，实施跨界治理合约，应积淀合约制治理所需的社会资本。同时，在我国跨界治理合约的工具文化方面，治理合约所需要的正和博弈精神、自由平等的社会网络、诚信精神尚且不足，因此需要加强这方面的制度和思想道德建设。

五、跨界治理合约的纠纷解决

（一）责任条款解决机制

跨界治理合约的契约性质决定了必须有违约责任制度的存在，只有有违约责任制度存在的承诺与合意，才会具有真正的法律约束力。因此，跨界治理合约各缔约方只有在缔约时强调强制性的法律责任，各缔约方才能真正以合约内容约束自己，合约才能真正得到履行和实现。跨界治理合约约定的违约责任具有几个基本特征：一是跨界治理合约的责任是一种违约责任。违约责任是各缔约方在自由意志支配下签订合约，达成双方的权利与义务关系，但在合约后期执行阶段，合约的某一方因某种原因不再遵守双方约定的权利与义务，或者只是履行对自己有利的部分，不愿承担义务，这是对双方约定条款的一种违反。跨界治理合约作为一种政府间的合约，在缔约各方发生纠纷以后，主要是一种违约责任，并且作为政府间的责任与民事领域的私法责任有所不同，更多依赖责任追究条款，而不是相关法规。二是跨界治理合约的责任是一种约定责任，不是法定责任。跨界治理合约的纠纷产生以后，就会出现责任追究的问题，但这种责任是各方在事前约定的，一般都在可以预见的范围内订立了责任条款，违约事件发生以后，就以事先约定的责任条款进行责任追究，因此它是一种约定的责任。三是跨界治理合约责任是一种补偿责任，不是惩罚责任。跨界治理合约作为一种区域政府间的合约，一旦发生纠纷产生责任，主要是就不履行合约、不按规定履行合约和不完全履行合约的行为所造成的损失进行补偿，补偿是对违约责任追究的主要方式。四是跨界治理合约责任是一种强制责任，不是任意责任。也就是说，在区域公共问题的解决中发生违约行为，就要依照事前约定的责任条款追究责任，一般情况下，不能随便免责，具有强制性，并且在责任条款追究不力的情况下，应积极通过行政解决、仲裁解决和司法解决等方式，确保违约方要承担该承担的责任，因此，这是一种强制责任，而不是任意的责任。

（二）行政解决机制

就跨界治理合约在实践中产生的冲突性质来看，是横向的平等行政主体之间因区域公共问题产生的纠纷，本质还是一种政府间的行政纠纷，可以使用行政解决机制，行政解决机制是在行政权力自身范围内解决区域冲突与问题。具体说可以通过缔约各方共同的上级行政机关来解决彼此之间的纠纷，也可以通过缔约各方自行解决彼此之间的纠纷，这种自行解决纠纷的组织形式主要通过行政首长联席会议或者临时协调委员会这样的程序平台解决共同的争议。缔约各方在缔结合约时预先约定，如果合约实施过程中产生纠纷，将通过行政程序解决，这是一种预防机制，一旦产生纠纷就按约定的责任条款解决。如果一方完全违反签订的合约，也不愿意遵守预先约定的责任条款，在这种情况下，责任条款就失效了。进行合约行政解决机制的制度设计，应主要注重行政解决程序的基本原则、启动机制和先后顺序三个方面。通过行政解决程序解决合约实施产生的利益冲突，各缔约方应遵循相互尊重和合作的原则，妥善解决合约产生的纠纷。而一旦纠纷发生，就可以启动行政解决程序，通过利益受损的行政相对人申请启动、一方缔约机关向缔约双方共同的上级行政机关申请启动、上级行政机关依职权主动解决合约产生的纠纷。行政解决的先后顺序可以尝试按照"采用条款约定模式→缔约各方自行解决模式→上级行政机关裁决模式→司法解决或立法解决模式"的顺序开展。

（三）司法解决机制

司法解决机制同样适用于跨界治理合约纠纷的解决，并且美国、西班牙、日本、法国、德国等的经验都启示我们可以引入司法程序解决区域间行政协议产生的纠纷。跨界治理合约司法解决机制的具体制度设计主要涉及主管法院、受理条件和起诉的主体三个方面。就主管法院来看，域外经验有不同的模式，如美国的普通法院模式、法国的行政法院模式、匈牙利的宪法法院模式、西班牙的行政法院和宪法法院混合模式。就受理条件来看，主要有三条：其一，法律法规对区域性行政协议的诉讼应作出规定，按规定进行诉讼；其二，应在穷尽行政内部的解决途径仍然没有解决问题的情况下才能提起诉讼；其三，省际合约所产生的纠纷直接影响了行政相对人或者区域公共利益，合约的效力在实践中出现了突破，在这种情况下，为保护行政相对人或者区域公共利益，主管法院应直接受理这种重要的跨界治理合约产生的纠纷。关于起诉的主体问题，相关法律应作出具体规定，缔约各方主体应是主要的起诉主体，与区域公共利益相关的组织、公众因为受到了区域合约纠纷的影响，应该可以作为诉讼主体起诉违约方的违约行为。

（四）仲裁解决机制

跨界治理合约的仲裁解决机制，主要指跨界各缔约方通过签订仲裁协议解决争端。区域政府间纠纷的解决应积极发展替代性解决方案，在建立以行政诉讼为最终裁决方式的同时，积极寻求司法外的资源和解决机制。在区域合作中，区域政府间合约是维持合作关系的主要制度性、法律性依据，区域政府间积极发展合约制的目的在于维持长期互利共赢的合作关系，而非一次性商业交易，如果动辄诉诸法院则不太适当且容易产生负效应。在国外的区域合作实践中也是这样，在能够用替代性方案解决问题时，都应尽量避免通过诉讼方式解决，如英国的政府间合约的争议一般通过非正式谈判或者仲裁解决；澳大利亚建立独立仲裁制度作为纠纷解决的有效工具；美国通过在政府内部设立合同申诉委员会解决争议。

西方发达国家通过积极寻求协商、仲裁和内部裁决等途径，揭示了政府间合约本身的特性与司法外救济制度具有很大程度的契合，因此，这启示跨界地带合约制发展过程中的纠纷解决应重视以合约的契约特性为考量，对司法外救济制度的构建。而仲裁解决机制正是一种良好的司法外救济制度，具有一裁终局、速度快、比较专业、程序灵活、权利得到充分发挥等优点。跨界治理合约的缔约机关为进行仲裁而签订的仲裁协议是实现仲裁解决机制的主要法律依据，也可以在跨界治理合约中约定仲裁条款以及订立临时仲裁协定作为仲裁的法律依据。仲裁裁决经仲裁庭作出以后，就具有法律效力，这意味着仲裁程序结束，各缔约方的权利与义务关系确定且具有实体法上的后果。仲裁裁决具有强制执行力，缔约各方必须积极遵照执行。

六、跨界治理合约的实施效果评估

(一) 跨界治理合约实施效果的定性评估

1. 跨界治理合约实施取得成效的基础

一是跨界地带在长期的历史发展过程中形成共同的区域文化，成为跨界地带合作的共同文化基础。这一基础为跨界地带实施合约制治理提供了文化土壤，使具有合意、平等、自愿等契约精神特征的合约制治理更容易构建府际资本，更容易形成合作的共同意识、观念和思想基础。这启示我们跨界地带作为一个相对独立的地理单元，因地缘关系和历史上长期的交往合作，形成共同的文化认同，这为发展合约制这种合作治理方式提供了观念和文化认同的基础。发展区域合作、推动区域治理、创新区域治理新方式，一定要有共同的文化认同和形成区域共同意识，这是发展区域治理新方式的观念基础。因此，一定要积极挖掘作为区域共同体的文化基础，并精心呵护和培育这种府际资本，让文化成为区域合作的重要纽带和人文基础，成为区域合作和实施合约制等区域治理新方式的人文与精神动力。

二是通过我国跨界地带合约制实施案例的定性分析可以看出，中央政府和跨界地带省级政府纵向的权力推动对跨界地带合约制的成功实施起到了关键作用。并且，在我国府际关系中，一向注重中央政府而轻视地方政府、一向注重纵向的央地之间关系调整而轻视地方政府之间横向合作关系的发展，中央利益高于地方利益，这是我国府际关系的重要政治性背景，这种政治性背景难免使我国横向府际合约制治理具有纵向权力色彩。在跨界地带，纵向权力起到了很重要的作用，对跨界各地之间横向合作和合约达成起到了重要的协调作用，纵向权力对横向权力的合作发挥了重要的协调和指导作用。但如何做到纵向权力对区域合作和合约制治理中横向权力的适度干预，使协调力得到恰到好处的发挥，这是一个需要充分把握的问题。如果上级政府的权力过分干预，就会损害合约制治理实施中的合意、平等、自愿等重要的契约精神，就失去了合约制治理的意义，合约制治理就无法推进，跨界地带的区域合作和公共治理就会受到影响。部分跨界地带的市场经济效力还没有得到充分发挥，需要纵向权力的积极宏观调控，为合约制运行提供良好的制度和政策环境。因此，跨界地带合约制治理的实施需要纵向权力的协调。

三是合约制要想得到顺利实施并在解决区域公共问题和实现区域合作中发挥重要作用，需要建立一个有效的机制和平台，使各方主体达成的合约条款能借此得到很好的落实。各地方政府通过签订合约的形式取得一致意见后，关键在于合约内容能够得到有效实施和执行，这就要建立能保证合约内容得到有效实施的机制和平台。合约得以顺利运行的机制和平台是合约制治理的重要实施机制，这是合约制治理取得成功的一个重要方面。

2. 跨界治理合约的不足及原因

一是有的地方政府以各自利益为重，从"经济人"假设出发考虑问题，没有从区域整体利益出发，这种秉持地方利益的区域合作心态无助于区域公共问题的解决。比如通过对渝鄂湘黔交界的武陵山区区域旅游合作与博弈、区域矿产开发中的利益争夺的案例分析可以看出，这些合作与博弈的表象背后的实质就是利益的争夺，合约的很多实质性内容难以实现，地方政府间合作的表象下隐藏着深层的利益冲突和矛盾。这种秉持各自利益的心理在行为上就表现为无视区域整体利益、大搞地方保护主义行为、以邻为壑等，矛盾和冲突不断，合约签订成为摆设，没有真正实施和实现实质性进展。这种地方利益冲突成为实施合约制治理的阻力和障碍。

二是区域合作意识不强成为跨界地带实施合约制的观念障碍。有的跨界地带经济不发达、交通基础设施落后，容易使人形成封闭保守、排斥合作的思想观念。这些思想观念会严重阻碍区域合作，也与合意、平等、自愿等契约精神不相符，在某种程度上成为跨界公共事务合约制治理的观念障碍。

三是从我国跨界地带合约制治理实践的案例分析来看，合约制治理还缺乏制度与法律的硬约束，以及对协调合作与合约实施的强有力的组织保障。我国签订的很多跨界治理合约都没有国家层面的制度和法律的保障，不是一种实质性、刚性的硬约束，而是一种软约束，维系力不强，这严重影响了合约的效力和履行。同时，很多公共问题领域的合约制治理也没有强有力的负责协调合作与合约实施的区域组织，使合约的跟踪和持续性实施没有组织基础和保障，缺乏有力的监督和责任追究机构，这也影响了合约制治理的推进。我国近年来签订的很多省际协议缺乏实施机构，因此应成立执行机构，提高协议的执行力。同时，完善和明晰我国省际合约的权利与义务条款，完善合约履行中的违约责任、监督和纠纷解决机制。

(二) 跨界治理合约实施效果的定量评估

1. 定量评估合约文本的遴选

进行定量评估使用的合约文本,需要选取我国具有一定代表性的跨界治理合约,再利用评价指标对其情况进行逐项评价。因此,在评价指标体系构建之前,精选出一批有代表性的跨界治理合约就成为需要解决的问题,即确定一定数目的合约文本作为研究内容。对跨界治理合约进行评估研究时的合约文本的遴选总体范围应是跨界地带区域内的,即行政区划边界范围内的政府间协议文本。而且必须是政府间的合约,具有行政性特征的协议,即缔结主体一般是政府或者政府的相关部门。同时,基于对跨界公共事务的合约制治理,合约文本的遴选应主要涉及针对流域治理、环境保护、旅游合作等产生区域公共问题而签订的协议。因此,跨界治理合约应主要选取属于跨界地带、具有行政特性、契约性特征的公共事务治理协议。在这些遴选标准的基础上,再选取跨界地带的有代表性的协议进行分析。

2. 合约评价指标体系构建

我国跨界治理合约的评估问题是涉及跨界区域合作与治理绩效的重大问题,为了更好地考察我国跨界治理的绩效,对搜集到的我国主要跨界治理合约文本通过构建指标体系对其有效性进行评价,发现跨界治理合约存在的问题,对跨界治理合约的科学性与合理性进行研究,这对完善我国跨界治理合约具有重要意义,对以后制定更加科学合理的跨界治理合约提供重要参考。那么,从哪些方面去构建合约的评价指标才是比较科学与合理的?具体如何设计?合约制是跨界地带治理的一种重要制度安排,这里引入制度理论来阐释合约评价指标的构建问题。制度体系主要包括制度环境、具体的制度安排和实施机制三个方面,我们应从这三个方面努力,尽量降低制度的不完全性。因此,制度环境、具体的制度安排和实施机制就成为考察和评价一项重要制度的指标。跨界治理合约作为一项约束区域公共事务治理的重要正式制度,应具有强制性、规范性特征,跨界治理合约能否达到预期效果,与合约的制度设计有很大关系。因此,从制度的基本特点,即指导性和约束力、鞭策性和激励性、健全性出发,去考察该项制度的完全性,这样能比较全面地对一项制度进行评价。

这里主要运用层次分析法构建跨界治理合约的评价指标体系，该指标体系主要从跨界治理合约的强制执行力、实施能力与纠纷解决机制的健全性三个方面构建一级指标，然后对每个一级指标再进行分解，构建14个二级指标，从而得到跨界治理合约评价指标体系表（见表7-1）。

表7-1 跨界治理合约评价指标体系表

一级指标	二级指标	指标含义说明
A 强制执行力	A1 纠纷解决能否寻求仲裁和司法途径	强制执行力主要指合约是否具有直接的指导性和约束性；A2 合约是否具有法律约束力主要指合约在内容上是否规定了合约的法律地位、明确了法律依据
	A2 合约是否具有法律约束力	
	A3 合约是否具有明确的责任条款	
	A4 协议的重要决定是否规定了明确的实施时间	
	A5 协议是否规定了明确的实施机构	
B 实施能力	B1 合约内容是否具有明确的奖惩规定	合约的实施能力主要指合约的鞭策性和激励性；B1 所指的奖惩规定主要涉及合约的激励与约束机制；B2 分工安排计划主要指是否就合约规定的事项做出了具体落实
	B2 对区域内重大公共问题的解决是否进行了明确的分工安排计划（方案）	
	B3 合约内容是否具有公共事务的信息披露与共享的相关内容	
	B4 是否有应急预案	
C 纠纷解决机制的健全性	C1 合约内容是否有协调机构	纠纷解决机制的健全性主要指在因合约执行产生纠纷时，合约内容是否规定了一套完整的具有可操作性的合约纠纷解决流程和程序性机制，具有规范性和程序性
	C2 发生重要争议问题是否可以召开全体成员大会	
	C3 合约是否规定了明确的纠纷解决机构和途径	
	C4 是否制定了接受纠纷请求的程序性规定	
	C5 是否有解决纠纷的决策程序性规定	

3. 合约的定量评估操作

在完成对合约的定量评估文本遴选和指标体系构建的基础上，可以用构建好的指标体系对遴选的合约文本进行评价，进行跨界治理合约实施绩效定量评估的具体操作，主要利用构建好的指标对合约文本进行考察，分析其强制执行力、实施能力和纠纷解决机制的健全性的具体情况，并赋予一定的分值，从而进行具体分析，然后得出一些相关的评估结论。主要对强制执行力、实施能力、纠纷解决机制的健全性三个一级指标的二级指标进行评估，以合约文本为对象，从合约文本内容对各项子指标进行考察。通过考察结果可以看出：在合约强制执行力方面，我国跨界治理合约都有较为明确的实施机构，而在仲裁与司法途径、法律约束力与责任条款、实施时间方面都明显缺乏，这说明我国跨界治理合约的指导性和约束性不足，强制执行力匮乏；在实施能力方面，大部分合约没有规定明确的奖惩机制，也没有对区域重大问题的解决进行明确的分工安排，合约的鞭策性和激励性不足，实施能力有待提高；在纠纷解决机制的健全性方面，大部分合约没有规定明确的纠纷解决机制和途径、纠纷请求程序和决策程序，这意味着纠纷发生后以行政协调为主，说明我国合约纠纷解决的规范性和程序性不足，纠纷解决机制缺乏健全性，应加强纠纷解决机制的构建。总的看来，我国跨界治理合约的指导性和约束性不强；具体如何落实不清晰，实施能力不足；纠纷解决以行政协调为主，没有构建多元化的解决途径。我们应立足于这种评估结果的分析并予以重视，积极加以完善。

对我国跨界治理合约进行系统评估，尤其对实施效果进行定量评估，是一项比较难的工作，学界还在探索中。我国跨界治理合约本身的发展还要进一步完善，评估我国合约的运行情况业已成为我国区域公共治理研究的重要任务。

七、跨界公共事务合约制治理的改进

（一）发展社会资本，为合约制治理累积互信

社会资本"就是一个群体的成员共同遵守的、例示的一套非正式价值观和行为规范，按照这一套价值观和行为规范，他们便得以彼此合作"[1]。非正式规范的社会资本对于正式制度的运行有重要意义，可以降低交易成本，即降低正式协议的监督、立约、裁定和强制执行等事务上的费用。能产生社会资本必须有诸如讲真话、履行义务和互惠互利等美德，只有内化这些美德的规范才能产

---

[1] 福山. 大断裂：人类本性与社会秩序的重建. 南宁：广西师范大学出版社，2015.

生社会资本。合约制治理应大力发展社会资本，充分发挥社会资本的作用，为合约制治理累积互信。跨界地带实施合约制治理，必须大力发展府际信任资本，形成以信任为基础的社会资本，这是实施跨界合约制治理的内生影响因素。如何发展区域共同信念，形成以信任为基础的府际社会资本，成为优化跨界公共事务合约制治理的重要内容。

从实际情况来看，我国跨界地带处于互联的关系型合约制治理向正式合约制治理转型阶段，要确立正式的合约制治理，使合约制成为跨界地带的重要治理形式。在这一转型过程中，需建立充分的信任资本，在互联的关系型合约制治理阶段，信任是关系型合约运行的重要资源，走向正式合约制治理阶段以后，同样需要发挥社会资本对正式制度的促进和补充作用。政府间的合约更依赖于政府之间的信任，而政府间的契约精神相较民事领域内民事主体间的契约精神更难以培育。合约关系中内含的信任是合约制治理运行的内生因素，尤其是在不完全合约中，信任成为合约执行的重要力量。在府际合约执行中，跨界地带长期形成的风俗习惯、惯例和道德规范等非正式制度和社会规范在一定程度上会发挥社会资本的作用，成为府际合约执行的动力因素，成为维系合约运行的重要动力。当然，仅仅靠信任维系合约的运行是不可靠的，特别是我国府际合约制治理还处于初创时期，府际的社会信任资本还需积极培育，没有完全成熟起来。只有待府际合约发展为我国区域治理的一种成熟模式，信任已内化为人们的一种重要价值理念的时候，基于信任维系的跨界合约执行机制才会发展为一种自我执行机制，并有力地保障合约的运行。因此，一方面，强化现有的信任基础，对一些跨界地带非正式制度进行改造，积极培育跨界地带以信任为主要内容的社会资本，使其成为契约运行的重要推动力；另一方面，进行合约制运行的机制、规则和程序建设，建立保障合约运行的执行、约束和激励机制，更重要的是建立保障合约运行的法律法规，只有这样，才能使跨界治理合约得以有效运行，真正发展为跨界地带公共事务治理的新方式。

（二）构建不完全合约有效执行的机制

1. 创设"公共问题能量场"，构建合约制治理协商机制

引入公共行政的后现代话语理论，以沟通合作理性形式为理性假设，构建跨界地带合约制治理的协商机制，将为降低跨界治理合约的不完全性提供一个

新的分析视角。跨界合约制治理是为解决区域公共问题而互相协商签署协议的缔约和履约治理过程,这个过程始终围绕公共问题的解决而展开,公共事务是各地方政府的共同关注点,因此,围绕公共问题的谈判形成一个多方的话语交谈结构,一个以公共问题为话题而展开讨论的"公共问题能量场"。跨界合约制治理创设一个互动协商的"公共问题能量场",为跨界治理合约的达成和推进提供了一个协商治理的平台,提供了一个行动者进行互动和利益协调的网络治理框架。这个"公共问题能量场"是通过语言构建出的一个合约制治理的公共行政世界,倡导开放、平等,鼓励多元思维风格,通过充分的信息交流与沟通,通过真实、诚实和坦诚的"对话",减少信息的不对称,从而建构各方认同的合约。

这个跨界的"公共问题能量场"如何建设呢?首先,需要寻找"公共问题能量场"的现实依托——话语场所,如政府间委员会、理事会、协会,以及由专家、学者、政府、企业共同参与的咨询委员会、论坛等,通过这些话语场所形成多渠道表达机制和民主决策机制。其次,设立"公共问题能量场"的话语规则。应确立平等、真诚协商的方式,具有切合情境的意向性,还有各方自主的参与意愿以及做出实质性贡献,这也是"后现代公共行政"积极倡导的话语规则。最后,保障代表的广泛性,"公共问题能量场"所涉及的与公共问题有关的利益方都应有相应代表,在这个话语场所中都应有发言权,并且发言应受到应有的重视。

今天,世界范围内的很多区域性公共问题都是通过搭建"公共问题能量场",确立多方参与的协商机制得以解决的,通过搭建"公共问题能量场"达成诸多解决区域公共问题的政府间协议。我国区域公共问题的解决应通过创设"公共问题能量场",构建协商机制解决区域重要公共问题。其实,我国因流域产生的负外部性很多都是凭借流域内各利益相关主体的充分协商与协作治理得以解决,通过建设一个"公共问题能量场",促进相互理解、妥协与让渡,增进彼此的责任意识,集思广益,累积成流域治理的主体间的社会资本。区域间争端的解决应采用建立在互惠互利与信任基础上的谈判和协商方式,而应较少求助于诉讼方式。良好信任的建设有赖于在共同利益基础上的对话与协商,通过"话语"的力量达成信任,通过"公共问题能量场"促使互信形成。因此,在跨界公共问题解决中,应积极搭建跨界"公共问题能量场",形成公共问题合作治理的集体行动理性,通过话语的互动、来回谈判产生正和博弈,形成共享的价值、信任、合作和解决问题的能力。

2. 搭建电子政务平台，构建区域信息交互机制

信息不对称是跨界合约制治理的一个重要问题，造成合约不完全、交易费用昂贵等诸多问题。在信息化时代，必须高度重视信息的作用，只有信息充分、公开、透明，才能真正做到信息的公平利用。实施合约制治理，最重要的是尽量降低合约的不完全性，而要降低合约的不完全性，必须打破信息垄断和信息不对称，使合约各方都能做到信息共享，从而使达成的合约真正体现公平，是合约各方平等意志的体现，最终有益于合约的实施。跨界地带因特殊的自然环境、通信基础设施不发达，信息闭塞一度存在，因此应积极发展跨界地带交通、通信产业等基础设施建设，同时，大力建设区域性信息平台，为实现信息共享提供服务。跨界地带要有效解决信息不对称问题，应在信息平台建设、信息共享机制、信息公开机制等方面做好具体应对工作。积极搭建跨界区域公共治理的电子政务平台，成立专门的区域公共治理信息化建设领导小组，负责信息通道建设。健全区域内政府、企业、非政府组织、大众、媒体的沟通联络机制，形成跨界区域合作与公共事务治理的无障碍信息服务网络。建立跨界公共事务合约制治理的新闻发言人制度和信息通报制度，发布合作动态，进行有效的信息沟通，实现信息公开、透明和共享，这样才能达到有效杜绝地方保护主义，驱逐地方"土政策"，避免"劣币驱逐良币"。尤其是在跨界区域重大公共问题的解决上，要通过新闻发布会和信息通报，做到有效的信息沟通，为解决区域重大公共问题提供信息共享服务。要积极发展电子政务，充分借助电子政务提供的技术路径和平台，建立专门的区域合作信息公开透明机制和区域信息交互机制。

（三）创制行政协议法，建立合约第三方约束制度

我国政府间合约的运行具有不同于私法契约的特点，主要靠各地方政府间的信任维系，是一种基于信任的自我实施机制，主要依靠道德、习俗、惯例等形成基于信任的府际资本来执行，这种基于信任的执行机制具有执行成本低、容易运作的优点。但地方政府是具有自身利益的"理性经济人"，完全依靠基于信任的自我实施机制不可靠，难以奏效，因此必须将政府间合约纳入法治的轨道，在因个体理性使自我执行失效的情况下，借助第三方约束机制，夯实我国政府间合约运行的法制基础。从现实情况来看，我国区域合作的法律基础比较薄弱，这直接削弱了包括跨界地带在内的我国区域合约制治理的效力，成为合约制这种区域治理重要新方式推行的法制瓶颈。

完善我国区域合作协议的宪法和法律基础，赋予政府间协议以明确的法律效力，使其成为第三方可以约束执行的合约。具体来说，我国应在宪法中增加省际协议或者地方政府间协议条款，通过立法授权地方政府缔结合作协议权。宪法中有关省际协议条款的内容要体现信任与尊重、协议双方平等、契约保护等原则。鼓励地区间通过缔结协议实现合作，积极探讨省际协议的制度，使省际协议具有区域统一立法的性质，从而提升省际协议的效力。同时在宪法层面确立省际协议与全国人大的审批关系。在协议适用方面，赋予地方政府协议争端的解决权力。赋予最高法院最终的独立司法权和强制执行权，来解决地方间因协议而产生的自身不能解决的重大争议。应赋予最高法院对重大省际协议案例的判例法意义，充分发挥最高法院在解释省际协议中的促进、推动和监督作用。在宪法中增加省际协议条款的同时，还要对具体法律加以细化，通过制定专门的法律来规范地方政府关系，并通过完善我国的《立法法》等加以明确规定。事实上，我国已签订了大量的区域政府间协议，实践远远走在了前面，必须通过立法确认，否则，既有地方政府缔约权的违宪和违法色彩，会严重阻碍我国区域合作的进一步发展。

我国应通过制定国家层面的统一的行政协议法，对我国区域合作的实体、程序、政府考核体系、缔约各方的权利与义务、中央政府在区域合作中的定位、协议执行机构的职权与职责等作出明确规定，使区域合约制治理有法可依，地方政府的合作有稳固的法律保障，中央政府对地方政府间的合作才能实现有效的法律监控。通过国家立法制定统一的行政协议法，将解决实践中我国行政协议法律依据缺失带来的诸多问题和麻烦，合约制作为一种治理机制，必须纳入法治轨道，这样既为合约制的实施提供了法制的运作平台，也对合约制的规范运行起到监控和保障作用。同时，合约制治理的契约性决定了缔约各方具有一定的意志自由，这种自由是有限的自由，需要法律加以规范和调控。

第八章
公共服务购买中的合约机制

一、公共服务购买中合约机制的研究进展

二、公共服务购买中合约机制的框架设计

三、公共服务购买中合约机制的实证检验

四、公共服务购买中合约机制框架设计的完善

五、结论

随着新公共管理运动的发展，公共服务购买的合约化实践进程加快。公共服务购买中的合约机制具有良好的社会效果与经济优势，能够有效改进传统的政府供给公共服务带来的低效率、回应性匮乏等方面的不足，提高公共服务供给的效率和质量，同时通过引入市场机制，为公共服务供给注入新的活力。本章拟构建一个公共服务购买中合约机制的实践框架，分析公共服务购买中合约缔结、执行、监督、终止或改变等[1]阶段需要解决的核心问题，进而探讨在每一个阶段进行怎样的保障机制设计才能保证公共服务购买中合约机制运作的有效性，并运用这一实践框架考察 SH 市 J 区社区生活服务中心项目的合约化实践，以检验与优化公共服务购买中的合约机制。

一、公共服务购买中合约机制的研究进展

（一）国外相关研究

国外学者对这一领域的研究较早，自 20 世纪 80 年代以来新公共管理运动中民营化的实践发展得如火如荼，在学术研究方面，国外学者也开始着眼于公共服务购买中合约机制的相关研究，主要包括以下四个方面。

1. 公共服务购买中的合约机制有效性问题

自 20 世纪 80 年代以来，公共服务购买就被诸多国家看作一种实现各级政府服务项目效率和灵活性的有效管理战略。但是公共服务购买中，合约机制的有效性问题在国外学术界的研究中尚存在一定的争议。支持者强调这种合约模式的优点，比如可以节约成本、提高效率、改进效用、提高公共服务质量、缩减政府规模、扩大自主权和灵活性、增加公共服务使用者的选择范围。[2][3][4] 但是批评者却指出，公共服务的购买并不能减少政府支出，反而带来了服务质量的牺牲、问责制的缺失、民主价值观的冲突等问题。如根据 1990—2011 年 25 个欧洲国家的面板数据，政府公共服务外包未能降低中央政府的政府支出，相

---

[1] 实施阶段分为执行阶段和监督阶段，终止或改变阶段也称为终结阶段。
[2] PETERS B G. The future of governing. KS: University of Kansas Press, 1996.
[3] GREENE J D. Cities and privatization: prospects for the new century. NJ: Prentice Hall, 2002.
[4] STARR P. When government goes private: successful alternatives to public services. New York: Universe Books, 1988.

反外包政策导致政府的支出增加。[1]

2. 公共服务购买的合约过程的划分

国外学者对公共服务购买的合约过程的研究主要集中在两个方面：一是探讨公共服务购买的合约过程存在哪几个阶段；二是重点阐述其中某一个阶段需要关注的核心问题。

目前学者们对于公共服务购买的合约过程的划分还存在一些差异。其中库珀对合约过程的划分比较有代表性，也被我国很多学者认同。他认为公共服务购买的合约过程从水平方向看主要分为三个阶段：第一，整合阶段。在这一阶段需要获得会计和法律的支持、有效的预算、经过合约管理教育的官员，以建立关系并确立规则。第二，运作阶段。这一阶段需要管理者进行相关培训，以推动合约关系的管理。第三，分离阶段。这一阶段需要注重获得经理及其团队的支持、重视学习、关注合约管理的责任问题，以顺利结束或重建合约关系。[2] 萨瓦斯则将公共服务的合约外包过程划分为考虑实施合约外包、选择拟外包的服务、进行可行性研究、促进竞争、了解投标意向和资质、规划雇员过渡、准备招标合同细则、进行公关活动、策划"管理者参与的竞争"、实施公平招标、评估标书和签约、监测评估和促进合约的履行这 12 个阶段。[3] 一些学者在总结现有文献的基础上，指出公共服务购买中合约过程应该包括五个阶段：公开招标、审查投标者的投标书、合约的磋商与建构、监管或评估提供的服务、决定合约延续或终止，并且法律、预算和时间约束，公共服务承包者的规模，承包者经验，承包者与公共服务购买者的地理接近程度，政治等因素都会影响到这一合约过程。[4]

在研究公共服务购买中合约的某一具体阶段问题上，一些学者关注公共服务购买中的合约监督阶段，他们设计了六部分的框架：一是政府应该明确是否使用公共服务外包，保留选择第三方监管机构的权威和能力，并确保它拥有监管所需的技术知识；二是政府应该发展一项明确的监督议定书，在其中设立第

---

[1] ALONSO J M, CLIFTON J, DÍAZ-FUENTES D. The impact of government outsourcing on public spending: evidence from European Union countries. Journal of Policy Modeling, 2017 (1).
[2] 库珀. 合同制治理：公共管理者面临的挑战与机遇. 上海：复旦大学出版社, 2007.
[3] 萨瓦斯. 民营化与公私部门的伙伴关系. 北京：中国人民大学出版社, 2002.
[4] PEAT B, COSTLEY D L. Effective contracting of social services. Nonprofit Management and Leadership, 2001 (1).

三方监督机构实际工作中可以使用的具体的监督任务和标准；三是政府应与第三方监督机构建立有效的合约以保证它们有权履行其指定的监督任务；四是政府应该制定直接和间接的监督条款，以补充第三方监督机构的工作，帮助其查明所出现的相关绩效和委托-代理问题；五是政府应该制定有效的议定书来监督第三方监督机构；六是政府需要足够的政治支持来保持对公共服务供给者和第三方监督机构的有效控制。[①]

3. 公共服务购买中的合约管理能力

在分析公共服务购买的合约过程的基础上，学者们开始进一步探讨在合约过程中需要的管理能力问题。如布朗等人将公共服务购买中的合约管理能力划分为三种：第一种是可行性评估能力，这种能力决定是自己提供公共服务还是购买公共服务；第二种是合约执行能力，这种能力帮助公共服务招标、选择供应者、合约的谈判；第三种是评估能力，这种能力能够评估公共服务承包者的绩效。[②] 有些学者指出澳大利亚政府在公共服务购买中的合约过程需要十种核心能力：一是制定合适的合约，详细说明项目内容、成本的能力；二是评估供应者和投标书的能力；三是监督和管理绩效的技能、评估合约执行成本与效益比例的能力；四是了解市场发展和波动的相关知识的能力；五是在确保公共部门核心竞争力的同时，保护关键行政人员的能力；六是为卖方和供应者提供信息管理系统的能力；七是风险管理评估能力；八是把风险转移给供应者的能力；九是保持中立性和诚实的能力；十是确保公共服务的购买者与供应者两者角色完全分离的能力。[③]

4. 公共服务购买中合约化实践的影响因素

目前国外关于公共服务购买中合约化实践的影响因素研究主要是基于两种视角。

---

① YANG K, VANLANDINGHAM G. How hollow can we go? a case study of the florida's efforts to outsource oversight of privatized child welfare services. American Review of Public Administration, 2012 (5).

② BROWN T L, POTOSKI M. Contract-management capacity in municipal and county governments. Public Administration Review, 2003, 63 (2).

③ DAVIS G, WOOD T. Is there a future for contracting in the Australian public sector?. Australian Journal of Public Administration, 1998 (4).

一种是从整体上看影响公共服务购买中合约化实践的因素，如对美国 433 个城市的样本进行实证研究，引入了成本节约、财政压力、政治力量这三个变量去解释地方政府购买公共服务的情况，结果显示当需要实现成本节约目标、税收的限制、利益集团对于公共服务的影响比较小等情况下，政府会更倾向于签订公共服务购买的合约。[1] 在对美国国家管理者项目调查的数据（50 个州的 1 175 个公共服务代理者情况）进行的研究中，独立变量被分为十种类型：服务供应和成本因素、公职人员的优势、政治和意识形态因素、财政因素、变革因素、政府机构类型、领导力因素、机构预算、项目与服务扩张的态度、城市超负荷假说。研究发现，在这十种独立变量中，州政府的财政因素（州政府的收入能力和支出需求）、政府机构类型（收入和社会保障型组织、卫生组织、交通组织）、变革因素（以前合约合作的经验、政府机构所采用的改革数量）、领导力因素（作为政府部门负责人的工作时长）与政府部门公共服务购买中合约的签订显著相关。[2]

另一种是研究特定公共服务购买的影响因素，如以丹麦 98 个政府购买公共服务为例，重点分析影响政府进行社会服务（老年人照顾服务、学校服务、残疾人服务等）和技术服务（垃圾收集、道路维护、清洁等）外包的因素，研究发现社会服务外包受意识形态影响，但是技术服务却没有；经济发达的城市更有可能外包社会服务，而技术服务并不受此影响；规模较大的城市在技术服务方面进行了更多的外包，但是对比之下，社会服务的外包率较低。[3]

（二）国内相关研究

近年来公共服务购买不仅是我国政府治理实践中的热点，也是学者的研究热点之一，目前关于公共服务购买中合约机制这一主题的研究相对较少，主要集中在以下四个方面。

---

[1] FERRIS J M. The decision to contract out: an empirical analysis. Urban Affairs Quarterly, 1986 (2).

[2] BRUDNEY J L, RYU J E, FERNANDEZ S, et al. Exploring and explaining contracting out: patterns among the American states. Journal of Public Administration Research and Theory, 2005 (3).

[3] PETERSON O N, HOULBERG K, CHRISTENSEN L R. Contracting out local services: a tale of technical and social services. Public Administration Review, 2015 (4).

1. 公共服务购买的概念及特征

要研究公共服务购买中的合约，首先需要明确公共服务购买的概念及特征，目前国内学界对这一部分的研究比较多，也基本达成了一致意见，认为公共服务购买本质上是一种合约过程。是 2014 年我国财政部、民政部、工商总局印发的《政府购买服务管理办法（暂行）》比较有代表性，其中将公共服务购买界定为政府采用市场机制的方式和程序，将直接提供的部分公共事项、履职所需服务事项转移给具有承接条件的社会力量和事业单位，政府会根据合约内容向其支付费用。[1] 贾西津认为公共服务购买是指政府负责出资、社会主体参与供给、以合约关系来实现既定公共服务目标的机制，合约化提供是其本质。[2] 针对公共服务购买中合约的特征，乐园把它总结成四点：第一，公共服务的承接主体应该是具有独立性的民间组织；第二，公共服务购买应当具体且适宜采购，能够量化与评估；第三，政府在这一过程中不能让渡出自己的公共责任；第四，需要选用公平的程序选择适当的服务承包者。[3]

2. 公共服务购买中的合约关系

由于我国学者大都承认政府购买服务本质上是一种合约提供模式，因此不少研究开始关注公共服务购买中的合约关系。学者们根据其涉及主体的种类细分成三个方向：一是认为政府购买服务是在政府和缔约组织之间建立的一种平等的合约纽带[4]；二是认为政府购买服务中涉及公众与政府之间的隐形合约、政府与承包方之间的显性合约是双重的合约关系[5]；三是有些情况下存在三重合约关系，如陈天祥和郑佳斯在分析广州市民政局、街道办、社工机构形成的公共服务购买案例时，指出初始委托方民政局基于"正式合约"进行行为选择，中间委托方街道办偏好"隐性合约"，终端代理方社工机构受制于"正式合约"

---

[1] 关于印发《政府购买服务管理办法（暂行）》的通知．(2014-12-15)．中国政府采购网．
[2] 贾西津．以契约精神发展公共服务购买．中国社会组织，2013（10）．
[3] 乐园．公共服务购买：政府与民间组织的契约合作模式：以上海打浦桥社区文化服务中心为例．中国非营利评论，2008（1）．
[4] 朱玉知．契约伦理与公共行政精神：公共合同有效治理的两个维度．陕西行政学院学报，2008（3）．
[5] 刘征驰，易学文，周堂．引入公众评价的公共服务外包质量控制研究：基于双重契约的视角．软科学，2012，26（3）．

和"隐性合约"这两者的共同约束。[①]

3. 公共服务购买中合约的作用及存在问题

目前我国学者普遍同意公共服务购买中的合约在经济和制度方面具有一定的积极作用。何雷等人在《基于合约制治理的政府购买公共服务研究》中指出，合约在公共服务购买过程中具有提供制度支持、营造竞争环境、提供监督评估体系、降低交易成本等作用。[②] 王丽认为合约在公共服务购买中可以帮助实现完整公共服务的提供、降低供给成本、提高市场化水平。[③]

虽然在公共服务购买中合约发挥了积极的作用，但是学者们也发现其中存在一定的问题。目前学者们主要是基于合约签订主体和合约过程这两个视角展开分析的。首先，在合约签订主体视角方面，国内研究指出公共服务购买中的委托方——政府部门面临公共服务供给要求难以准确界定、公共服务信息获取难度大、多重委托-代理造成价值目标错位、委托-代理复杂导致监管失灵、政府独立性削弱等问题。公共服务购买中的供给方则面临着竞争市场并不确定存在、竞争水平较低、卖方内部结成价格联盟、合约外包会产生特殊的外部性等问题。[④][⑤] 其次，在合约运作过程视角方面，许多学者在回顾关于政府合约管理能力相关文献的基础上，介绍了一种类似于公共政策周期的关于公共服务购买中合约管理的四部分组成框架，即合约议程设置、合约制定、合约执行、合约评估，分别对应专业知识与技能、价值观、制度、能够使得合约顺利通过的四种合约管理能力。[⑥] 但是目前我国学者更多的是借鉴库珀的划分，将公共服务购买中的合约阶段分为合约整合、运作、分离三个阶段[⑦]，并指出每个阶段遇到的问题各有不同。合约整合阶段主要面临相关法律不够完善、

---

① 陈天祥，郑佳斯. 双重委托代理下的政社关系：政府购买服务的新解释框架. 公共管理学报，2016 (3).

② 何雷，田贺，李俊霖. 基于合约制治理的政府购买公共服务研究. 中共福建省委党校学报，2015 (6).

③ 王丽. 公共服务外购：契约经济须先行. 改革与战略，2015 (3).

④ 李金龙，张慧娟. 地方政府购买公共服务中合同管理能力的提升路径. 江西社会科学，2016 (5).

⑤ 凯特尔. 权力共享：公共治理与私人市场. 北京：北京大学出版社，2009.

⑥ YANG K, HSIEH J Y, LI T S. Contracting capacity and perceived contracting performance: non-linear effects and the role of time. Public Administration Review，2009 (4).

⑦ 有的研究把这三个阶段总结成契约设计、实施、终止。

合约中缺乏项目类型说明与量化指标导致规则不明确、需求制定与公众实际需求存在偏差等问题；合约运作阶段主要存在购买资金流向没有进行社会公开，招标程序缺乏一定公平性导致容易出现购买行为"内部化"，竞争程度不够，监管与评估制度滞后，受托方合约履行具有投机性，合约对政府约束力有限等问题；合约分离阶段会出现缺乏总结与学习的问题。①②③④

4. 推动公共服务购买中合约化实践的对策建议

鉴于我国公共服务购买中的合约化实践还存在一定的问题，部分学者总结出一些可以借鉴的内容，以推动我国政府购买服务中合约化实践的发展，比较有代表性的如孙荣的《纽约市政府购买公共服务的经验与启示》一文，在系统性地介绍了纽约公共服务购买的流程设计、方式选择、评估优化等问题的基础上，提出我国政府购买公共服务需要完善法律和政策、采取灵活的购买方式、制定合理的合约项目周期、引入公众参与并加强府际合作等发展建议。⑤

一些学者则立足于我国公共服务购买的合约化实践，探索优化我国公共服务购买中合约机制的措施。首先，针对我国公共服务购买中合约原则，学者们强调应秉持竞争性、公开性、权责统一性、结果导向、回应性、公平、效率等原则。⑥⑦ 其次，针对政府购买服务中的合约流程优化，明燕飞和刘江指出在合约整合阶段，需注意关系的建立与规则的制定（如改善法律环境、采取独立关系竞争性购买的合约招标模式、协商购买合约的规则）；在合约运作阶段要注重合约管理的监督、激励、预算支出等问题；在合约分离阶段要注重总结与学习。⑧ 杨玺和谭志福强调需要在合约缔结中规范购买程序、在合约内容中平衡

---

① 明燕飞，刘江. 政府购买公共就业服务的合同制治理研究. 求索，2011 (5).
② 徐家良，许源. 政府购买社会组织公共服务的制度风险因素及风险治理. 社会科学辑刊，2015 (5).
③ 冯一凡. 公共服务契约化"摸黑"前行. 新理财（政府理财），2010 (12).
④ 李晓露. 契约治理视角下政府购买服务绩效研究. 广州：广东外语外贸大学，2016.
⑤ 孙荣. 纽约市政府购买公共服务的经验与启示. 人民论坛·学术前沿，2016 (2).
⑥ 朱玉知，张雯. 政府购买养老服务的优化治理：基于合同制治理理论的思考. 改革与战略，2009 (1).
⑦ 贾西津. 以契约精神发展公共服务购买. 中国社会组织，2013 (10).
⑧ 同①.

三方权益、在合约责任中防止公权滥用。[1] 最后，还有部分学者从政府、承接公共服务的组织、社会三个方面论述我国公共服务购买的策略：对于政府而言，重在从培育合约精神、完善相关制度安排、明确公共服务购买的内容与程序、建立成本核算与评估监督机制、促进不同层级政府间的纵向合作等方面加强合约管理的能力、提升合约合作的精神；对于承接公共服务的组织而言，需要保持在合约合作中的独立性、提高承接服务的能力；对于社会而言，需要加强公民教育、积极引入公众参与以建立社会反馈和监督机制。[2][3][4]

（三）综述

综上所述，目前国内外学者对公共服务购买中的合约机制已经进行了一定的研究，并取得了相应的成果，但是相关研究仍旧有很多值得继续深化和发展的地方，主要表现为以下方面：

就研究内容来说，我国学者对于公共服务购买的研究较多，但大多是从整体上看公共服务购买中存在的问题或者着眼于公共服务购买中的合约绩效，对于公共服务购买中合约过程中如何缔结合约、如何执行合约、如何监督合约、如何终止或改变合约等相关研究较少。

就研究方法来说，现有研究中定量研究偏多，多聚焦于公共服务购买中合约带来了哪些绩效改善，定性角度的研究不够深入，案例并没有写明公共服务购买中合约在缔结、执行、监督、终止或改变等阶段的现状及存在的问题。

公共服务购买中的合约过程究竟是怎么样的？我国地方政府在购买公共服务过程中是如何缔结合约、执行合约、监督合约、终止或改变合约的？其中遇到了哪些需要解决的问题？都是有待探索的内容。

---

[1] 杨玺，谭志福.政府购买公共服务的合同规范亟待加强.中国党政干部论坛，2015（10）.

[2] 乐园.公共服务购买：政府与民间组织的契约合作模式：以上海打浦桥社区文化服务中心为例.中国非营利评论，2008（1）.

[3] 刘舒杨，王浦劬.政府购买公共服务中的风险与防范.四川大学学报（哲学社会科学版），2016（5）.

[4] 王浦劬，萨拉蒙.政府向社会组织购买公共服务研究：中国与全球经验分析.北京：北京大学出版社，2010.

二、公共服务购买中合约机制的框架设计

(一) 公共服务购买中合约机制框架设计的理论基础

公共服务购买过程本质上是一种合约过程,要深入了解公共服务购买中的合约机制运作实践必须构建一个实践框架。本章选取合约过程理论和机制设计理论作为理论基础,从这两个理论出发,总结出公共服务购买中合约机制的运作特点,开展实践框架的设计。

1. 合约过程理论

我们分析公共服务购买中的合约机制不能仅关注合约本身,也需要着眼于整个合约的动态运行过程。我们可以借鉴前面文献综述中总结的合约过程的相关研究。杨开峰等人在回顾了政府合约管理能力相关文献的基础上,介绍了一种类似于公共政策周期的关于公共服务购买中合约管理的四部分组成框架,将公共服务购买中的合约过程划分为合约议程设置、合约制定、合约执行、合约评估这四个阶段,并阐述了每一个阶段需要关注的核心问题和政府需要具备的合约管理能力,其具体内容如表 8-1 所示。

表 8-1 公共服务购买的合约过程的划分

时期	阶段	核心问题	政府应具有的合约管理能力
事前	合约议程设置	公共服务外包在这个时候是否适宜	拥有明确的动机和目标; 仔细审查所有服务,并确定适合外包的服务; 购买决策公开透明; 组建一个特别工作组来协调购买决策过程
事中	合约制定	选择这个供应者是否正确; 公共服务购买中合约制定是否完善; 招标过程是否合理	邀请专业机构担任顾问; 制定了一套合约管理的标准程序; 获得了关于公共服务承包者和合约过程的所有相关信息; 制定的合约内容详细具体; 制定的合约中清晰地界定了责任和责任关系(包括对绩效监测和提供的公共服务标准有明确的规定)

续表

时期	阶段	核心问题	政府应具有的合约管理能力
事中	合约执行	如何帮助公共服务承包者成功地提供服务	与公共服务承包者定期举行会议，讨论合约运行情况； 与公共服务承包者相互协作与支持； 与公共服务承包者协商确定和解决合约执行中遇到的问题； 有足够的资源用于执行合约
事后	合约评估	公共服务承包者是否履行职责	已经建立了一个正式的监测系统； 利用监测技术； 定期对公共服务运营情况进行绩效考核； 不断监督合约中规定的服务执行情况，以确保其履行服务

资料来源：YANG K, HSIEH J Y, LI T S. Contracting capacity and perceived contracting performance: nonlinear effects and the role of time. Public Administration Review, 2009（4）.

杨开峰等人对公共服务购买的合约过程的研究对于我们后面的框架设计有一定的启发意义，它提醒我们需要关注公共服务购买中合约动态的运作过程，分析公共服务购买的合约过程中每一个阶段需要关注的核心问题，围绕公共服务购买的合约过程来设计实践框架。本章的研究对杨开峰等人设计的公共服务购买中合约过程进行进一步的改进，结合我国公共服务购买中的合约化实践，将公共服务购买的合约过程划分为"合约缔结—合约执行—合约监督—合约终止或改变"，研究在这一过程中如何设计有效机制推动公共服务购买中合约的缔结、执行、监督、终止或改变等阶段的发展。

2. 机制设计理论

赫尔维茨（Hurwicz）是机制设计理论的开创者，自20世纪60年代起，他开始研究机制设计问题，撰写了两篇论文《资源配置中的最优化与信息效率》和《资源分配的机制设计理论》，创立了机制设计理论的基础和研究框架。随后，马斯金（Maskin）、迈尔森（Myerson）进一步完善了这一理论，探讨在自由选择、资源交换、信息不完全及决策分散化的条件下，如何设计一种机制帮助参与者的个人利益与机制设计者的既定目标达成一致。

这一理论重点围绕两个核心问题：信息效率和激励相容。第一个问题是信息效率。赫尔维茨认为经济机制是一种信息交流系统，这一信息交流系统需要解决计算和信息传递的问题。[①] 因此为了有效降低机制运行成本、实现既定目标，则需要"较低的信息传递成本和较少的关于消费者、生产者、其他经济活动参与者的信息"。第二个问题是激励相容。在机制设计理论下，个人被视为理性的"经济人"，追求个人利益的最大化，因此，参与者可能会隐瞒对自己不利的真实信息，需要设计某种机制，使得参与者报告自己的真实信息，既推动自我利益的实现，又推动机制设计中总体利益的达成。

这一理论可以为公共服务购买中合约机制的框架设计提供指导，结合在公共服务购买中"合约缔结—合约执行—合约监督—合约终止或改变"的全过程，考察如何解决相应阶段信息不对称和激励不相容的问题。在公共服务购买的合约缔结阶段，由于存在信息不对称等因素的影响，针对企业等承接主体可能会隐藏自己真实的信息和偏好，同时政府这一购买主体也存在不愿主动公开公共服务购买有关信息的问题，因此有必要完善法律保障机制、市场竞争机制、权责分配机制。合约执行阶段的关键在于推动公共服务承接主体和购买主体的激励相容，因此需要加强激励机制中的奖励机制、违约惩戒机制、信用评估机制的建设，以推动公共服务购买中合约的有效执行。在合约监督阶段，一方面政府、大众传媒、公民等监督主体之间存在信息不对称，公民等监督主体获得的信息有限等问题，使得他们很难在公共服务购买中合约机制运作过程中发挥应有的监督作用；另一方面相关监督主体缺乏必要的激励，他们没有动力开展相应的监督，因此必须在这一阶段强化监督评估机制与激励机制的结合。在合约终止或改变阶段，需要在政府内部建立一种总结学习机制，以帮助总结每一次公共服务购买中合约机制运行的经验，降低合约机制运行成本。

（二）公共服务购买中合约机制框架的构成要素

在合约过程理论和机制设计理论视角下，本章进一步探讨公共服务购买中合约机制框架的构成要素，指出这一框架主要是由公共服务购买中合约运行的目标、过程、保障机制三部分构成。

[①] 郭其友，李宝良. 机制设计理论：资源最优配置机制性质的解释与应用：2007年度诺贝尔经济学奖得主的主要经济学理论贡献述评. 外国经济与管理，2007（11）.

1. 目标：成本、质量、效率

政府是公共服务的购买主体，推动其做出公共服务购买中合约决策的因素有很多，但总体上公共服务购买中合约运行的目标主要是基于成本、质量、效率这三方面的考量。

首先，降低成本是其主要目标之一。在公共服务购买中生产者就是安排者，会产生官僚制成本，而当两者不同时，就会出现交易成本。因此决定一项公共服务购买项目是否进入合约过程，一个很重要的因素就是选择和管理公共服务承接主体的交易成本低于维持和管理层级系统的官僚制成本，也就是说公共服务购买能够节省成本，在一定程度上减轻政府财政负担。

其次，提高公共服务供给的质量是其主要目标之一。在新公共管理运动中，私营企业被认为比政府机构对顾客的需求更具有回应性，更加注重结果导向。本章总结了国内外学者对于公共服务购买质量的考察，大部分学者都同意公共服务购买中合约过程在一定程度上是可以提高公共服务质量的。

最后，提高公共服务供给的效率也是其主要目标之一。一些公共服务由政府直接提供，效率很低，往往会出现一样的服务交给公共部门反而需要更多的人力和财力支持。而在公共服务购买中合约过程通过对市场竞争机制的有效设计，公共服务的供给效率就会得到一定程度的提高。此外有学者指出如果政府直接提供公共服务，可能会出现公权力滥用、导致腐败的问题，而实行公共服务购买合约就可以有效遏制这一问题。[①]

因此，在整个公共服务购买的合约运行过程中，需要明确成本、质量、效率的导向，不仅仅是注重合约顺利达成，而且需要努力实现公共服务供给的成本节约、效率提高、质量保障等目标。

2. 过程：缔结、执行、监督、终止或改变

在确立了公共服务购买中合约运行的目标之后，政府这一购买主体开始选择适宜的公共服务进行购买，由此进入了公共服务购买的合约过程。我们将公共服务购买的合约过程划分为"合约缔结—合约执行—合约监督—合约终止或改变"四个阶段，每个阶段有其不同的特点，结合机制设计理论，可以针

---

① 林民望. 政府购买公共服务：一个整合性分析框架. 北京理工大学学报（社会科学版），2017（1）.

对这些特点相应设计特定的保障机制,以推动公共服务购买的合约过程的顺利发展。

(1) 公共服务购买的合约缔结阶段。

合约缔结阶段决定了公共服务购买合约的文本内容,直接影响了后面合约的执行、监督、终止或改变等阶段,是公共服务购买中合约运行的起点,从某种程度上说,公共服务购买中的合约缔结阶段决定了整个合约关系的结构和特征。因此研究公共服务购买中的合约缔结具有十分重要的意义。在这一阶段需要解决的问题主要有三个:第一,是否应该购买这项公共服务?第二,合约购买程序是否规范?第三,合约中的相关规定是否制定得合理完善?解决这三个核心问题是推动公共服务购买中合约成功缔结的前提和基础。

首先,在是否应该购买这项公共服务的问题上,政府这一购买主体需要谨慎地考量在特定的时间选择特定的服务购买是否是适宜的。在这一过程中所有利益相关者的价值观和偏好会相互对比、相互协商并最终达成一致,地方政府可能最关心成本节约和提高效率,中央政府则更注重成本节约、政治责任,而公民等公共服务消费者可能会更加关注平等和服务质量,所以最终政府这一购买主体需要进一步明确公共服务购买的目标及其排序,进行可行性研究,以选择适宜的公共服务购买项目。

其次,政府在确定适宜的公共服务购买项目后,需要确立规范的购买程序,以增强公共服务合约化购买的公平性、公开性、竞争性与透明度。现阶段在我国公共服务购买的合约化中,一些政府部门制定的合约购买程序不规范,存在"内部化"购买的现象。在选择公共服务承接主体问题上不是基于正式的合约流程,而是基于"关系",甚至有些地方出现表面采用公开招标方式,实际以陪标、围标等方式确保事先选定的组织中标的情况,这些情况都提高了公共服务购买中合约机制有效运行的成本。因此针对这种不规范的行为,一是需要加强法律保障机制的建立,确保公共服务购买的合约化程序规范且有法可依,一方面引导企业等公共服务承接主体呈现自己的真实信息,另一方面推动政府公开公共服务购买合约缔结的有关信息;二是需要引入市场竞争机制,吸引更多的企业、社会组织等机构的参与,避免"内部化"购买的倾向,进一步提高公共服务购买的透明度。

最后,在合约中的相关规定是否制定得合理完善这一问题上。威廉姆森等学者的研究指出,在合约的谈判和签订过程中,缔约双方会受到有限理性、外部环境不确定性等因素的限制，无法预见合约运行中将要发生的所有事情，或者即使可以预见但写入合约的成本过高[1][2]，因此，制定的合约在实际中都是不完全合约，必须要进行相关的机制设计以规避这种不完全性带来的风险损失，降低合约机制运行的信息成本。目前我国有相当数量的公共服务购买的合约设计的内容比较简单，对合约执行和监督的指导性不强，有必要进一步完善合约中具体操作性规定，建立明确的权责分配机制。

（2）公共服务购买的合约执行阶段。

合约执行阶段是公共服务购买过程的中介阶段，是将合约文本转化为实践的唯一途径，不论前期合约缔结过程如何规范、合约内容如何详尽完善，倘若得不到有效执行，就是一纸空文。因此，我们不能忽视对公共服务购买中合约执行阶段的研究。这一阶段需要关注的主要问题就是政府如何帮助企业等公共服务的承接主体成功地提供公共服务。公共服务购买中的合约与企业间签订的购买服务合约不同，传统上企业 A 将内部的某项服务外包给企业 B，企业 A 通常并不会参与到企业 B 生产服务的过程中。但是由于公共服务的特殊性，它所提供的公共服务往往涉及较多政府部门的协调合作，也涉及公共利益，因此这一阶段要求政府机构持续性地参与或者支持公共服务承接主体的运营行动。只有在公共服务是非常标准化并且市场充分竞争，任何承接主体都可以轻易被替代的理想情况下，政府才可以完全不参与承接主体提供公共服务的过程。但是这种情况在现实中很难实现，大部分公共服务存在难以确定具体的服务标准、市场竞争不充分等相关问题。

由于政府持续性地参与到公共服务承接主体的运营行动中，实践中就会常常出现这样一种情况：政府处于绝对优势的地位，这决定了公共服务购买的资金、政策等资源的分配，导致政府过于强势并主导合约过程，企业、社会组织等承接主体成为政府的附庸，在合约执行阶段往往出现自主性、灵活性比较差等问题。因此，有必要在这一阶段引入激励机制。在主体方面，激励政府让渡部分权利，将工作的重点放在监督执行过程、提供资源支持、帮助承接主体识别和解决一些实际操作问题等相关工作上，防止"管得太死"、越权管理等问题出现；同时需要在这一阶段激发企业等公共服务承接主体工作的积极性，鼓励

---

[1] 威廉姆森. 资本主义经济制度：论企业签约与市场签约. 北京：商务印书馆，2002.

[2] TIROLE J. Incomplete contracts: where do we stand?. Econometrica, 1999 (4).

它们主动与政府协商谈判，提高公共服务供给的效率。在方式方面，政府需要推动奖励机制、违约惩戒机制、信用评价机制多手段的完善与应用，给予表现优秀的公共服务承接主体以物质等方面的奖励，惩罚违约失信的行为，同时将承接主体执行公共服务购买合约的表现纳入信用评价体系中，在下一次招标中予以综合考虑。

（3）公共服务购买的合约监督阶段。

合约监督需要对公共服务购买中合约的缔结、执行、终止或改变等过程进行监督与调整，其贯穿整个公共服务购买的合约过程中，作用十分重要。这一阶段需要关注的核心问题是监督合约的缔结、执行、终止或改变等阶段是否存在偏差和问题。由于我国公共服务购买中的合约化实践发展时间还比较短，监督管理还不是很完善，因此尚需进一步完善相应的监督评估机制。

根据我国公共服务购买中的合约化实践，目前我国公共服务购买中的合约监督阶段还存在一定的不足。第一，从监督手段上看，目前部分政府购买公共服务的监督手段还比较传统，采取的手段以听取汇报和检查为主，甚至存在自己监督自己、上级监督下级的情况，使得监督过程缺乏公信力，急需进一步完善监督手段；第二，从被监督主体上看，在监督过程中，一般都是政府这一购买主体对企业等承接主体的工作进行监督和评估，对政府内部相关部门的工作情况监督较少，而其他主体对政府行为的监督力度也比较有限，导致政府自身行为得不到良好的监督，容易在合约过程中滋生腐败等问题；第三，从监督主体上看，目前我国是以政府监督为主，公众、新闻媒体、独立第三方获得的信息有限，同时也没有足够的激励机制支持它们积极参与其中。

（4）公共服务购买的合约终止或改变阶段。

合约终止或改变阶段是公共服务购买的最后阶段。政府会根据前面监督的结果以及公共服务需求的变化来决定是终止这份公共服务购买合约，还是考虑与该公共服务承接主体续签合约或调整相关合约。政府这一购买主体在这一阶段承担着合约仲裁者的角色，对公共服务购买合约的性质拥有最终解释权。如果政府在这一过程中违约，也会受到相关法律的约束与制裁。

在实践中很多原因都可能会导致合约的终止，如社会组织等公共服务承接主体在合约执行阶段的违约行为、合约到期政府找到更好的公共服务承接主体等。如果社会组织等公共服务承接主体在整个合约监督过程中表现良好，使得双方能够建立信任关系，很多政府部门也会在下次购买中更倾向于与原来的承接主体合作。

终止合约并不是这一阶段的唯一选择，如果公共服务购买合约中有相关规定，仍可以通过理性的谈判程序在现有的合约范围内改变公共服务供给的等级、标准、类型等内容，来继续推行现有的公共服务购买中的合约运作。

需要注意的是在公共服务购买实践中，这一阶段往往最容易受到忽视，几乎没有政府机构会把终止或者改变合约关系看作是一项有价值的工作，因此政府常会忽视在这一阶段对公共服务购买合约的总结和反思，也很少有政府间交流分享彼此公共服务购买的合约化实践的经验与教训。实际上，正如库珀所说的，合约终止或改变阶段应当是学习在将来如何为公众做个好交易的重要过程，在这一阶段不论合约运作是成功还是失败，都必须考察和总结哪些能被用来确保这些经验教训不被错失，并在事实上把这些经验教训用于整个组织的业绩评估以及对未来合约的综合考虑中。[1] 由此可见，这一阶段在政府机构内部建立一种总结学习机制是十分必要的。

3. 保障机制

（1）法律保障机制。

我国公共服务购买在法律法规、政策规定上的不完善制约了公共服务购买中的合约过程。因此，我们有必要进一步完善相关的法律法规，并健全相关政策，对公共服务购买的合约过程的具体实施细节进行指导。目前我国公共服务购买在法律上主要是依据2002年制定的《中华人民共和国政府采购法》，各地虽然依据此法颁布了一些地方性法规和政策，进一步明确了公共服务购买的原则、标准与程序规范，但总体上还不够详细具体，不能很好地解决我国公共服务购买中合约缔结、执行、监督、终止或改变等过程中的诸多问题，还需要进一步探讨设计，完善相应的法律法规。

此外，由于目前我国政府在整个契约过程中处于主导地位，如果相关法律法规不注重约束政府这一购买主体在整个过程中权力的运用，可能会产生大量的寻租腐败行为，严重削弱整个公共服务购买中契约运作的公平性、透明度和有效性。因此，在法律保障体系的完善过程中，研究如何约束政府的权力将成为公共服务购买中一个非常重要的问题。

---

[1] 库珀. 合同制治理：公共管理者面临的挑战与机遇. 上海：复旦大学出版社，2007.

(2) 市场竞争机制。

首先，采用合约方式来提供公共服务，核心就在于通过竞争性购买方式，引入市场机制、社会力量，提高公共服务供给的效率。[1] 为了保证市场机制能够有效发挥作用，竞争机制的设立就显得尤为重要。首先，有数量充足且能力较强的能够参与竞争的公共服务承接主体是形成良好的市场竞争机制的前提。在我国公共服务购买的合约化实践中，政府决定采用公开招投标等手段引入社会力量参与公共服务供给时，时常会遭遇无组织可选或者只能在很少的几个参与组织之间进行选择的问题，使得市场竞争带来的优势被削弱，一定程度上降低了公共服务供给的效率。可见，我国政府有必要在实践中采取政策扶持、事业单位改革等方式进一步培育公共服务承接主体，以推动公共服务购买中市场竞争机制充分发挥作用。

其次，秉持公平原则是形成市场竞争机制的关键，公共服务购买过程应当是公平、公开、公正的。如果政府选用招投标的方式选择公共服务承接主体，那么在这一过程中应当面向全社会公开公共服务购买的标准和流程，并通过专家评审等方式，选择真正适合的投标组织，签订公共服务购买合约，以保证公共服务购买的公信力和透明度，避免其受到干扰公正的因素影响。

最后，完善制度环境是形成市场竞争机制的保障。一方面，需要在相关法律法规和政策文件中进一步强化政府在公共服务购买的合约化实践中的责任，督促它们提高成本意识和管理意识；另一方面，在双方签订的公共服务购买合约中，需要明确政府这一购买主体和企业、社会组织等承接主体的合作是以自愿、平等原则为基础的，以激励承接主体公共服务供给的积极性和主动性。

(3) 权责分配机制。

如前所述，合约具有不完全性，同时由于我国部分公共服务购买中合约制定得比较简单，甚至有些合约是基于信任的非正式合约（如口头协议），导致其中关于购买主体和承接主体双方的权利与义务关系的规定比较模糊，合约的形式大于实际指导意义，对彼此的行为约束力不够，一定程度上影响了公共服务购买合约的有效性，提高了合约机制的运行成本。因此，在合约缔结和执行阶段建立比较完善的权责分配机制是十分必要的。

构建权责分配机制主要在于两个方面：第一，依据相关法律法规，制定较

---

[1] 贺巧知. 政府购买公共服务研究. 北京：财政部财政科学研究所，2014.

为详细具体的公共服务购买合约,在合约中明确政府这一购买主体和企业、社会组织等承接主体在合约执行过程中的权利和义务,并保证两者的权利和义务关系是对等的;第二,由于我国地方政府一般在公共服务购买的合约制定过程中起主导作用,以至于合约规定在权责分配上更强调承接主体的责任,但是政府自身的责任也应该明确写入合约中,以确保"政府移交的是服务的提供,而不是服务责任"[①]。

(4) 激励机制。

对于合约执行阶段激励机制的设计主要从两个视角进行阐述。

第一,从主体上看,在我国公共服务购买的合约执行过程中,政府一般处于比较强势的主导地位,有时甚至使用行政手段干预合约的运行,导致企业、社会组织等公共服务承接主体在执行中比较被动,甚至在某种程度上成为政府的"下属机构",执行一些合约上没有规定的工作,因此,有必要加强相关激励机制的设计。一方面,鼓励政府将一些特定的公共服务项目转交给其他承接主体,制定更加具体完善的合约,切实执行合约并进行相关的监督等方面的职责,不过分干预合约过程;另一方面,就企业、社会组织等承接主体而言,需要激励其发展与政府一起协商、合作公共服务供给的能力,鼓励这些组织在工作中发挥自己的积极性和主动性。

第二,从手段上看,我国公共服务购买的合约化实践中的激励手段设计比较单一,很多都拘泥于违约惩戒方面,而对于那些既完成合约要求,还节约了成本、提高了服务质量、节省了工作时间的行为往往缺少激励,因此政府有必要在项目资源配置上给予相应的倾斜,或是设立一个专项的奖励基金鼓励相关组织。此外,为了进一步激发承接主体执行公共服务购买合约的主动性和积极性,提高公共服务供给效率,避免机会主义行为,需要在实践中探索信用评价机制的建设,对于表现优秀的企业,不仅给予相应的物质奖励,而且将其表现纳入信用评价结果中,在下次招投标过程中政府会参考这一指标,优先考虑评级较高的组织。反之,对于违约失信的企业,不仅给予相应的惩罚,而且信用评价机制中也会有记录,这样就会对企业、社会组织等承接主体的违约行为形成负向激励,提高机会主义的成本,使得承接主体的行为朝激励相容的方向发展。

---

① 奥斯本,盖布勒. 改革政府:企业家精神如何改革着公共部门. 上海:上海译文出版社,2006.

(5)监督评估机制。

公共服务购买的合约过程如果缺乏有效监督评估,往往会带来一系列问题,严重影响公共服务供给的成本和质量。但是正如我们前面所分析的,我国公共服务购买中合约运行的监督评估机制设计还不完善,手段比较传统,需要与激励机制、信息披露机制进一步结合,以强化对公共服务购买的合约过程的监管。

从机制设计理论中的激励相容理论来看,推动监督评估机制的完善,需要有效激励监督主体,使得监督主体在这一阶段既实现了个人利益,同时也达成了合约中设定的既定目标。而有效激励监督主体的关键在于使得监督主体在认真监督的情况下可以获得收益,而在选择偷懒的情况下会遭受惩罚和损失。作为理性的"经济人",监督主体会进行成本-收益分析,选择认真履行监督职责以获得最大化的收益。首先,针对政府这一监督主体,在制度设计上需要将其在合约监督阶段的努力与该部门人员的薪资、奖金、晋升机会等挂钩,提高其信息公开、履行监督职责的积极性。其次,针对公众、新闻媒体等监督主体,一方面需要加强对于它们举报的保护,防止它们因为监督公共服务购买中契约过程而受到打击报复,另一方面需要设立一定的物质和精神奖励,根据它们对公共服务购买的合约化实践的监督贡献,给予相应的资金和荣誉鼓励。最后,针对其他市场主体的监督,应利用好竞争性市场上的参与主体之间的相互监督,鼓励公共服务购买的竞争性市场的培育,当公共服务购买的市场竞争足够激烈时,市场上已有的服务竞争者会对彼此的行为构成外在监督。

从机制设计理论中的信息效率问题来看,由于政府、大众媒体、公民等监督主体存在信息不对称等问题,使得它们很难在公共服务购买的合约过程中发挥应有的监督作用,因此有必要加强这一过程中的信息披露制度,及时在相关政府网站上公布公共服务购买合约的运行动态,引导企业披露其真实的信息,保障相关主体的知情权,以推动它们的监督。

此外,我们也应该注重监督评估机制与公共服务购买的合约过程中的重点环节的结合,重点开展对以下四个方面的监督:一是公共服务购买的预算编制环节。我们需要考察政府这一购买主体是否按照实际需要制订购买计划,合理合法地编制公共服务购买预算。[1] 二是公共服务承接主体的选择环节。我们需

---

[1] 贺巧知. 政府购买公共服务研究. 北京:财政部财政科学研究所,2014.

要监督政府在这一过程是否秉持透明公开的态度，审慎地选择较为合适的供应者，避免产生寻租腐败行为。三是在合约执行阶段，应该建立动态的监督模式，对购买主体和承接主体的行为进行实时的监督。四是在合约终止或改变阶段，当政府决定终止一项公共服务购买合约时，必须对整个公共服务供给情况进行检查评估。建立事前—事中—事后全过程的监督评估机制，调动政府、大众媒体、公民等诸多主体参与监管，把好最后一关。在公共服务购买的合约化实践过程中，不管是购买主体还是承接主体，一旦出现违约、寻租腐败等行为都应受到相应的监督与处罚。而且针对购买主体或承接主体的严重违约行为，不仅要按照合约和相关法律法规的规定追究其经济上和法律上的责任，还要采取一些补救措施。通过引入独立的第三方机构参与监督评估，公共服务购买中合约过程的监督变得更加专业、公平、透明，有利于提高公共服务购买的绩效。

(6) 总结学习机制。

由于在合约终止或改变阶段，目前我国政府部门的总结学习工作相对比较匮乏，一定程度上提高了公共服务购买中合约机制运行的成本。因此，需要在这一阶段建立政府内部的总结学习机制。总结学习机制的重点主要在于两个方面：一是总结，分析此次公共服务购买的合约过程的经验，以帮助下次类似购买的成功开展。二是学习，不仅是学习自己的成功经验，而且需要学习其他层级、地点的政府在公共服务购买的合约化实践中的成功经验，同时可以在学习过程中积极探索建立跨区域合作，比如对于某项专业服务，本地的社会组织、企业等机构可能存在竞争不充分、专业力量不足等问题，可以通过引入异地的社会组织、企业等机构来承接此项公共服务。由此可见，建立政府内部的总结学习机制，对于推动公共服务购买的合约过程的规范化发展具有深远的意义。

(三) 公共服务购买中合约机制框架的设计

以合约过程理论和机制设计理论为理论基础，我们试图构建一个公共服务购买中合约机制的实践框架。这个框架是基于我国公共服务购买中合约机制运行的实践设计的。公共服务购买中合约机制的实践框架如图 8-1 所示。

这一实践框架主要由公共服务购买中合约运行的目标、运行的阶段、运行的保障机制三部分构成，这三部分相互联系、相互促进，共同推动公共服务购买合约的运作。首先，公共服务购买中合约机制需要确立其运行目标。由于我们的实践框架是基于机制设计理论设计的，因此认可了"经济人"假设，把合

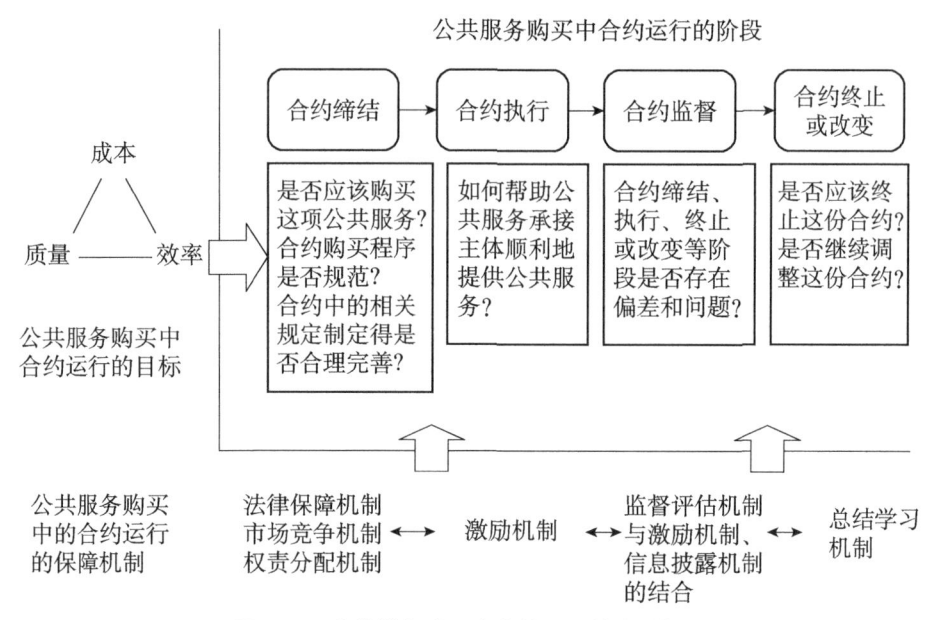

图 8-1 公共服务购买中合约机制的实践框架

约运行的目标进行了简化处理，主要设置了降低成本、提供公共服务供给效率、提高公共服务质量这三个经济方面的指标。通过在这三大目标之间进行权衡，政府这一购买主体选择适宜的公共服务进行购买，由此就进入了公共服务购买的合约过程。其次，根据合约过程理论和公共服务购买实践，我们将公共服务购买中合约过程划分为：合约缔结—合约执行—合约监督—合约终止或改变，并进一步界定每一个阶段需要关注和解决的核心问题，据此建立相应的保障机制。在合约缔结阶段，是否应该购买这项公共服务、合约购买程序是否规范、合约中的相关规定制定得是否合理完善这三个问题是这一阶段需要重点关注的；在合约执行阶段，政府需要重视如何帮助公共服务承接主体顺利地提供公共服务这一问题；在合约监督阶段，考察合约缔结、执行、终止或改变等阶段是否存在偏差和问题是这一阶段需要解决的核心问题；在合约终止或改变阶段，是否应该终止这份合约、是否继续调整这份合约是这一阶段需要思考和解决的重点。最后，针对公共服务购买中合约过程的每一阶段的特点，设计对应的保障机制，以推动公共服务购买中合约机制的有效运作。在公共服务购买的合约缔结阶段，我们需要着重强调法律保障机制、市场竞争机制、权责分配机制的建立与完善；在合约执行阶段，为了推动公共服务承接主体顺利地提供服务，需要重视激励机制，包括奖励机制、违约惩戒机制、信用评价机制的建设；在合约监督阶段，既需要解决政府、大众媒体、公民等监督主体的信息不对称问题，也需要关注如何激励各监督主体开展相应监督的问题，故需要推动监督评估机制与激励机制、信息披露机制的结合；在合约终止或改变阶段，我们需要总结和反思合约运行中的经验与教训，决定是终止这份合约，还是继续调整这份合约，从而帮助降低合约机制运行成本，因此建立政府内部的总结学习机制是十分必要的。

三、公共服务购买中合约机制的实证检验

（一）SH市J区公共服务购买中合约机制的运行

自20世纪90年代起，SH市开始试点公共服务购买，并一直在我国公共服务购买的合约化实践过程中走在前列。2009年，该市在全市试点成立社区生活服务中心，其中J区下辖的Y社区生活服务中心成为SH市首批批准设立的社区生活服务中心之一，并于同年6月开始正式为所在社区的居民提供公共服务。该社区生活服务中心公共服务的提供，采取的就是政府与社会组织签订合作合约的方式。

1. 合约缔结阶段

首先，在确定这一政府购买项目之前，J区对这一项目做了前期的调研和可行性研究。Y社区针对前期居民调研的结果撰写了相关的需求分析和可行性报告，经过专家咨询团队的评估和认定后，再交付给街道的社区服务工作领导小组审核。审核通过后，中心管理办公室根据专家咨询的结果开始了项目的设计，街道办事处在6月底向评审委员会办公室上报了下一年度向社会组织购买公共服务的项目及预算。最终评审委员会把其列入了《J区政府购买社会组织公共服务项目目录》，经过公示，正式纳入了政府年度预算编报。

然后，在提供公共服务的社会组织的选择上，J区政府有较为明确的要求。一是需要社会组织证件齐全、依法登记成立满一年以上，并且年检合格，无不良记录和行政处罚，在此基础上优先考虑J区内注册的社会组织；二是希望这个社会组织有承接民政业务的经验，全职人员超过3人，获得助理社会工

作师职业水平资格证书以上的人员数量在10%以上。但是这一项目开始时并没有采用招投标的方式①，根据相关材料，该项目最终选择R组织②，大致基于以下原因：第一，R组织的熟人关系网帮助其较早获得信息，使得该组织较早开展了相关准备。由于R组织之前为J区民政局及其下辖街道提供过一些相关服务，反馈比较良好，加之与项目所在街道的负责人保持了比较良好的个人关系，了解到了这一项目信息，较早地表达了自己的承接意愿。在签约之前，R组织对Y社区生活服务中心进行了考察，积极与区政府沟通联系，反馈了对社区生活服务中心专业服务、改扩建项目的运营方案的设计情况。第二，R组织拥有相关服务经验，专业能力受到政府认可。R组织受到了J区的民政局和社会组织联合会的共同培养。在最初发展的一年中，R组织参与了较多的公益创投大赛、公益项目招投标工作，并曾承接SH市社区生活服务中心、区民政局及下属街道等政府部门的项目。在它与政府组织的合作中，相关部门逐步认可了它的专业服务能力，从而为它最终拿下这一服务项目合约奠定了基础。第三，当地街道办事处通过签订服务项目合约的方式委托R组织托管运营Y社区生活服务中心。为了保证R组织提供公共服务的质量和效率满足要求，政府秉持平等、自愿、协商的原则，对公共服务购买合约的条文进行了细致明确的设计。合约的主要内容包括以下几个方面：一是明确合约主体，街道办事处为委托方，R组织为受托方，同时引入SH市J区社会组织联合会作为见证方，以进一步加强监督。二是明确公共服务供给的内容及相关要求。R组织通过管理团队项目和能力建设项目来提供公共服务，具体项目内容及要求如表8-2所示。三是规定了Y社区项目合约中各主体的权利与义务，具体如图8-2所示。项目合约写明了双方行使权力的范围和必须履行的义务，这样合约对缔约双方就可以起到一定的激励与约束作用。四是明确了合约执行中经费的使用及支付方式、合约服务期限、绩效管理等内容，进一步推动合约双方在合作中形成平等互动的关系。

---

① 在这一项目运行一年后，新一轮的公共服务购买开始采用招投标的形式，建立了立项申报、预算编制、招投标流程设计、招标信息发布、购买方式确定、项目合同签订、监督管理与绩效评估、经费兑付这一比较完善的机制，但在执行过程中遭遇瓶颈，并没有完全落实，而且由于社会组织资源不充分，时常出现陪标等情况。

② 该社会组织的主要服务内容是公益服务，为公益组织提供专业咨询服务，开展公益劝募、文化活动，自身运作的资金主要来源于政府，此外还接受少量的企业实物捐赠。

表 8-2　R 组织提供公共服务的项目内容及要求

服务项目	项目内容	项目要求
管理团队项目	Y 社区生活服务中心专业服务的整体管理、团队组建、行政管理及宣传推广工作	保障社区生活服务中心专业服务的正常运作； 专业服务工作必须由 1 名项目负责人、2 名项目主管、2 名项目助理共同负责； 专业服务项目中制度的建设； 保证到项目中期，该专业服务的社区知晓率为 60%，项目结束时达到 100%； 保障人员与财务安全
能力建设项目	Y 社区内相关组织、服务人员的能力建设、编写《社区生活服务中心建设指南》、负责社区服务总结表彰、论坛举办等工作	每月一次针对社区内相关组织举办能力建设培训； 每周一次针对社区内服务人员举办能力提升培训； 负责社区服务培训教材的编写； 负责《社区生活服务中心建设指南》的编写； 能力建设培训的参与者评价满意度必须达到 70% 以上； 保障人员与财务安全

资料来源：郭晓. 政府购买公共服务中的政社关系研究：以 Y 社会生活服务中心为例. 上海：华东理工大学，2013.

委托方（街道办）权利
每季度了解项目工作进度、资金运作情况，每半年对受托方资金使用情况进行审核；合约期内，如受托方有违法违约行为，委托方有权终止合约，并收回资金

委托方（街道办）义务
协调公共服务提供过程中相关公共部门；针对受托方的行为，制定绩效评估意见

受托方（R 组织）权利
要求委托方按合约规定按时足额拨付项目经费

受托方（R 组织）义务
服务项目资金溢出部分主要应用于 R 组织的再发展，不得挪作他用；履行合约期间，不得将服务项目委托给第三人，应按照本合约如实报告项目进展，按时、按标准完成项目任务。如未能在合约期完成全部项目的服务内容，合约结束后，应将相应款项返还委托方

图 8-2　Y 社区项目合约中各主体的权利与义务

资料来源：郭晓. 政府购买公共服务中的政社关系研究：以 Y 社会生活服务中心为例. 上海：华东理工大学，2013.

2. 合约执行阶段

在合约执行阶段，合约双方各司其职。一方面，政府部门按照合约要求，给予社会组织资金、场地等方面的支持，如街道办选取了社区生活服务中心三楼这一场地，设立专门服务部门办公室，免费提供给 R 组织使用，相关设施和场地费用全权由政府部门负责。另一方面，R 组织根据合约中对其的要求，对街道居民开展调研，对社区的不同居民设计了有针对性的专业服务项目，将社区生活服务中心的服务项目由原先的便民服务（如家用电器维修、洗衣熨烫等）、综合服务（如专业咨询、志愿者服务招募等）两大类 13 项服务，发展成了家庭综合服务、就业服务、助残服务、青少年服务、白领服务、为老服务这六大类 35 项服务，新增了 22 项服务，使得社区公共服务内容得到了很大的扩充和发展；帮助政府共同完成社会组织的引入和孵化，并监督各个新进入的社会组织承接的项目执行情况。在这一期间，社区生活服务中心引入了较多的专业社会组织，如引入好帮手社区服务发展中心承接老年康复项目、热爱家园社区志愿者行动网络提供低碳环保服务、SH 欣耕工坊公益服务中心负责助残项目、SH 市 J 区卫生工作者协会开展社区生命关怀服务。

但是契约执行阶段也存在一些问题，由于社会组织对政府的依赖性比较强，政府在这一过程中处于优势地位，导致出现政府命令社会组织执行合约内容之外的任务、临时变动合约规定的活动等问题。如原本合约中规定 R 组织在能力建设项目中需要举办论坛，但是发展到项目后期，R 组织把筹备方案上报给街道办时，却一直没有得到反馈。后来才被告知是由于街道办不想开展这个活动，所以撤销了这一服务内容。但是根据合约要求，该项目的经费已经按照合约规定的时间安排拨付下来了，而论坛临时取消，导致 R 组织只能迫于政府的压力返还部分经费。此外政府还会指派一些合约没有规定的任务，R 组织迫于政府的压力也只能接受。

3. 合约监督阶段

在合约监督这一块，社会组织联合会一般会邀请区民政局、社会建设工作办公室、财政局及社会组织专家等相关人员组成评估小组对 R 组织的合约履行情况进行评估，具体采用两种方式：资料审查和访谈。一方面，评估小组听取 R 组织的自评报告，查阅其运营过程中的相关档案材料，对项目服务进展与合约安排的一致性、服务产出、项目人才队伍建设、组织管理模式等方面进行评分；另一方面，政府部门每周都会组织一次中心例会，听取 R 组织这一周的工作情况，并分配一些近期需要 R 组织配合协调共同完成的工作任务，尽管负责人反馈其中有些任务并不属于合约的要求范围，但是 R 组织仍需要遵照执行。此外政府为了进一步完善合约中的监督设计，还设置了每月一次的随机检查。

4. 合约终止或改变阶段

在两年的合约化实践之后，这项公共服务购买合约被终止，R 组织退出社会生活服务中心。主要原因是在财务审查过程中，R 组织被审计局检查出许多问题，导致其信誉和公信力严重下降。公共服务购买合约到期后，政府不再与其续约。同时由于两年的合约运作，相关制度、条例已经相当完善，公共服务承接主体接下来的主要任务就是针对公共服务供给过程进行监督和管理，因此为了节省成本，当地政府同意终止这份合约，不再与 R 组织续约。

（二）SH 市 J 区公共服务购买中合约机制的检验

1. 公共服务购买中合约机制运行的目标检验

随着 SH 市经济的迅速发展，当地居民对于公共服务的需求日益多样化和个性化，当地政府逐渐意识到政府垄断公共服务供给的弊端。一方面，基于切实推动政府职能转变的考量，当地政府决定在公共服务供给过程中引入社会组织的力量，将社区中特定的公共服务转交给社会组织，以发挥它们的专业和组织优势，提高公共服务供给的效率和居民满意度。另一方面，为了进一步降低公共服务提供的成本、提高服务质量，当地政府开始从一些没有专业优势的公共服务供给项目中抽身出来，引导社会组织参与其中，以充分激发它们的志愿精神和竞争意识，从而提供成本更低、质量更高的公共服务。由此可见，SH 市 J 区向社会组织购买公共服务的主要目标是基于公共服务提供的成本、质量、效率这三方面进行考量的，但是其中也涉及公共服务项目的回应性、支持当地社会组织发展等方向的目标。

2. 公共服务购买中合约机制运行的过程检验

根据 SH 市 J 区社区生活服务中心的公共服务购买实践，结合本章第二节的框架设计，我们可以进一步明确公共服务购买中合约机制运行每一阶段需要解决的核心问题，以及在合约机制运行中如何解决这些核心问题。

（1）合约缔结阶段。

在本章设计的公共服务购买中合约机制的实践框架下，这一阶段需要解决的核心问题主要有三个：第一，是否应该购买这项公共服务？第二，合约购买程序是否规范？第三，合约中的相关规定是否制定得合理完善？结合这三个核心问题，进一步考察 SH 市 J 区公共服务购买中合约缔结阶段，分析这一阶段核心问题及解决方法。

首先，针对是否应该购买这项公共服务这一问题，当地政府做了比较充分的前期调研和可行性研究，同时还通过专家咨询提供评估和认定，在经过了较为规范和严格的行政程序后，才最终被评审委员会办公室纳入政府年度预算的编报，可以看出当地政府是非常谨慎认真地考量了公共服务购买决策的适宜性。

其次，针对合约购买程序是否规范这一问题，当地政府的做法显示出了一定的不足和不规范性。在合约购买程序规范方面没有依据相应的法律法规，当地政府在选择公共服务承接主体时也存在一定的随意性，没有采用竞争性机制，虽然明确了选择公共服务承接的具体标准，但是在实践中却没有切实执行，主要是基于"熟人关系"选择了 R 组织，降低了公共服务购买的透明度和公平性，同时也给后续的合约环节带来了一些问题，如在后续合约执行阶段，R 组织对政府的依赖性过强。因此，为了解决这一核心问题，有必要在这一阶段加强法律保障机制和市场竞争机制的建设。

最后，针对合约中的相关规定是否制定得合理完善这一问题，当地政府对公共服务购买合约条文进行了比较细致明确的设计，在合约中详细规定了合约主体及各自的权利与义务、公共服务供给的内容及相关要求、合约执行过程中经费的使用及支付方式、合约服务期限、绩效管理办法等内容，为后续合约执行、契约监督等阶段提供了文本性的指导。由此可见解决这一核心问题，不仅仅是完善公共服务购买合约中的权责分配机制，更关键的是建立完善的合约审查机制，审查公共服务购买合约是否符合相关的法律法规要求，是否对后续的合约阶段具有实际指导意义，对公共服务购买主体和承接主体的行为是否具有约束和激励作用。

（2）合约执行阶段。

根据公共服务购买中合约机制的实践框架，这一阶段需要关注的核心问题是政府如何帮助企业、社会组织等公共服务承接主体成功地提供公共服务。在 SH 市 J 区这一公共服务购买的合约化实践中，当地政府和 R 组织都按照合约的规定各司其职，其中政府的合约义务在于为社会组织提供资金、场地等物质方面的支持，R 组织的合约义务则重在设计社区专业服务项目、培育新的社会组织并监管它们提供相应的专业化公共服务项目。但是由于在合约缔结阶段，当地政府选择 R 组织是基于"熟人关系"，R 组织与政府密切的关系也带来了它对政府依赖性较强的问题，导致其在执行阶段被动接受政府的一切安排，出现政府命令其执行合约内容之外的任务、临时撤销合约规定活动的问题。因此，有必要在这一过程中引入激励机制，既鼓励当地政府将一些特定的公共服务项目转交给社会组织承接，履行提供资源支持、切实执行合约并进行相关的监督等方面的职责，又强调激励企业等承接主体提高执行过程中的积极性和主动性，发展与政府一起协商和合作的能力。

（3）合约监督阶段。

在实践框架中，合约监督阶段需要解决的核心问题是监督公共服务购买合约的缔结、执行、终止或改变等阶段是否存在偏差和问题，但由于我国公共服务购买的合约化实践发展时间比较短，在监督阶段积累的经验不足，现行的监督评估机制还存在一定的问题。

以SH市的实践来看，当地政府已经针对这项公共服务建立了相应的监督评估机制，一方面评估小组会对R组织的履约情况进行评估，另一方面建立了日常监督（中心例会）与随机检查相结合的监督管理模式，但还存在可以完善的空间。第一，SH市公共服务购买的监督手段比较传统，以听取汇报和检查为主，而且政府部门更重视对公共服务购买中合约机制运行的事中、事后监督，忽视了合约缔结这一事前监督的环节，使得很容易在合约缔结阶段滋生寻租腐败等不良行为；第二，在SH市的公共服务购买案例中，只强调了当地政府对社会组织履行合约规定情况的监督评估，而在这一合约过程中几乎没有对政府自身行为进行监督，因此出现当地政府用行政权力干涉合约执行的问题，要求R组织做合约中没有规定的工作，而且直接撤销了合约中规定的活动；第三，在这一案例中，政府是合约监督的主体，忽视了公众、新闻媒体、独立第三方等其他主体在监督过程中的参与；第四，在整个监督阶段，SH市只是单纯地使用监督评估手段，并没有配套地建立相应的激励机制和信息披露机制，使得监督的实际效力打了一定的折扣。因此，在这一阶段，有必要完善相应的监督评估机制，并健全相应的激励机制和信息披露机制，以鼓励公民、新闻媒体、独立第三方共同参与公共服务购买中合约过程的监督。不仅关注对政府这一购买主体和社会组织等承接主体两方行为的监督，而且强调对公共服务购买的合约运作全过程进行监督，合约缔结、执行、终止或改变各个阶段都不遗漏。

（4）合约终止或改变阶段。

在这一案例中，从合约终止的过程可以看到监督评估机制在发挥作用，当地政府会依据相关检查考核的结果，结合最初公共服务购买合约运行的目标进行深入考量。当发现偏离合约运行目标或通过监督评估机制检查出相关问题后，政府会考虑结束这份合约。因此，R 组织被审计局检查出相应的问题，政府依据此原因与 R 组织到期解约。但是比较遗憾的是，在案例中政府内部没有建立相关的总结学习机制，政府在这一阶段对公共服务购买合约的运作没有进行相关的总结与反思，也没有与其他地区的政府进行相关的交流互动。可见，在未来公共服务购买的合约化实践过程中完善这一机制显得更为重要与急迫。

3. 公共服务购买中合约机制运行的保障机制检验

通过对 SH 市 J 区社区生活服务中心的公共服务购买中合约过程进行考察，本章进一步明确了公共服务购买中合约机制运行的每一阶段需要解决的核心问题，并据此进一步引出需要建立和完善相应的保障机制。SH 市 J 区这一公共服务购买过程的保障机制存在一定的问题，根据前文设计的合约机制的实践框架还需要进一步发展和完善。

首先，在合约缔结阶段，相应的法律保障机制、市场竞争机制都还不健全，合约审查机制也没有建立起来。在法律保障机制方面，在全国层面尚未建立一套完整的法律法规对公共服务购买的合约过程进行规范和指导。目前在中央层面，主要是依据《中华人民共和国政府采购法》《中华人民共和国政府采购法实施条例》《关于政府向社会力量购买服务的指导意见》等法律法规来规范公共服务购买的合约过程。在地方层面，虽然各地自 2000 年以来陆续出台了一些公共服务购买的实施意见、管理办法，但是总体上来看，操作性较弱，需要进一步细化相关政策规定，正是这一原因导致 SH 市公共服务购买的合约化程序尚不规范，没有明确的法律约束，在选择公共服务承接主体和购买方式上存在一定的随意性。

在市场竞争机制方面，SH 市公共服务购买的合约化实践表明，由于过去长期以来当地政府是直接提供公共服务的，政府在公共服务购买中的角色定位和职能履行一时间难以转变，更习惯于用行政手段干预市场机制的运作，选择自己熟悉或者信任的社会组织承接公共服务供给工作，因此也就形成了"内部化购买"现象。同时 SH 市的案例也反映出当前一些社会组织对当地政府部门有很强的依赖性，自主性比较弱，它们大多面临人才队伍力量薄弱、专业人才不足、治理结构不完善、内部管理不规范等问题，承接政府转移来的公共服务项目的能力不足，导致公共服务购买的竞争性市场无法形成，政府在选择公共服务承接主体时，面临"无机构可选"或者"选择范围有限"的问题。因此，完善市场竞争机制可以有效提升公共服务购买中合约机制运行的有效性，这一机制完善的前提在于推动政府职能的转变，积极支持和引导社会组织等承接主体的发展。

在合约审查机制方面，SH 市的案例中并没有建立相应的合约审查机制，但是该项公共服务购买合约设计得比较细致明确，详细规定了合约主体及各自的权利与义务、公共服务供给的内容及相关要求、合约执行过程中经费的使用及支付方式、合约服务期限、绩效管理办法等内容，这给我们提供了一些启示。在以后的公共服务购买中的合约缔结阶段，可以建立一种合约审查机制对公共服务购买合约内容进行审查，检验合约内容是否符合相关的法律法规要求，是否对后续的合约阶段具有实际指导意义，是否对公共服务购买主体和承接主体的行为具有约束和激励作用，以避免出现公共服务购买合约过于形式化、合约中关于双方权责分配等重要内容缺失等问题。

其次，在合约执行阶段，SH 市的案例中没有建立相应的激励机制，尚未建立奖励机制、违约惩戒机制和信用评价机制。在契约执行阶段当地政府起主导作用，甚至出现了用行政权力干涉合约运行，直接撤销合约规定服务项目、指派合约中没有规定的任务等违约行为，但是这些行为并没有受到有效监督，也没有相应的违约惩戒机制进行约束。同时由于奖励机制和信用评价机制等激励机制的不足，社会组织开展相关工作的主动性和创造性并没有被完全激发出来。

再次，在合约监督阶段，当地政府虽然建立了相应的监督评估机制，但是还存在一定的问题。第一，目前这种监督评估机制是独立的，需要建立相关的配套机制，正如前面实践框架中所设计的监督评估机制需要与激励机制和信息披露机制相结合；第二，监督评估机制应当是全过程的，事前、事中、事后各阶段都应该有相应的制度设计，而 SH 市的案例则更偏向于事中和事后的监督，忽略了在合约缔结阶段的监督；第三，案例中只体现出了对公共服务承接主体的监督，但是忽视了对政府这一公共服务购买主体行为的监督，有必要进一步完善对于政府在公共服务购买合约化过程中行为的监督手段。

最后，在合约终止或改变阶段，公共服务购买合约到期后，当地政府基于合约管理和服务成本等多方面的考量，结合监督评估结果，选择了与 R 组织不再续签合约。但是在这一阶段中，政府内部的总结学习机制尚未完全建立起来，没能总结出公共服务购买中合约机制的各个运行阶段的经验与教训，这样很容易导致"地方政府在重复本应该避免的简单错误，采取包出去了事和简单办法而疏于管理，当出现问题后，又以简单接管的方式回归传统模式，再次忍受垄断生产而产生的傲慢、低效率、缺乏回应性等弊端。更可怕的是，不能从精明买主的角度思考问题，学习并吸取经验教训"[①]。

（三）SH 市 J 区公共服务购买中合约机制的评价

我们在梳理国内外相关研究的基础上，根据合约理论和机制设计理论设计了一种公共服务购买中合约机制的实践框架。根据公共服务购买中合约机制的实证检验结果可知，一方面，现有的实践框架有一定的解释力和可行性，主要体现在以下三点：首先，框架中设置的公共服务购买中合约运行的目标主要是经济层面的，政府在成本、效率、质量这三个目标之间做权衡，在实践中具有一定的可操作性；其次，这一实践框架以"合约缔结—合约执行—合约监督—合约终止或改变"的过程视角来考察公共服务购买中合约的运作，明确了每一个阶段需要关注和解决的核心问题，对公共服务购买的合约化实践具有指导意义；最后，这一框架中保障机制的设计是针对每一个阶段需要解决的核心问题展开的，具有一定的针对性，能够有效解决公共服务购买实践中的信息效率和激励相容等问题。另一方面，这一实践框架设计总体上还存在一定的不足，具体体现在以下三点：第一，在公共服务购买的合约化实践中，合约运行的目标更为多元和复杂。而由于目前的实践框架是基于机制设计理论基础上的，故而认可了"经济人"假设，对合约运行的目标内容进行了简化处理，主要设置了成本、效率、质量等经济方面的目标，因此忽视了政府在购买公共服务实践中也可能会基于一些公共价值的追求，比如为了实现公平、为了培育和支持社会组织等主体的发展等。第二，在公共服务购买中合约运行的问题上，本章指出了每一个阶段需要重视和解决的若干核心问题，但是这些核心问题的设置比较宽泛，在指导实践的过程中，必须进一步结合购买公共服务的性质、地方公共服务购买市场的发育程度等地方实际情况，细化核心问题的设置。第三，在公共服务购买中合约运行的保障机制问题上，现有的实践框架设计会让人有一种错觉，即每一个阶段中各个保障机制是独立运行的。但在实际中，各个保障机制是需要相互配合的，比如合约监督阶段的重点不仅仅是完善监督评估机制、激励机制、信息披露机制，更重要的是促进机制之间的协调与配合，推动这三种保障机制形成合力，以更好地保障合约监督的有效性。

综上所述，虽然我们设计的公共服务购买中合约机制的实践框架尚存在一定的不足，需要进一步完善，但是总体上对公共服务购买的合约化实践是具有

[①] 凯特尔. 权力共享：公共治理与私人市场. 北京：北京大学出版社，2009.

解释力和适用性的。

四、公共服务购买中合约机制框架设计的完善

我们根据合约理论和机制设计理论构建了一个公共服务购买中合约机制的实践框架，这个实践框架是基于公共服务购买中合约缔结、执行、监督、终止或改变这一整体流程设计的，它指出了每一个阶段需要关注的核心问题，并据此建立了相应的保障机制。本研究结合 SH 市 J 区公共服务购买的合约化实践对实践框架进行了检验，发现这一实践框架基本可以适用于解释和指导我国公共服务购买中的合约机制运行，但是这一实践框架还存在一定的问题，需要进一步调整与完善。

（一）公共服务购买中合约机制框架设计的目标调适

不管是在新公共管理运动的民营化实践中，还是在机制设计理论视角下，作为公共服务购买主体的政府通常都被视为理性"经济人"，因此公共服务购买中合约机制框架设计的目标主要是围绕节约成本、提高质量、提高效率展开的。但是在实践中，公共服务购买合约是一种服务于大量不同目标的政策工具，仅把公共服务购买中合约运行目标设置为成本、效率、质量等经济方面的目标并不完善。正如 SH 市的案例中显示的，当地政府愿意与社会组织合作，签订公共服务购买合约，不仅是为了发挥社会组织自身优势以节省财政预算、提高供给效率，而且考虑到居民满意度、培育地方社会组织发展等相关目标。因此，政府也会基于一些公共价值的追求来开展公共服务购买，比如追求回应性、政治责任、公平等公共价值目标。现有公共服务购买中合约机制框架设计的目标需要进一步调适，不仅要考察成本、效率等经济方面的目标，而且要结合当地实际考虑追求公共价值。

（二）公共服务购买中合约机制框架设计的要素配合

公共服务购买中合约机制框架设计的要素并不是独立运行的，还需要彼此的配合和协调。

首先，法律保障机制的建设既要与公共服务购买中合约运行的目标要求相符合，具有宏观指导性；同时也要考察公共服务购买中合约运行各阶段的实际问题，具有可操作性。目前我国公共服务购买在法律法规、政策规定上的不完

善制约了公共服务购买中合约过程的发展。在中央层面，2002年我国制定了《中华人民共和国政府采购法》来规范政府购买公共服务的行为，随后国务院又颁布了《中华人民共和国政府采购法实施条例》《关于政府向社会力量购买服务的指导意见》等相关法规，但是这些法律法规不论是在数量还是在内容上都需要进一步扩充和完善；在地方层面，各地政府陆续出台了一些政府购买公共服务的实施意见和管理办法，但是总体上看，操作性还不是很强，需要进一步细化相关政策规定，以帮助指导各地公共服务购买的合约化实践。

其次，针对合约缔结阶段存在的寻租腐败问题，市场竞争机制需要与监督机制配合，共同发挥作用。一方面，如果在只是引入市场竞争机制，但是没有发挥监督机制作用的情况下，合约缔结并不一定是有效的，且非常容易出现"内部化购买"或者寻租腐败等问题，这样不但违背了引入竞争机制提高公共服务供给效率的初衷，而且可能会出现降低公共服务供给效率的情况。另一方面，仅注重监督机制建设，忽视了对市场竞争主体的培育和引导，也会无法形成有效竞争从而滋生垄断或腐败行为。实际上一个有效的竞争机制，必须使失败的竞争者具有继续生存下去的能力，或者使得新的竞争者在下一轮比赛中能够进入比赛。[1] 因此针对我国公共服务购买的合约化实践，不仅要健全监督机制，而且需要培育和支持公共服务供应者，以形成有效的市场竞争机制。

再次，合约审查机制的内容需要与公共服务购买中合约缔结阶段的核心要求相协调，以保障公共服务购买合约的合法性、完备性、准确性。根据实证检验结果，公共服务购买合约中的相关规定制定得是否合理与完善，是合约缔结阶段需要解决的核心问题之一。因此，我们将这一阶段所需的权责分配机制进一步完善为合约审查机制，要求对公共服务购买合约的合法性、完备性、准确性进行审查。一是审查公共服务购买合约的内容是否符合我国法律法规的要求，即是否具有合法性；二是审查公共服务购买合约的内容是否完整全面，针对合约主体及各自的权利与义务、公共服务供给的内容及相关要求、合约执行过程中经费的使用及支付方式、合约服务期限、绩效管理办法、绩效管理办法等内容进行相应的规定，确保合约能指导公共服务购买实践；三是审查合约中条款的表述是否清晰明确，在合约中明确购买主体和承接主体双方的权利和义务，以避免由于合约表述不明确引发纠纷，从而提高公共服务提供的效率。

最后，监督考核机制的建设既要与公共服务购买中合约机制运作的全过程

---

[1] 莱恩. 新公共管理. 北京：中国青年出版社，2004.

相结合，同时也要与政府这一购买主体和企业、社会组织等承接主体紧扣在一起，即建立和完善"全过程"和"多主体"的监督考核机制。现行的监督机制过于注重事中和事后的监督，而忽视了合约缔结阶段这一事前的监督，而且由于监督主体一般是政府部门，所以往往出现政府自己监督自己的问题，从而加剧了合约缔结阶段寻租腐败的负向激励。故需要改进目前的监督机制，探索"全过程"和"多主体"的监控考核机制。一方面，在合约缔结、执行、终止或改变等阶段都要强化监督；另一方面，在监督政府的行为上，不能采用政府自我监督的方式，而是要利用激励机制、信息披露机制，完善公民、新闻媒体、企业等主体的监督渠道，鼓励他们参与到监督过程中。

五、结论

本章围绕公共服务购买中的合约机制展开研究，在梳理了国内外相关研究成果的基础上，基于合约理论和机制设计理论构建了公共服务购买中合约机制的实践框架。同时为了进一步完善这一框架，本章引入了SH市J区公共服务购买的案例进行实证检验，主要得出三点结论。

第一，在公共服务购买的合约化实践中，合约运行的目标非常多元，但是考虑到实践框架是基于机制设计理论设计的，遵循"经济人"假设，故将公共服务购买中合约运行目标简化为成本、效率、质量三个指标。但是在后续的实证检验过程中，指出政府在公共服务购买的合约化实践中也会考虑公平、责任性、回应性等公共价值追求，因此在考察公共服务购买中合约机制运行的目标时，需要进一步结合实践中政府具有追求公共价值的偏好，分析政府这一购买主体在不同目标之间的权衡取舍。

第二，我们将杨开峰等人对公共服务购买的合约过程的划分与分析结合实践进一步改进，把公共服务购买合约化过程划分为"合约缔结—合约执行—合约监控—合约终止或改变"，并进一步指出每个一阶段需要关注和解决的核心问题。在合约缔结阶段，政府需要关注三个问题：第一，是否应该购买这项公共服务？第二，合约购买程序是否规范？第三，合约中相关规定是否制定得合理完善？在合约执行阶段，政府需要重视如何帮助公共服务承接主体顺利地提供公共服务这一问题；在合约监督阶段，政府需要审慎地考察合约缔结、执行、终止或改变等阶段存在的偏差和问题，以保证公共服务购买合约的有效运行；在合约终止或改变阶段，政府需要思考接下来是终止合约，还是与企业、社会组织等承接主体协商继续调整这项合约。在实践中还要进一步结合公共服务购买的性质、地方特点等问题，进一步细化这些核心问题，并思考深入如何解决这些问题。

第三，针对公共服务购买的合约过程中每一个阶段需要关注的核心问题，在实践框架中设置相应的保障机制，同时强调各保障机制之间要相互配合和协调使用。在合约缔结阶段，市场竞争机制必须与监督机制结合使用，同时注重法律保障机制、合约审查机制的建设与完善；在合约执行阶段，激励手段需要多元化，既要完善违约惩戒机制，也要注重奖励机制、信用评价机制的建设与配套使用；在合约监督阶段，单一的监督评估机制并不足以确保监督的有效性，还需要与激励机制、信息披露机制相结合，形成监督的合力；在合约终止或改变阶段，必须完善总结学习机制，既要总结本地方公共服务购买合约运作的经验与教训，同时也要强化与其他政府的交流合作，注重学习外地成功运作的相关经验，以推动在下一次公共服务购买合约化实践中政府能为公众做个更好的交易。

第九章
从购买到委托：英国公共服务提供机制的变化

一、公共服务委托概述
二、公共服务委托的政策框架
三、公共服务委托的实施过程
四、英国公共服务委托的启示

自 20 世纪 70 年代起，由于市场机制不能非常适当地提供公共服务或者实现平等目标，而传统官僚制存在服务提供效率不高等问题，公共服务购买逐渐受到各国政府欢迎。在我国，1995 年上海浦东新区社会发展局委托上海基督教青年会管理浦东新区罗山市民会馆，这开启了公共服务购买的序幕。然而，公共服务购买虽然可以"将政府发现公共偏好和获取资源的优势与市场和社会组织生产和传递服务的优势结合起来"[1]，具有"让政府从不同世界得到最好"[2]的潜在优势，却增加了项目失败的风险，特别是当其使用范围从商品采购拓展到包含公共权力的服务购买时，问题更加尖锐。从 20 世纪 90 年代开始，在实践反思与理论探讨共同推动下，公共服务改革发生改变。越来越多的研究提出，政府应该走出被动购买的老思维，尝试"从货架上购买商品和服务"转变为"与其他主体共同设计并完成服务的生产与供给"。

作为最早开始公共服务市场化改革的国家，英国在 21 世纪初逐渐转向公共服务委托。对于英国由公共服务购买到公共服务委托的这种转变，国内关注较少，英国公共服务委托阶段是如何出现的、政策框架如何、实施情况怎样等，国内学界缺乏系统的分析。本章将介绍英国公共服务委托的内涵与特征，结合具体服务领域分析公共服务委托的政策框架及实施过程，合理借鉴英国公共服务委托的经验，规避市场化改革的陷阱，增进人民的福祉。

一、公共服务委托概述

英国公共服务委托是发生在一定区域范围内，由特定政策主体与其合作伙伴一起实施的，基于需求评估和资源配置选择特定干预方式，具体行动实现服务结果的一整套理念、制度安排以及行为过程。它是政府作为公共服务组织者做出的一系列创新的总和，为有效供给公共服务提供了新药方。

（一）公共服务委托产生的动因

公共服务改革的全球性新变化、对政府角色再认识、公共服务需求变动而

---

[1] 敬乂嘉. 从美国监狱私有化看美国公共治理的路径变迁：一个核心职能私有化的视角. 复旦公共行政评论, 2007 (1).

[2] DOMBERGER S, HALL C. Contracting for public services: a review of antipodean experience. Public Administration, 1996, 74 (1).

带来的新生态环境是英国公共服务委托的宏观背景，儿童服务的系统改革则开启了英国通向公共服务委托的大门。

1. 政府角色再认识

进入20世纪90年代，行政改革环境发生了微妙变化。首先是公共部门提供服务出现全球性"回归"。[1] 在德国、法国、意大利，公共资金被重新投入市政企业，电力、供水、公共交通的特许经营权到期后被重新收归公共部门。在英国，自1995年以来服务供应者不断离开市场，机构照料服务减少了15%，疗养院数量减少了22%；而新供应者很难被吸引进来，服务生产越来越向少数大组织集中。全国性劳动力短缺和更为严格的管制并存，政府很难用心仪的价格购买到机构照料、护理照料和居家照料服务。

其次，政府与供应者的"伙伴关系"正取代"指挥-控制""供应者-客户关系"。政府作用受到更多关注，"能力赤字""内部能力""负责任政府"备受关注。[2] 国外一些学者提出："政府公共服务直接生产职责的收缩意味着政策发展、协调和管制职责的扩大。"[3] 各国政府需要"生产并且购买"，学习如何成为"产品和服务提供者的管理者"[4][5]，系统地看待服务购买[6]。

2. 服务个性化需求增长

公共服务"缺乏回应性""责任不清""服务不能有效满足需求"直接激发了服务个性化的需求。这背后的逻辑是调整服务的设计和生产来满足需求，而不是削足适履，改变需求迎合服务。

在英国，服务个性化对公共服务的影响是多方面的。首先，服务生产被视

---

[1] 沃尔曼，姜文. 从公共部门转向私有部门，再回归公共部门？欧洲国家的服务提供：介于国家、地方政府和市场之间. 德国研究，2011（2）.

[2] FARAZMAND A. Building administrative capacity for the age of rapid globalization: a modest prescription for the twenty-first century. Public Administration Review, 2009, 69（6）.

[3] BENNETT S, MILLS A. Government capacity to contract: health sector experience and lessons. Public Administration and Development, 1998, 18（4）.

[4] HEFETZ A, WARNER M, VIGODA-GADOT E. Concurrent sourcing in the public sector: a strategy to manage contracting risk. International Public Management Journal, 2014, 17（3）.

[5] GANSLER J S. A vision of the government as a world-class buyer: major procurement issues for the coming decade. Maryland: Rowman & Littlefield Publishers, 2003.

[6] FIGUERAS J, ROBINSON R, JAKUBOWSKI E. Purchasing to improve health systems performance. Maidenhead: Open University Press, 2005.

作是包括转诊、需求评估与诊断、生产和评估在内的整个过程的一部分；其次，部门间合作受到关注，政府希望为民众提供个性化而无缝隙的服务，进而提升个体及其所在群体的健康和福利水平；最后，服务个性化促使公共服务从"消费主义"中撤退，公众的参与以及合作生产提上日程。[1][2]

3. 儿童服务的系统改革

2000年2月，英国发生了"维多利亚事件"[3]，以该事件为诱因，英国颁布了《每个孩子都重要》（以下简称"绿皮书"）。

"绿皮书"关注了四类问题[4]，并指出英国儿童服务在系统协调性、责任机制、信息共享方面存在一系列问题，无法有效识别预警信号并给予儿童持续帮助。[5] 基于以上认识，"绿皮书"矛头直指机构间相互隔绝、不甚了解、鲜有合作的现状，强调各机构要充分认识其对儿童整体健康和福利的贡献，与民众一起设计并提供服务。"绿皮书"提出了几个努力方向，其中包括：推进信息共享，以全国性儿童信息系统为基础，建立覆盖从出生到19岁的所有英国儿童和青少年的服务框架；解决服务碎片化，将所有儿童服务集中于一个部门和一个官员；设定了五种服务结果[6]，关注服务结果而不是服务投入或者服务产出；增设儿童委员，加强儿童服务的战略性规划。

---

[1] DH. Commissioning for personalisation: a framework for local authority commissioners. London: The Statutory Office, 2008.

[2] ROBINSON S, DICKINSON H, WILLIAMS I, et al. The challenge for clinical commissioning: setting priorities in health. London: The Nuffield Trust, 2011.

[3] 2000年2月25日，伦敦北区一名8岁女童维多利亚被其监护人虐待致死。事后检查发现，该女童浑身上下有超过128处伤痕。事情经媒体曝光后，震惊了英国民众，引发了广泛讨论，并最终迫使政府于2001年4月委派上议院进行了一次独立法定公开调查。调查发现，在维多利亚死亡之前，警局、四个地方政府的社会服务部门、国家儿童虐待预防组织、当地教堂等及其工作人员都与维多利亚有接触，也都发现了其被虐待的迹象，相关部门至少有12次机会能够成功干预，但遗憾的是，没有部门对其进行调查并采取行动。

[4] 包括帮助家庭和照顾者；给予儿童必要的干预使其免遭风险；完善责任机制及整合服务；关注为儿童工作的人，给予他们奖励和培训，使他们的价值得到认可。参见：HM Government. Every child matters green paper. cm 5860. London: The Stationery Office, 2003.

[5] HM Government. Every child matters green paper. cm 5860. London: The Stationery Office, 2003.

[6] 五种服务结果包括：（1）健康：身体与精神健康，生活方式健康；（2）安全：免受侵害和忽略；（3）享受生活并有所得：获得最大的人生意义并习得成年生活必要的技能；（4）做出积极贡献：参与社群和社会，远离反社会或者攻击性行为；（5）经济状况良好：不会因为经济困难而无法实现全部潜能。参见：HM Government. Every child matters green paper. cm 5860. London: The Stationery Office, 2003.

第九章　从购买到委托：英国公共服务提供机制的变化 | 229

"绿皮书"最大化地实现了所有儿童的健康和福利的"野心"，直接推动了设于地方政府内部，横跨儿童、家庭和学校，涵盖健康服务、过渡期服务和青少年犯罪服务等领域的儿童信托的发展。儿童信托向儿童服务长官负责，负责评估地区儿童需求的整体状况，并利用汇总预算，调用公共、私人、志愿和社区的力量满足儿童需求。"绿皮书"的倡议被《2004年儿童法案》合法化。①

2006年公布的"儿童、青年与母性服务的联合规划及委托框架"，标志着公共服务委托的正式实施。该框架识别了提供整合服务的9个步骤。它们开始于儿童及青年服务结果的确定、忠于服务及过程的监督和评估（见图9-1）。该框架被迅速引入其他公共服务部门，特别是卫生、社会照顾、地方政府服务、失业和犯罪等个人社会服务领域，这代表着政府从注重供应侧服务生产到战略性规划公共服务实现过程的转变。

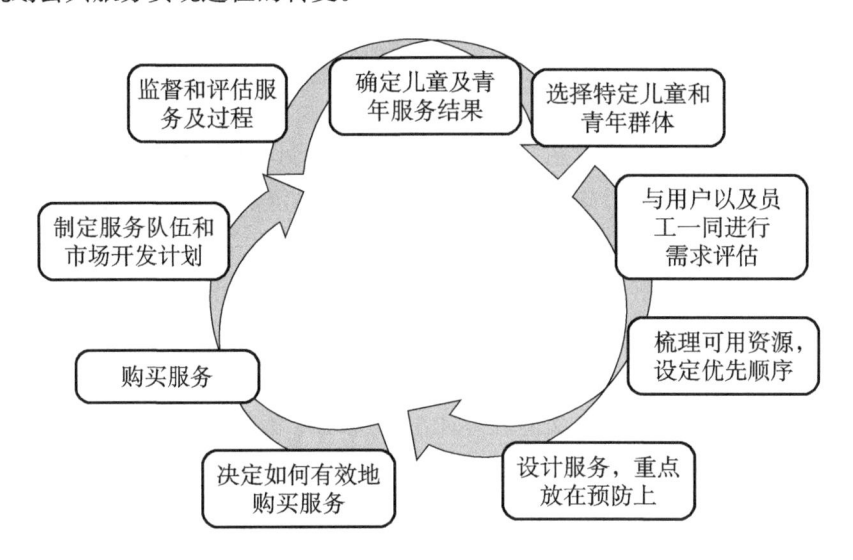

图9-1　儿童、青年与母性服务的联合规划及委托框架

资料来源：HM Government. Joint planning and commissioning framework for children young people and maternity services. London：The Stationery Office，2006.

---

① 《2004年儿童法案》规定，地方政府须设立儿童服务长官，全面负责教育及儿童社会服务事务，地方政府以及其他服务部门具有通过制定和执行"儿童及年轻人计划"，协同改善儿童福利的义务。同时，《2004年儿童法案》用法律形式确定了儿童信托服务递送过程的法定地位，使儿童信托成为推动公共服务委托的重要机构。

（二）公共服务委托的内涵与特征

目前，公共服务委托得到广泛使用。1988年英国议会议事录中只提及了公共服务委托12次，到了2007年该数字增长到1 000次。[①] 与传统公共行政时期政府通过官僚制生产与供给公共服务，以及新公共管理时期通过市场机制生产公共服务相比，公共服务委托将公共服务的实现视作全过程的生命周期，鼓励多主体参与，关注点从服务产出转向服务结果，政府的角色及组织关系都发生了极大变动。

1. 关注点：从服务产出到服务结果

服务结果指的是"服务引发的、对服务使用者和市民生活产生影响的结果，指的是服务收益而不是具体的产出数量或者质量"[②]。详细说明的合约、清晰界定的责任分配体系以及以服务产出为标准的绩效管理体系是服务购买的主要特征。相比于服务购买，英国公共服务委托的关注点实现了从服务投入、服务产出到服务结果的转向。

以街道清洁服务为例分析公共服务委托与服务购买的区别。[③] 采取服务购买时，服务通过购买的方式获得，购买方会详细界定街道清洁的任务，从而提升地区吸引力和增强安全感。而实行公共服务委托后，政府直接将"建设有吸引力和安全感的社区"设为服务要达成的结果。这一服务结果的实现途径不是固定的，可以通过街道清洁实现，也能通过降低犯罪率、改善交通以及促进地区经济发展等达成。通过公共服务委托，政府旨在为所在地区提供以使用者为中心的服务结果，而不是狭义的服务产出。这种转变意味着，政府通过合作和对话设定所欲实现的服务结果，但将实现方式的选择权留给服务供应者，服务结果取代了服务产出成为政府调控公共服务的工具。

在英国，目前代表性的做法是通过"绿皮书"及《2004年儿童法案》设定五种服务结果，包括健康、安全、享受生活并有所得、做出积极贡献以及经济

[①] BOVAIRD T, BRIGGS I, WILLIS M. Strategic commissioning in the UK: service improvement cycle or just going round in circles?. Local Government Studies，2014，40（4）.

[②] BOVAIRD T, DAVIES R. Outcome-based service commissioning and delivery: does it make a difference?. London: Emerald Group Publishing Limited，2011.

[③] LGA-CBI. Improving the strategic commissioning of public service: a joint lga/cbi vision. London: The Local Government Association，2008.

状况良好,并将五种服务结果设定为地方政府必须履行的法定义务。

2. 服务过程:从封闭到多主体参与

公共服务委托认为,保证公共服务有效实现的各种技能广泛分布于不同伙伴关系中。因此,与借助市场力量提升服务质量和效果不同,公共服务委托下,政府要充分发掘社区、市场和公民的能力。

第一,公共服务委托督促服务使用者转变为积极公民。一方面,自我服务和相互支持日益成为公共服务委托之下实现公共服务的重要机制;另一方面,公民的"用脚投票权"也成为实现良好服务结果的重要推动力。英国卫生部明确提出,公共服务委托意味着公民和社区的有效参与。[①] 对于那些公民可以自由选择的服务来说,公民参与能倒逼服务质量的提升;而对于那些不可选择的服务,公民及其所在社区仍能以多种形式影响公共服务。他们既可以提供用户信息,使需求评估更为客观、全面,也可以反馈服务使用信息,从而反向推动服务改进。

第二,非政府部门的重要性得到更多认可。由于其具有非官方、非营利以及专业性等特点,非政府部门更容易接触到特殊人群,使针对特殊人群的需求评估更加有效。而且,非政府部门提供的信息及掌握的专业知识有助于理解服务供给方案的商业可行性以及市场状况。基于对非政府部门作用的再认识,公共服务委托对合约管理做出了重大调整,以条款明晰、严格的风险分配为特点,但缺乏灵活性的短期合约关系逐渐让位于风险分担、收益共享的合作共赢关系。公共服务委托要求政府帮助非政府部门了解政治周期、预算设定和资助体系、决策过程等政治环境,让非政府部门更加清楚其计算服务需求的方式。如今,地方战略性伙伴关系已成为英国打破政府与非政府部门壁垒的重要工具。有不少政策文件就公共部门如何与第三部门建立良性的财务和业务关系提供了指导意见[②],服务使用者及所在地方社群的参与还作为硬性要求被写入 2012 年《卫生和社会照顾法》。

---

① DH. Health reform in England: update and commissioning framework. London: The Statutory Office, 2006.
② 代表性的政策文件包括 2010 年由英国审计局联合卫生部、社区与地方政府部、财政部以及第三部门办公室发布的有关公共部门如何与第三部门建立良性财务关系的《成功服务委托工具箱》,以及 1998 年签订并于 2010 年修改的《政府与志愿和社会部门协议》。

3. 组织关系：从结构功能化到合作

结构功能化是指按照功能对社会和经济状况进行职能领域的划分，在使家庭（或者个人）被机械地划分至不同服务部门，接受多个机构的评估和后续干预的同时，也带来了职责划分以及部门协调难题。

为调和结构功能化的弊端，公共服务委托倡导构建以服务对象为中心的整合服务支撑体系，将相关部门召集到一起，实现"单一窗口"服务。在这一理念下，一方面，一线服务人员更多地参与到公共服务实现过程中。比如，以2004年"基于实践的服务委托管理"为标志，全科医生等医护人员作用不断得到认可。"指导性预算"[①]使医护人员获得了更多卫生服务设计权。2006年开始设立的临床医疗委员会小组进一步使全科医生等医护人员对医疗服务拥有更大发言权和影响力。

另一方面，服务的组织边界日益受到挑战。20世纪90年代，保守党政府指出，"卫生部应帮助地方政府，使服务使用者及其照顾者获得最大收益"。工党政府期间，针对特殊群体服务的"汇总预算"、卫生服务和社会服务的合作义务、照顾基金的设立以及在包括首席执行官在内的所有层次上增强人事安排的一致性等方面都推动了部门合作。联合政府时期，卫生和福利委员会则成为部门间联合行动的平台。2012年《卫生和社会照顾法》允许地方政府将住房、交通等与卫生服务相关的职能授权给卫生和福利委员会，使其通过制订住房计划协调卫生服务与社会服务。

4. 政府角色：从服务购买者到能促者

20世纪80年代后期，学者吉尔伯特（Gilbert）提出了"能促型政府"的概念。能促型政府不是大包大揽的全能型政府，更不是"甩包袱"的无为型政府。能促型政府是公共服务委托中政府的新角色，其所要做的是构建多元主体

[①] 指导性预算是一种有资金上限的年度预算，包括：购买规定种类的可选性医院服务（包括诊断测试）；非医护人员工资；处方药物和设备成本。由全科医生安排，全科医生可以在不同资金之间进行配置，可将资金结余用于医疗建设上。指导性预算旨在不影响人们得到药物的情况下，为不断增长的医疗预算提供自下而上的压力。此项改革旨在改变全科医生的激励结构，进而改善全科医生的处方行为并且避免支出浪费，从而造福整个卫生系统。指导性预算的详细情况参见：BAINES D, TOLLEY K, WHYNES D. Prescribing, budgets and fundholding in general practice. London: Office of Health Economics, 1997.

能有效发挥作用的制度框架。"能促型"意味着政府角色的多元化以及角色实现途径的灵活性。正如2006年英国"里昂评估"中期报告所主张的那样，除了服务提供者外，政府还是公共基础设施投资的中介以及辩论、磋商和集体决策的平台。服务结果是家庭、邻里和其他相关人员、服务使用者以及服务本身共同作用的函数。除了自我生产以及购买服务外，政府还应担负起更具前瞻性的组织功能，从单纯依靠组织自身资源，转移到综合利用民众、社区以及其他组织的各种可用资源，通过影响其他机构，共同提升民众的健康和福利水平。

总而言之，公共服务委托意味着政府要与服务生产者、服务使用者合作，从而决定提供何种服务、谁提供这些服务、如何支付，而不仅仅购买出售的服务或者按照使用情况支付生产者。公共服务委托所要解决的不是"如何"问题，而是"什么"和"为什么"的问题。有的学者形象地将购买服务称为"金钱驱动的交换"，而将公共服务委托看成是"需求引导并由结果评估的活动"。[①] 从政府角度看，公共服务委托突破了简单"外部购买"的藩篱，强调政府在服务实现过程中发挥战略性、系统性作用；从公民角度看，公共服务委托扭转了公民的定位，鼓励服务使用者及其家庭、一般民众的主动参与及合作生产；从生产者角度看，公共服务委托尝试寻找竞争和合作的平衡点，调动各方力量满足民众需求，提升民众福利。

二、公共服务委托的政策框架

政策框架可直观揭示政策要素及其互动关系，是政策落实的纲领。卫生服务是公共服务委托的主要应用领域。接下来，将以卫生服务为例，分析公共服务委托的政策框架。英国卫生服务由初级照顾和二级照顾构成。创立于1948年的国家医疗服务体系的地方分支负责初级照顾；全科医生、牙医、验光师等是全国性框架协议中的签约服务提供者。二级照顾由国家医疗服务体系所属医院提供。除此之外，社区服务、公共健康服务和救护车服务最初由地方政府资助，1974年后被国家医疗服务体系收回。全科医生握有转诊权，是二级照顾的"看门人"。卫生服务委托框架由围绕服务及其结果的管理体制、供给体系、政策对

---

① MICHAEL S. What is world class commissioning?. Newmarket: Hayward Medical Communications, 2009.

象子系统以及支持系统四个部分构成。

(一) 管理体制

管理体制是为有效达成目标,以职权配置为重点的结构模式,包括活动主体及其互动关系。英国公共服务委托的活动主体是围绕核心组织而形成的联合体,其握有资源配置权,需要根据情况选用政策工具,保证服务及其结果的实现。综合协调是公共服务委托管理体制的设置原则。服务购买的管理体制致力于回答"谁去购买"的问题,目标在于以最低的价格获取最好的服务。而公共服务委托的管理体制需要前瞻而宏观的规划和管理公共服务。如果说,服务购买以结构功能化界定组织与部门边界,将实现服务视为组织的排他性势力范围的话,那么公共服务委托则以整体性治理为理论支撑,强调组织间的相互配合、综合协调。管理体制是公共服务委托政策框架中最具能动性的部分。具体来看,管理体制包括以下方面。

1. 核心组织

临床医疗委员会小组与国家医疗服务体系是英国卫生服务委托的核心组织。其中,临床医疗委员会小组由选举产生的全科医生以及至少一名护士和一名专科医生构成,是决策者和资金管家,掌管着国家医疗服务体系近60%的预算。临床医疗委员会小组的首席医药官有权决定服务购买的对象、资金的使用方式和方向,能修改看病流程,并整合现有的医疗资源,让公众和病人更多地参与改革。

国家医疗服务体系负责向人们提供高质量的照顾,拥有资源配置与决策权,是卫生服务委托的另一核心组织,其职责包括:(1)领导全国性服务结果和服务质量提升工作;(2)监督临床医疗委员会小组的运作;(3)负责初级照顾的服务规划、采购与评估工作,并直接负责特殊服务、犯人健康照顾、军人健康照顾。

2. 协同机构

以临床医疗委员会小组和国家医疗服务体系为核心,各机构在分工的基础上协同配合,共同完成卫生服务需求评估、规划、组织、提供、监督等工作。具体包括:

(1) 公共服务委托支持组:旨在帮助临床医疗委员会小组分析数据及提供

建议，提升临床医疗委员会小组的决策质量和效果，并提供行政等支持性服务。

（2）公共健康事务局：与临床医疗委员会小组平行，2013年4月1日整合了70多个与公共健康专业相关的组织。作为卫生部的执行局，该组织承担了"保护和改进国家的健康水平并解决不公平问题"的使命，享有一定的管理自主权，能够向中央政府、地方政府和国家医疗服务体系提供独立的专业建议和支持。

（3）健康观察组织：为全国性组织，目标是获悉公众服务需求、用户体验和想法，并代表他们发声。

（4）战略性医疗网络：成立于2012年，并由国家医疗服务体系主持，为临床医疗委员会小组提供特定领域的照顾建议，保证临床医疗委员会小组决策的科学性。

（5）地方政府：有解决辖区内包括肥胖在内的公共健康问题的义务，负责协调地方性国家医疗服务体系。通过成立卫生和福利委员会，与临床医疗委员会小组一起评估地方卫生服务需求。

（6）照顾质量委员会：作为卫生部非部级公共执行机构，通过注册程序、日常信息检查和监督等方式对英国的医院、疗养院、牙科诊所和其他照顾服务机构进行监督，确保向使用者提供安全、有效、高质量的照顾。

以临床医疗委员会小组与国家医疗服务体系为核心，不同组织相互配合，形成了卫生服务委托的管理体制。总的来说，临床医疗委员会小组与国家医疗服务体系掌握了重要资源的配置权，全面负责卫生服务委托事务；地方政府接手公共卫生服务，负责相关事宜；照顾质量委员会承担监督职责，从不同角度对卫生服务供应者及其服务质量进行监督；战略性医疗网络和公共服务委托支持组的贡献体现为信息及智力支持；健康观察组织则架起了公众参与的桥梁，为服务使用者及一般民众的参与提供了制度保证。

（二）供给体系

公共服务委托供给体系是由服务需求方、服务生产方以及供给方式构成的有机系统，一头连着使用者及其代理机构（各级政府），另一头连着各类服务供应者，本质上是一个为实现服务结果而挖掘资源、配置资源以及利用资源的要素及行动集合。目标是供给体系的中心，也是整个公共服务委托政策框架的原点，为供给体系提供了要素整合与行为策略的方向。供给方式是供给体系的主要内容，是各种要素不同配置的结果。

1. 以实现服务结果为核心目标

实现服务结果的最大化是卫生服务委托供给体系的核心目标。具体可细分为三个维度：（1）治疗和照顾结果的最大化，指个体或家庭一旦生病或者陷入困难能得到及时帮助，包括病人的选择权和护理体验，循证的专科照顾，衔接初级照顾和二级照顾的中期护理，疾病康复，个性化照顾，提升服务质量、效率和效益等具体目标；（2）健康和福利水平的最大化，包括通过卫生服务重获健康或者规避健康风险、能够独立生活、作为积极而平等的公民参与经济和社会事务、降低资源配置的不公平性等；（3）实现社群结果的最大化，包括由治疗转向预防，提高服务整合程度，造福全体民众。

2. 供给途径

供给途径是供给主体与政策工具的不同组合。根据供给主体及政策工具的组合，公共服务可以有四种供给途径（见图9-2）。

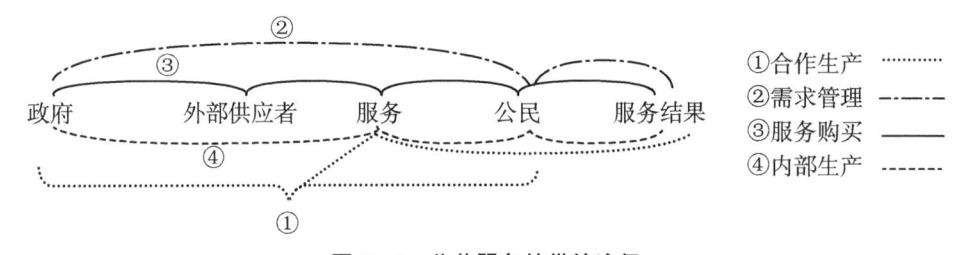

图9-2 公共服务的供给途径

途径1：合作生产，沿着"政府＋公民"的服务轨迹。在这种供给途径中，政府与公民一起成为公共服务的供给者，通过合作生产的方式提供卫生服务。公共服务是典型的体验类商品，其服务质量和效果只有体验后才能知晓。公民通过参与公共服务的生产和组织，成为贡献自我信息和消费体验的协作生产者。

途径2：需求管理，指的是通过改变公民的行为、生活习惯以及生存环境等方式，改变、延迟甚至消除卫生服务需求。比如，面对因肥胖导致的健康问题，政府通过推广健康饮食和健身习惯等，引导公民进行自我身体管理，消除肥胖产生的卫生服务需求。

途径3和途径4分别是服务购买和内部生产，主要区别在于生产组织是独立于政府还是内含于政府。

目前围绕不同服务类型（如眼睛照护、长期护理、性健康）、服务人群（妇女、儿童、青年、无家可归人群）和政策议程，英国政府出台了一系列行动指南。卫生服务委托的供给途径包括：（1）购买服务。标准合约、绩效管理工具和审计等处于重要的位置。国家医疗服务体系内合作和竞争的准则使卫生系统的经理、服务规划与评估委员以及供应者的行为更具有可预期性。（2）后新公共管理做法。比如为了将人放在首位，成立了以卫生部为主导，财政部，社区与地方政府部，工作与养老金部，创新、大学与技能部以及儿童、学校与家庭部等部门参与的跨部门小组。此外，为推广最佳经验，卫生部还成立了技能学会，有意识地利用知识管理推动服务理念的更新。（3）基于信息分享和利用的政策工具。公共服务委托强调信息是选择的基础，民众只有掌握充分且高质量的信息，明确选择范围、内容及结果，才能比较和选择信息。卫生服务委托给予民众的信息是多样的，既包括服务是否满足了最低质量标准等情况，也包括与其他地方相比是否物有所值等横向比较信息。（4）社会营销方式。通过教育使年轻人正确看待饮食、饮酒、吸烟、毒品和性行为，支持他们做出健康的选择。

（三）政策对象子系统

政策对象是政策的调控对象，是政策行为的承受者。卫生服务委托的政策对象指的是那些利益受到调控、行为受到影响的个体和组织，包括服务使用者及其家庭、一般民众及社群、服务供应者及临床医护人员三大类。公共服务委托大大拓展了政策对象的范围，改变了政策对象消极被动的定位。个体从被动等待服务的消费者变成积极有为的参与者；专业服务人员从关注特定服务的提供转而参与服务的规划、设计、生产与评估；而服务供应者则从服务购买的"乙方"成为政府的合作者。

1. 服务使用者及其家庭

数据显示，2007 年英国近一半需要长期照料的人不知道自己可以得到相应的支持或者治疗，也不清楚怎么做才能有效实施自我管理。服务使用者参与不足既造成服务因设计缺陷而不能得到合理使用和无法带给用户最好的服务体验，也使服务选择权落空。公共服务委托坚信要达成服务结果，"为人们或者替人们做事"是远远不够的，要转向"帮助人们实现自我服务"。公民既可以合作生产的方式进行自我管理，增加可用资源的数量、提升服务效果和质量，也能为政策监督和评估提供包括消费体验和生活状态在内的重要信息。

因此，服务使用者及其家庭成为卫生服务委托的第一类政策对象。关注服务使用者及其家庭是对服务"一刀切"、缺乏灵活性、无法满足人们喜好的弊病的反思，也使公民有机会参与整个服务规划过程。英国通过制度设计正式赋予民众服务选择权。比如，2008年，国家医疗服务体系引入病人自由选择权，允许个人自由选择满足国家医疗服务体系的标准的任何国家医疗服务体系信托基金会[①]、国家医疗服务体系急症医院以及独立医院。从2009年6月开始，病人能从170家急症医院和149家独立医院中自由选择。相关法律明确规定了病人选择权，提出"（病人）有权利选择健康照顾并且有权利得到支持他们做出选择的信息"。

2. 一般民众及社群

公共服务委托关注所有的人，而不仅是病人，不仅关注个体身体健康，更着眼提升民众福利状况。一般民众及社群是公共服务委托的第二类政策对象。其背后的逻辑是政府要向提供服务的领导者以及公众提供可靠且及时的建议来源，这离不开一般民众及社群的广泛参与。主要理由包括：第一，与一般民众及社群建立起长期、包容而持久的新型关系有助于培育社会资本，保证决策反映地方民众需求，进而优化投资与分配；第二，民众的健康水平是卫生服务与家庭环境、生活习惯等多种因素综合作用的结果，贴近民众和社群，可以帮助组织综合考虑各种影响因素。

3. 服务供应者及临床医护人员

公共服务委托认为，目标的达成需要服务需求侧和服务供给侧的良性沟通和互动。如果缺少服务供给侧的持续创新和改进，用户选择权和对服务的期望

[①] 2002年卫生大臣首先提出设立信托基金会。国家医疗服务体系信托基金会是信托基金会系统内半独立的组织机构。与国家医疗服务体系信托基金会相比，信托基金会享有一定程度的独立性，可由地方居民自主决定运营模式，管理层由所在区的居民选举产生；在财务方面，可以保留部分盈余，无须遵守严格的财务制度，只要债务水平符合监督机构的相关规定即可。2003年《卫生和社会照顾（社区健康和标准）法案》为信托基金会提供了法律基础。从2004年起，英国政府开始正式推行信托基金会，大量的国家医疗服务体系信托基金会改造为信托基金会。截至2016年2月，英国共有152家国家医疗服务体系信托基金会。资料来源：POWELL T, HEATH S. The reformed health service, and commissioning arrangements in England. London: House of Commons Library, 2013.

只能是空想。卫生服务供应者及临床医护人员是公共服务委托的第三类政策对象。

与供应者建立以提升服务质量为中心的开放、坦诚、具有挑战性的关系被视为卫生服务委托的重要工作之一。比如，2006年出台的《英格兰卫生改革》将"供应者改革"作为单独章节，从四个方面阐释了其改革构想。2007年卫生部颁布的《世界一流公共服务委托》将"刺激供应者市场"作为关注点之一。该文件认为，卫生服务提供组织要对"哪些服务真正对病人、公众、员工重要"有清楚而深刻的理解。只有建立具有回应性的服务供应者队伍，政府才能利用其关于服务需求、社群愿望和未来偏好的知识，通过投资决策影响服务供应者的服务设计，提升服务选择并推动服务的持续改进和创新。

临床医护人员了解地方需要，能近距离地接触当地民众。他们在服务规划和服务设计中的参与能确保所提供的服务真正反映民众需求，有助于实现服务的个性化。因此，临床医护人员是卫生服务委托重要的政策对象。

（四）支持系统

人力资源系统和信息系统是卫生服务委托政策框架的支持系统。将公共服务委托的理念与构想落到实处，首先需要强有力的人力资源系统，从而有效识别服务需求，成功塑造市场，通过机制设计回应服务需求；要使政府充分知情，主体间合作共赢，则需要充分利用信息技术，完善信息系统建设，实现数据和信息的共通共享。

1. 人力资源系统

卫生服务委托需要一支结构良好、技能多样且经验丰富的人力资源队伍。许多学者用"大脑、良知、眼睛和耳朵"形象地概括了这支人力资源队伍需要扮演的角色。[1][2] 还有学者指出这支复合型人才队伍要以团队的形式对供应者进行绩效管理、动机引导、合约管理、激励、服务递送、供应者关系管理以及利

---

[1] SMITH J, MAYS N B, DIXON J, et al. A review of the effectiveness of primary care-led commissioning and its place in the UK NHS. London: The Health Foundation, 2004.

[2] WADE E, SMITH J A, PECK E, et al. Commissioning in the reformed NHS: policy into practice. Birmingham: Health Services Management Centre, 2006.

益相关者管理等。①

从职能设定上看，这支人力资源队伍需要承担四种职能，包括：(1) 设定服务结果的决策职能；(2) 关注产出和财政基金利用情况并将政策转换为服务的服务递送职能；(3) 为其他管理者提供专业建议和技能的采购职能；(4) 审核各种文件合法有效性的法务职能。与传统公共服务组织模式不同的是，公共服务委托的人员可能分散于不同部门，相互以"虚拟组"的方式配合。

从能力维度上看，这支人力资源队伍需要具备三种核心能力，包括：(1) 政治能力：能够平衡相互冲突的政策目标、协调不同利益相关人、动员不同资源，对权力链条之外的人和组织实施积极而非等级式的管理行为，确保"正确的人在正确的时间按照正确的方式行事"；(2) 技术能力：具备高水平的知识管理、计算和分析技能，制定现实可行的计划来满足需求，具备倾听与沟通、协调和影响等软技术，最大限度鼓励各方参与，具备谈判技能，从而妥善处理服务采购事宜，利用项目管理技能有条不紊地推进项目，具备合约和绩效管理能力；(3) 财务能力：前瞻性处理财务风险。

2. 信息系统

有学者指出，不管是内部提供者还是外部供应者，要想使用有限资金获得满意的服务，组织必须成为"知情消费者"②。数据与信息对于有效的卫生服务委托同样重要。信息能帮助民众以及服务规划部门明晰可选方案的范围；有助于追踪个人服务使用路径；能帮助供应者获知活动效果和服务质量；能帮助监督者及时跟踪、准确监控服务过程及服务质量。英国公共服务委托的信息建设既包括有效识别有用信息，也包括在合作伙伴间分享和利用信息。

公共服务委托所涉及的数据来源多样、格式不一，其产生于一线人员与服务对象的互动中，存在于招标投标过程中，沉淀在内部局域网上，很容易造成数据零散、缺失和遗漏等问题。卫生服务委托从建立数据库和信息共享平台入手，解决数据分散以及信息共享的问题。代表性的做法包括：(1) 整合人口统计学、社会环境、健康行为、卫生服务使用情况以及健康结果等方面的关键数据，成立"公共健康气象台"。(2) 明确规定地方政府或者临床医疗委员会小

---

① DUTTON J. Public sector concept of commissioning. Melbourne: CIPS Australasia, 2010.
② ATKIN B. Contracting out or managing services in-house. Nordic Journal of Surveying & Real Estate Research, 2003 (1).

组、地方健康观察组织和相关机构有义务提供信息。在不与隐私保护法律及信息保护法案冲突的情况下，卫生和福利委员会的核心单位和其他相关单位有义务提供信息。(3) 从 2013 年 4 月 1 日起，公共健康专员将与地方政府通过单一入口访问一整套指标，分析其他证据。通过该单一入口，地方政府能够持续获取公共健康事务局多渠道汇集而来的信息和知识，从而更好地设定地方议题、制定最佳决策、缓解不公平问题，提升社群的健康和福利水平。

数据是对人或者事件特征的测量。脱离了特定情景和分析，数据不仅杂乱无章而且提供的意义也非常有限。当数据被组成有意义的单元，或者被放置在一定的情景中就产生了信息。与数据不同，信息能够创造知识、支持决策并引导行动。按照一定的规则应用信息就诞生了知识。智慧是知识的最高级，意味着能够利用知识、经验、常识和直觉去有效解决问题。信息系统建设的目的是在收集数据的基础上对原始数据进行提炼加工、赋予意义，使其转变为对卫生服务委托政策框架各部分以及实施过程各阶段发挥驱动作用的信息、知识，并以此增进组织和人员的智慧。

总体而言，英国卫生服务委托的政策框架由管理体制、供给体系、政策对象子系统以及支持系统构成。其中，人力资源系统有助于提升卫生服务委托管理体制能力，而信息系统则作用于整个卫生服务委托政策框架，促进主体间数据共享、信息交流和沟通，促进服务结果的实现。这一政策框架贯彻于英国公共服务委托的理念，也为具体实施公共服务委托提供了指导。

三、公共服务委托的实施过程

英国公共服务委托被视作战略性规划、服务采购与服务评估的统一，致力于回答"什么"和"为什么"，而不是"如何"的问题。英国公共服务委托的实施过程包括需求评估与市场分析、服务规划与具体行动、服务评估与风险管理三个阶段。

（一）需求评估与市场分析

英国公共服务委托的需求评估包括针对特定个体、用来识别个体服务需求的评估，以及面向辖区内某一特定人群、用来理解其整体需求状况，现有服务以及市场供应情况的评估，设定服务优先领域及配置资源的评估两大类。其中，人群需求评估是解决服务供给与服务需求不匹配问题的必然选择，是将服务需求信息转变为服务规划的重要环节。2007年《卫生法案中的地方政府与公共参与》将用于决定提供什么种类以及何种程度卫生服务的需求评估提升为联合战略性需求评估，要求卫生服务主管与地方政府成年社会服务部门、地方政府儿童服务部门合作，综合考虑住房、就业和环境等不属于卫生部职责范围但影响民众健康情况的因素，实现服务个性化，支持公民独立且有尊严地生活。

1. 确定需求评估的内容

需求评估的内容之一是服务需求。在需求评估领域，供给、需求与需要是三个既有区别又相互关联的概念。供给是提供服务，即特定干预、药物或者服务是可得的。需求是个体想要的服务，受制于个体对自身状况的认知以及什么是对其有益的、哪些是可得的观念和知悉程度。需要涉及价值判断，是有关机构和人员认为应该提供的服务。现实中既可能"有供给没有需要"，也可能"有需要没有供给"或者"有供给也有需要但是没有需求"。相关学者举例道，当医护人员认为病人需要流感疫苗时就产生了需要，当初级照顾中存在流感疫苗时就产生了供给，但是如果没人咨询流感疫苗，则需求不存在。[①] 在这个例子中，全科医生可以主动提供建议，影响流感疫苗的需求。简而言之，需要意味着一系列价值取舍，且受到供给诱发，而将需要转变为有效需求涉及一系列观念的调整以及信息的供给。

从目前相关政策来看，公共服务委托的需求评估仍主要从机构角度进行。比如，2007年相关法案规定，联合战略性需求评估只针对同时受到地方政府以及临床医疗委员会小组或者国家医疗服务体系委托委员会履行职责情况影响或者这些机构能满足的"相关需要"。但为了最大限度地规避"有供给也有需要但是没有需求"从而为不存在的问题投入大量资源的风险，公共服务委托强调赋权于民，倾听民声，主张只有在个体陷入困境，无法或者不能、不愿自我代言时，各种利益表达机制才充当"扬声器"和"麦克风"，从而确保"在正确的时间和正确的地方为正确的人提供正确的服务"。

需求评估的另一项内容是对现有及潜在服务进行市场分析。首先，盘点现有及潜在服务。通过服务检查，公共服务委托可以明确现有服务是否契合人群

---

① BOVAIRD T, DICKINSON H, ALLEN K. Commissioning across government: review of evidence. Birmingham: University of Birmingham, 2012.

需求、是否物有所值、是否有服务失败风险以及服务质量是否够好。在服务检查基础上，组织可以决定是改变服务水平及产出，还是与其他组织分享服务，抑或外包服务，甚至改变内部运作程序等。其次，对不同类型的已有和潜在服务供应者进行分析，及时而准确地掌握服务供应者增资或者撤资的意图。

需求评估与市场分析构成了公共服务委托需求评估的主要内容。它们勾画了服务供给差距，为设定服务目标以及制订服务计划奠定了基础。

2. 组建需求评估主体

20 世纪 90 年代之前，英国卫生服务的需求评估由公共健康专家主导，由专家们基于证据、围绕特定临床状况做出综合性需求评估。服务供应者以及一线员工集体"失声"，使得服务规划和设计的整个过程与公众需求相脱节。英国公共服务委托要求组建结构合理的评估主体。首先，完善公民需求表达渠道，将公民参与视作落实公民权和纳税人权益的必然要求，以及实现公共服务从应急到预防的重要条件；其次，鼓励供应者及一线工作人员收集公民需求和期望信息，表达意见；最后，强调地方政府、卫生部相互合作，地方政府握有丰富数据，拥有市场分析和人群服务评估的经验，应在需求评估中发挥更大的作用。

2012 年 4 月，英国设立卫生和福利委员会。地方政府及其临床医疗委员会小组通过地方卫生和福利委员会共同承担联合战略性需求评估的职责。选举产生的地方议会成员、地方健康观察组织的代表、地方临床医疗委员会小组代表、地方政府成年社会服务主管、地方政府儿童服务主管以及地方政府公共健康主管等六类人员是卫生和福利委员会的法定成员。除了地方政府及其临床医疗委员会小组外，普通民众和其他组织（特别是志愿组织）也可以参与联合战略性需求评估。在准备评估时，地方政府及其临床医疗委员会小组可以咨询其认为合适的人选，吸纳地方健康观察组织以及在该地区生活或工作的普通公民。由此，卫生和福利委员会就成了汇集民意代表与官僚代表、卫生与社会服务领域、儿童与成年不同群体代言人的平台。卫生和福利委员会成员的多元性及其开放和包容性，使得围绕联合战略性需求评估形成了多元需求评估主体。

3. 实施需求评估

一是广泛收集各层次数据。英国公共服务委托倡导通过改变人们的行为，从解决问题转到事前防范，而不是遵循服务购买的老路，被动地评估需求、采购服务、检查服务。公共服务委托十分重视公民的能动作用，需求评估不仅测量个体的"服务需求",还关注个体做出贡献的能力和意愿。需要收集的数据更全面,涵盖了人口总数、增长率、出生率、性别、年龄和种族等信息,揭示服务效率的数据,吸烟、饮食、饮酒等生活方式数据,各类服务的获取及利用情况,住房质量、环境、就业、教育水平等社会及地区信息,以及死亡率、预期寿命、人群接种情况等流行病学等在内的多层次信息。

二是确定需求评估方法,开展评估。流行病学需求评估是卫生服务领域内应用较为广泛的一种系统需求评估方法。此种需求评估方法围绕特定卫生或社会问题,由初级照顾、二级照顾和专科照顾的卫生专家、公共健康或流行病学专家、病人及照顾者代表组成评估团队,从陈述及分析问题入手,通过对患病率与发病率进行分析,进行可用服务分析、现有服务效用和成本-收益分析,识别出服务现状与最有效服务的差距,最后确定服务类型及结果和目标。[1] 除流行病学需求评估外,还可以采用"组织需求评估方法"或者"比较需求评估方法"。前一种评估方法只需召集关键利益相关者,由他们围绕特定问题罗列出核心服务清单以及服务提供情况,并依据服务潜在效果以及实现可能性进行排序。后一种评估方法首先将不同区域的服务生产、服务使用或者健康数据进行标准化处理,然后观察数据的变动情况,从而确定需要增加或减少的服务领域。"比较需求评估方法"特别适合处理服务公平性问题。

需求评估实施过程可以分六步(见图9-3)。[2] 需求评估是整个公共服务委托中耗费时间最久的阶段,在评估需求、检查证据以及服务设计上最少需花费一年时间。做好需求评估,公共服务委托的进程会明显加速。2012年之后根据需求分析与市场分析的结果,地方政府、国家医疗服务体系委托委员会以及临床医疗委员会小组必须在地方国家医疗服务体系的统一协调下共同制定并发布联合健康与福利战略,阐述卫生服务与社会服务领域资源分配工作。联合战略性需求评估和联合健康与福利战略是相关各方行动前必须考虑的因素,联合战略性需求评估将成为帮助卫生服务与社会服务的地方领导者理解并认同当地民众需求的重要手段,而联合健康与福利战略则设定了集体行动的优先权。[3]

---

[1] GLASBY J. Commissioning for health and well-being: an introduction. Bristol: Policy Press, 2012.

[2] 同[1]。

[3] DH. Joint strategic needs assessment and joint health and wellbeing strategies. London: The Statutory Office, 2011.

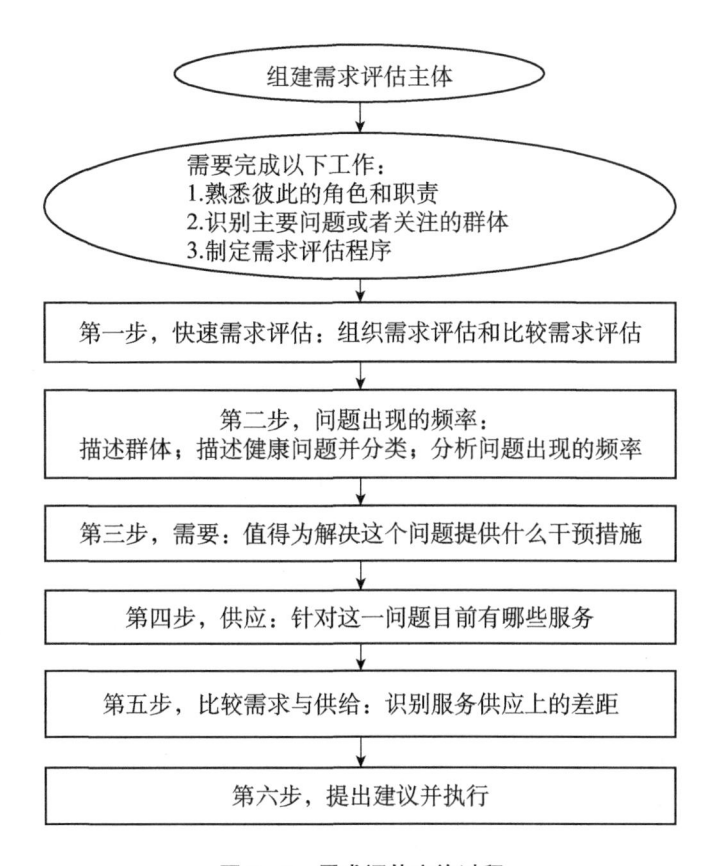

第九章　从购买到委托：英国公共服务提供机制的变化 | 245

```
         ┌─────────────────────────┐
         │    组建需求评估主体       │
         └─────────────┬───────────┘
                       │
         ┌─────────────▼───────────┐
         │  需要完成以下工作：      │
         │  1.熟悉彼此的角色和职责   │
         │  2.识别主要问题或者关注的群体│
         │  3.制定需求评估程序      │
         └─────────────┬───────────┘
                       │
```

第一步，快速需求评估：组织需求评估和比较需求评估

第二步，问题出现的频率：描述群体；描述健康问题并分类；分析问题出现的频率

第三步，需要：值得为解决这个问题提供什么干预措施

第四步，供应：针对这一问题目前有哪些服务

第五步，比较需求与供给：识别服务供应上的差距

第六步，提出建议并执行

图 9-3　需求评估实施过程

资料来源：GLASBY J. Commissioning for health and well-being: an introduction. Bristol: Policy Press，2012.

（二）服务规划与具体行动

建立在需求评估与市场分析的基础上，公共服务委托进入第二个阶段——服务规划与具体行动。该阶段包括选择服务结果实现机制、采购服务和塑造市场三项工作。选择服务结果实现机制包括列出服务结果实现方式清单以及选定服务实现方式，采购服务则要与供应者建立以合约为基础的关系，进而塑造市场。

1. 选择服务结果实现机制

公共服务委托不是用最小成本提供更多服务，而是由服务结果出发选择最合适的服务结果实现方式，甚至通过管理消除服务需求。"公共服务委托如何达成服务结果"这一问题可理解为：如何从源头上化解服务产生的诱因以及如何满足无法避免且已形成的服务需求？

通过改变个体行为和生活方式来延迟服务需求，或者鼓励个人为公共服务提供资源的"需求管理"已成为英国公共服务委托的一个关注点。英国卫生部规定治疗前需要进行"需求管理"。在卫生服务中，全科医生握有转诊权，能通过提供建议和其他医疗信息影响病人的认知及服务需求，而在社会服务领域，社会工作者有权力判定个体是否有资格获取服务，并且是民众获取服务信息的主要来源。这些都为一线工作人员提供了管理公众需求的机会。

面对不可避免的服务需求，政府既可以直接生产服务，也可以利用民营化和市场化机制外包服务，相邻政府还可以协作提供公共服务。基于服务特性和合约管理难度的交易成本分析、市场状况、公共利益的相关性、民众参与意愿、政府所秉持的核心价值以及社会主导意识形态、服务供给经验等都会影响到服务供给方式的选择。具体来说，资产专用性越高、合约细化及监督难度越大，服务越不适宜外包；较高程度的市场竞争状况导致了较低程度的公共生产和政府间协议以及较高程度的私人购买，而财政压力越大，政府越倾向于将服务外包出去[1]；民众参与意愿越强，服务越倾向于外包给非营利组织或政府间合作供给，而不是外包给营利部门[2]；支持新公共管理原则的政府倾向于竞争性服务购买，左派政府更青睐服务内部生产，而新右派则青睐"没有政治家的福利制度"，"当权者们一年开一次会，发放服务合约，把剩下的工作留给'市场魔力'"[3]；小的乡镇很少使用竞争性招标，大都市政府倾向于内部采购服务，较少使用政府间协议，更多利用非营利部门[4]。

面对上述服务供给方式，公共服务委托要进行选择评估，列出达成服务结

---

[1] BERTACCHINI E, NOGARE D C. Public provision vs. outsourcing of cultural services: evidence from Italian cities. European Journal of Political Economy, 2014 (35).

[2] HEFETZ A, WARNER M E, VIGODA-GADOT E. Privatization and intermunicipal contracting: the US local government experience 1992—2007. Environment and Planning C: Government and Policy, 2012, 30 (4).

[3] DEAKIN N, WALSH K. The enabling state: the role of markets and contracts. Public Administration, 1996, 74 (1).

[4] HEFETZ A, WARNER M E, VIGODA-GADOT E. Privatization and intermunicipal contracting: the US local government experience 1992—2007. Environment and Planning C: Government and Policy, 2012, 30 (4).

果实现方式，比较成本、绩效表现以及对服务结果的影响。最终选择可能是取消服务、创建公私伙伴关系、将服务转交给外部供应者，或者重组以及重新定位内部服务等。一旦完成了对各种备选方案的评估，公共服务委托就进入了采购服务阶段。

2. 采购服务

当服务结果的达成依赖于提供公共服务时，采购服务就成为公共服务委托的核心工作。采购服务是技术性与政治性并存的复杂过程，"选择合适的供应者"、"与供应者建立合约关系"以及"执行和监督合约"是这一过程的三个关键节点。

(1) 选择合适的供应者。

遴选合适的供应者是英国公共服务委托的重要节点。这一工作不仅决定了服务质量和效率，还关乎市场塑造的成败。

按照竞争程度，采购服务分为竞争性采购和非竞争性采购两种。竞争性采购采取最优战略搜索与选择供应者；以谈判与体制内外包为代表的非竞争性采购则采取渐进主义，即采用可靠的常规程序，在熟悉的供应者之间有序搜索能够满足政府需求的组织及其服务。一般情况下，公共服务市场是由一家买方（政府）和少数几个生产者组成的准市场。比如凯特尔曾指出，在美国马萨诸塞州精神健康服务领域，由州政府发出的每份投标建议书平均收到的回复只有1.7个，而在2/3的"竞争性"投标合约中，只有一家供应者做出了回应，另外15%的合约也只有两家做出了回应。[1] 公共服务的特性及市场状况使非竞争性采购得到广泛使用。基于以上情况，公共服务委托没有将供应者限定在外部，而是给予内部组织同样的机会。建立在关键利益相关者参与基础上，公共服务委托可能会选择内部供应。[2]

(2) 与供应者建立合约关系。

合约是规范双方关系的重要机制。形成共同接受、有助于服务结果达成的合约是公共服务委托采购服务阶段的另外一项中心工作。公共服务委托需要判断合约的完备程度，并通过机制设计缓解交易中的逆向选择风险。

---

[1] 凯特尔. 权力共享：公共治理与私人市场. 北京：北京大学出版社，2009.
[2] BOVAIRD T, DICKINSON H, ALLEN K. Commissioning across government: review of evidence. Birmingham: University of Birmingham, 2012.

完备合约的优势在于具有较强的包容性及强制约束力。它能预测所有交易偶然性并制定解决方案，存在第三方保证合约的强制执行。充分竞争的市场、畅通的价格机制以及充分的信息是完备合约的使用条件。然而，完备合约中过于细化的条款也可能降低主体间的信任，提高监督和检查等交易成本，使组织变得过于机械化，而不能灵活应对变化。[1] 有限理性、环境的复杂性和不确定性、信息不对称和不完全为不完备合约提供了空间。当交易双方存在互惠互信关系时，不完备合约因其低交易成本和高灵活性更容易成为交易双方的选择。公共服务委托中的采购服务环节承载着多种政策目标。政府要根据不同政策需要利用合约。比如，政府可以利用标准合约为服务供应者降低进入障碍和减轻行政负担，也可以在合约中加入社会条款，进而鼓励服务供应者创造社会价值。政府还能通过合约文本管理，在标准文本和通用合约条件下，利用附加条款，给合约双方一定自由磋商的空间。

根据所购商品和服务的质量，市场中的商品和服务可以被划分为查验类商品、体验类商品和信任类商品。查验类商品的质量在购买之前就可以进行评判，体验类商品只有在消费之后才能评估质量，而信任类商品则无论在消费之前还是消费之后都很难评估质量的高低。很多公共服务属于体验类商品甚至信任类商品。在服务采购之前，政府很难评估服务质量，交易中存在极大的逆向选择风险。合约谈判应该采用各种机制化解由逆向选择引发的机会主义倾向，比如在合约中设置基于绩效的补偿条款，用短期合约替代长期合约，提供有条件的续约激励，利用品牌荣誉将供应者的业内声誉作为选择供应者的参考因素，在服务供应期间掌握供应者服务团队变动情况等。[2]

（3）执行和监督合约。

公共服务采购具有不同于一般服务购买的特殊性。"理解苹果产权转移的交易模型显然不适用于检验有关病人护理的合约。"[3] 比如，为了保护服务使用者权益，政府有基于公共利益的单方掌控权。而政治环境则增加了合约管理的难

---

[1] HOOD C. The "new public management" in the 1980s: variations on a theme. Accounting Organizations & Society, 1995, 20 (2-3).

[2] GLASBY J. Commissioning for health and well-being: an introduction. Bristol: Policy Press, 2012.

[3] MCMASTER R, SAWKINS J W. The contract state, trust distortion, and efficiency. Review of Social Economy, 1996, 54 (2).

度。特别是随着关系的发展，很多政府的工作人员成为专业协会会员或者私人代理机构工作人员的朋友。① 政府与服务提供者之间形成了"由一系列含蓄或明确的原则、准则、规则和决策程序构成的管理体制"。

公共服务委托需要重视关系性规范的作用，综合使用包括法律在内的正式规则以及以关系为代表的非正式规则。"规则要想真正成为行为的边界则必须得到非正式规则的强化和支持。"② 共同遵守的价值规范提供了一个降低交易成本、与难以预料的政治世界和服务市场打交道的方法。为保证合约履行，政府要构建与正式规则一致的社会利益与认知结构，建立遵循规则的社会期望，学习使用非正式的监督机制（如社会监督③）。

有效的合约监督还需要构建更为开放的合约管理体系。比起购买服务，公共服务委托的监督和检查不再是发生在合约双方之间的"封闭关系"，而是向利益相关者开放，关注的是政策、行动在满足人群需要方面是否有效。④ 因此，合约履行以及合约监督应该为公众尤其是服务对象及其家庭提供更多参与机会，从而使合约监督建立在更加真实的服务体验基础上。

3. 塑造市场

公共服务市场是能满足公民需求的全部产品与服务的集合，反映的是公民能够利用政府资助或者自有资源做出的选择。塑造市场指的是公共服务委托的主体与合作伙伴（包括服务使用者、照料者和家庭）共同促进服务市场的发展。该市场涵盖包括由国家提供的服务、地方政府直接提供的服务、个体自我提供的服务以及三种服务的混合。塑造市场的目的是培育多样且高质量的服务生产者，使服务市场充满活力，实现可持续发展。市场塑造源于对服务供给多样化以及服务个性化的诉求，它促使公共服务委托从购买服务转向促进供应者市场的发展，从而为民众提供选择和控制权。

---

① KRASNER S D. Structural causes and regime consequences: regimes as intervening variables. International Organization, 1982, 36 (2).

② SMITH S R. Transforming public services: contracting for social and health services in the US. Public Administration, 1996, 74 (1).

③ 社会监督是指政府在合约管理的过程中与供应者逐步建立信任，寻找共同接受的价值规范，从而减少供应者的投机行为。

④ MURRAY J G. Towards a common understanding of the differences between purchasing, procurement and commissioning in the UK public sector. Journal of Purchasing and Supply Management, 2009, 15 (3).

市场塑造既可以通过政府直接采购服务来实现，也可以通过向第三部门提供创新激励和资助等其他干预措施来实现。塑造市场要围绕实现服务结果，提升服务质量，最终建设一个开放而有效的市场，确保服务的连续性。首先，从供给与需求侧共同发力，与利益相关者一起预测服务需求趋势，向供应者指明当下及未来所需的服务类型，鼓励服务创新、投资及持续改进，并通过提供信息和建议等使自我购买服务的公民作出更好的消费决策；其次，设定市场进入门槛对供应者进行筛选，确保供应者质量，引导供应者的行为；最后，利用谈判优势和价格机制，引导供应者的分配及发展计划。

《市场状况分析》是当前英国地方政府塑造市场的重要工具。以英国伯明翰为例，政府每年或者每两年发布一份《市场状况分析》，向在伯明翰地区提供照顾服务的组织披露地方政策环境、国家政策环境、服务类型、本地人口及需要分析、目前服务供给状况分析以及其他未来政府工作重点等信息。《市场状况分析》由此被视作"市场发展和催化战略的核心"，向供应者阐明了未来政府服务发展方向，短期看能帮助供应者有效制订商业发展计划，做出前瞻性投资决策，降低了资源浪费风险，长期看则有助于建设和培育一个能有效承载政府公共服务战略意图的供应者市场。

塑造市场是一项长期而艰巨的系统性工作，单靠政府很难实现。因此，公共服务委托的政策主体要区分传统的服务购买角色与"场所塑造者"角色，学会与包括供应者、公民、不同政府部门在内的利益相关人协同合作，充分利用各种已有的服务标准、公民权利法规、最低工资要求等政策工具，构建、培育、促进多元而有活力的服务市场。

（三）服务评估与风险管理

英国工作和养老金部采取"总供应者＋按结果付费"方式的"工作项目"组织就业服务。"工作项目"通常持续5～7年。2013年，整个英格兰、苏格兰和威尔士地区被划分成18个大型合约包干区，签订了40个独立合约，分给18个供应者。2014年工作和养老金部对"工作项目"及其公共服务委托过程进行了评估。观察此次评估的设计、组织和实施有助于理解英国公共服务委托的服务评估与风险管理。

1. 服务评估

公共服务委托评估包括公共服务委托实施过程评估以及具体项目评估两个

层次。公共服务委托实施过程评估关注公共服务委托对市场结构及供应者决策、对服务生产过程及用户结果的影响。

(1) 公共服务委托实施过程评估。

2014年"工作项目"评估使用深度定性访谈与定量数据分析,为评估提供了坚实的证据。因利益相关者的深度定性访谈可提供更为整体而细致的信息而受到青睐。比如第二次调研深度访谈了43位供应链外的组织、99位分包者、25位工作和养老金部和就业中心工作人员,以及所有总供应者的主管或者高级经理。第三次调研深度访谈了17位解除合约的供应者、77位总供应者及分包者、12位工作和养老金部成员。此外,评估还对所有分包者开展了在线定量问卷调查,2013年增加了对全国性以及合约分包层面供应者市场数据的分析,并对市场占有率及市场集中程度做了定量分析。

此外,为了了解公共服务委托对供应者决策的影响,评估还调查了没有参与招投标、投标但没有中标以及放弃合约等三类供应者。针对公共服务委托实施过程的评估需要观察其对市场的历时性影响。公共服务委托对市场及其决策行为的影响具有时滞性。由此,为解决政策时滞性,更准确地判断项目期间的市场变化,首先,"工作项目"评估有意识地对前一阶段调查对象(比如因为各种原因没有进入服务供应链的供应者)进行了追踪调查;其次,在最后一次调查时还补充调查了离开"工作项目"的供应者。

(2) 具体项目评估。

具体项目评估同时针对供应者和服务使用者,通过评定参与者的体验以及服务结果来考察服务的有效性。一方面,对服务生产情况进行评估。该评估通过观察服务供应者的咨询顾问向民众提供建议的情况、对就业中心的员工和政府的项目管理经理的定性访谈以及对在线供应者的调查等三种方法识别服务提供情况。供应者调查的重点是探究不同供应者的异同以及就业中心与供应者的合作情况,关注服务的生产情况、供应者财务模式的影响、培训和在职支持的提供情况以及雇主的参与情况。项目参与者调查的重点是民众的服务体验、对服务的看法、服务针对性和效用以及民众的项目获得感。调查重点不是项目促进就业的短期效果,而是供应者与用人单位一起支持项目参与者持续就业情况。另一方面,对服务结果和影响进行评估。服务结果和影响评估需要借助计量经济学分析,通过考察哪些供应者特征(如供应者构成以及性质)产生了更好的绩效表现、哪些项目参与者从中获利最多、地区特征(例如地方劳动力市场状况)对服务生产与绩效影响有多大等问题,从中识别影响供应者工作有效性的各类变量。

通过分析"工作项目"评估工作,可以得出如下启示:第一,服务评估要超越合约履行情况及服务绩效评估,对服务全过程进行有效监督。特别是英国公共服务委托强调通过塑造市场积极引导市场发展的效果很难在短时间内体现,因此需要进行多段评估,考虑时间推移而发生的各类影响。政府全过程合约管理能力正在变得日益重要。第二,公共服务存在营利性私人部门、志愿组织及公共部门等多元供应者,多层委托-代理关系进一步增加了评估难度。服务使用者及其家庭是直接消费者,但其一般情况下很难用支付意愿表达需求;服务供应者距离服务使用者最近,但当其依赖公共资金时,往往不会对服务使用者做出及时回应。因此,有效的评估需要精心设计数据来源,综合使用定性与定量研究方法,从多角度、多层次展开分析。

2. 风险管理

困境中的公民能否获得必要帮助和支持是衡量社会文明程度的重要标准。服务是否持续是影响消费体验和福利水平的重要因素。持续性既指拥有相对固定、彼此信任的照料者,也包括能在市场上找到满足自身需要的服务供应者。随着可替代方式的使用,在财政缩水以及政策创新共同作用下,公共服务的可持续性受到挑战。防范和应对市场失败的风险管理成为公共服务委托实施过程的重要一环。公共服务市场失败包括供应者失败和商业失败。前者指"供应者不能履行合约,没有能力按照一定标准提供服务"。后者是指"供应者因为财政困难,不能持续提供服务"。2016年英国的一份调查显示,77%的地方政府表示,曾经遭遇过某些类型的供应者失败,其中63%的地方政府至少经历过一次机构照顾失败,48%的地方政府经历过居家照顾失败,5%的地方政府在特殊照顾中遭遇过供应者失败。[1]

供应者失败不一定导致服务中断。如果因天气或者无法续租办公场地等临时性诱因造成服务中断,那么一旦临时性诱因得到解决,供应者还可以提供服务。与此相反,商业失败将使服务使用者无法得到服务。虽然市场失败是供应者持续改进绩效的重要激励方式,但其往往导致资源错配并侵害消费者权益。

---

[1] Care and continuity contingency planning for provider failure. (2015-10). https://www.adass.org.uk/media/4213/care-and-continuityfinal.pdf.

面对市场失败，一方面，政府要建立监督机制，及时捕捉风险信号，做好预警；另一方面，政府要采取有效措施，将影响和破坏降到最低。

（1）建立预防及监督机制。

首先，建立主要供应者清单。在公共服务委托中，政府从服务的直接提供者变成"地方塑造者"。定期进行的市场定位陈述能够帮助政府识别面临困难的供应者，建立不同服务领域的主要供应者清单。

其次，制定紧急预案。好的紧急预案不但能迅速调动相关资源，妥当处理市场失败，避免不可抗力诱发的临时性服务中断演变成严重的质量或者财务失败，更重要的是能减少对服务使用者的影响。匆忙进行、没有准备的临时安置会给服务使用者的生存、身体或精神健康带来更大的风险。[1] 2014年英国相关法律规定，2015年底之前所有的地方政府都必须准备好风险预案。想要有效发挥紧急预案的作用还应畅通与供应者之间的信息交流，使其知晓可得到的帮助与扶持，鼓励其及时联系政府的合约管理和服务采购部门。

再次，建立服务质量及供应者能力监督体系。组建包括社会工作者、合约经理、服务使用者代表在内的质量监督团队，及时搜寻和汇总服务质量及供应者信息。社会工作者长期与用户及供应者打交道，掌握了更为丰富且真实的信息，对供应者运作情况也更为熟悉；合约经理具有定期走访供应者收集相关信息的职责；使用者拥有最为真实的用户体验。三者搭配可以从不同角度及时掌握服务和供应者的信息。

最后，加强与服务规制机构的信息交流与共享。比如监管质量委员会作为英国卫生与社会服务的全国性监管机构，负责医院、疗养院、居家照顾机构等多种服务供应者的注册、服务质量评定。该监管机构具有从供应者那里获得所需信息的权力。有失败风险的供应者需要制订改进计划并接受该监管机构的监督。一旦该监管机构认为该计划无法有效化解失败风险，就会通知受影响的政府。除此之外，该监管机构有针对供应者的定期分级制度。信息共享、风险预警和定期分级等都为政府提供了掌控供应者动态的晴雨表。

（2）妥善处理市场失败。

当供应者因为财政困难而无法继续提供服务时，政府首先要搞清楚市场失

---

[1] Care and continuity contingency planning for provider failure. (2015-10). https：//www.adass.org.uk/media/4213/care-and-continuityfinal.pdf.

败的波及范围,在不同人员和部门间配置决策权、通报情况,明晰需求评估的内容以及短期和长期的应对方法。

具体来看:第一,要组建一支高水平的专业工作团队。第二,赋予受影响的个体、家庭以及护工参与权,对个体进行全面需求评估,帮助他们克服由市场失败产生的不确定性影响,给予其充足的反应时间。重新安排服务后,政府还应该对受影响的个人进行持续的观察,评估重新配置服务对他们的影响。第三,与供应者、相邻政府保持联系,尽快弥补市场空白。第四,在发生重大市场失败时,上级政府的支持有助于形成危机处理的合力。比如英国相关法律规定,当供应者出现严重问题且影响超过了某一政府范围时,四个主要的国家组织——照顾质量委员会、卫生部、成年社会服务部长联合会、地方政府联合会将给供应者和受影响的政府提供支持,必要情况下还会提供指导。

面对市场失败,政府犹如"救火员",但处理不当反而会恶化事态。政府应该谨慎采取如下行为:设置服务禁令或者暂停机构接收顾客;改变服务绩效标准或者在质量标准上采取前后不一的态度;可能挫伤一般公众、供应者员工以及服务使用者对供应者信任的不恰当沟通。除此之外,太快全面实施紧急预案或者要求供应者提供额外的信息都可能给供应者的管理层和员工增加额外的负担。因此,在处理市场失败时,政府应该把握好工作节奏,充分警惕政府行动可能给供应者带来的二次破坏。

综上所述,需求评估与市场分析、服务规划与具体行动、服务评估与风险管理三个阶段前后衔接、循环往复,构成了英国公共服务委托的实施过程。与购买服务相比,除了强调全过程的生命周期外,公共服务委托的每个实施阶段都呈现出不同特点。

首先,需求评估与市场分析是信息输入与目标确定,其为后续的活动指明方向。一般来说,购买服务开始于购买决策之后,将既定的服务结果通过购买行为转化为具体服务,更多是手段选择,无法有效回答是否需要回应服务需求、能否通过提供服务之外的方式满足需求等问题。英国公共服务委托从需求评估与市场分析入手,使政府能更准确地描述服务供给差距,为确立政策目标、制订行动计划提供基础。

其次,服务规划与具体行动需要根据服务类型、制度环境、财政状况、市场状况等综合评估和选择服务实现方式。与购买服务相比,英国公共服务委托破除了对正式合约的迷信,接受了"社会关系在所有交易中都具有嵌入性"的观点,将关系性治理视作与市场和科层并列的第三种管理模式,重视综合使用包括法律、关系在内的手段管理供应者关系;重点开始从详细界定购买服务的条款转向提供供应者清单,塑造市场,为满足民众需求和提升整体福利创造更多可能。

最后,英国公共服务委托扩大了服务评估的范围,不仅关注具体服务对民众的影响,而且探讨公共服务委托实施过程对市场结构和性质、服务供应者决策过程的影响。引入了"风险管理"的概念,在服务连续性原则的指导下,建立了包括风险预防、监督以及市场风险应对机制在内的风险管理体系。

四、英国公共服务委托的启示

英国公共服务委托源自政府提供以及购买服务,强调政府对公共服务实施前瞻的全系统管理,倡导服务结果导向和顾客导向,呼吁提供个性化的整合服务,这对于改善我国公共服务供给现状具有一定的启发。

(一)提升政府公共服务管理能力

英国公共服务委托的首要启示是要加强政府对公共服务实现过程的主导,提升政府公共服务管理能力。

第一,要打造能促型政府。能促型政府是英国公共服务委托的重要理念支撑。它意味着政府需要"确保公共服务提供但不一定直接生产",偿付方式从直接拨款向间接支出转型,目标从保护个体转向保障个体工作的机会和权利。可以说,能促型政府的定位是机制创新松绑,这也对政府提出了更高的要求。政府要积极为社会力量、个人和家庭的参与创造条件。以养老服务为例,为鼓励家庭照顾,英国不仅通过立法来保障照料者权益并提升其生活质量,而且培训和补助对在家照顾长期卧病、生活不能自理老人的子女。一方面,能促型政府的打造需要借助新一轮行政审批制度改革,明确政府的活动边界,勾画主体间关系;另一方面,政府需要构建完备的政策支持系统。以养老服务为例,除了大力弘扬孝道、宣传孝心人物等社会倡议外,还应该建立家庭照料者权益保障的制度体系,试点家庭照料者经济补偿制度,并有意识地引导社会力量投入家庭照料者支持服务工作。

第二,加强专业公共服务管理队伍建设。人力资源是英国公共服务委托政策框架的重要支持系统之一。加强公共服务管理队伍建设成为提升政府公共服务管理能力的必然要求。当前不论是采购人员资格认证制度，还是服务购买的问责制度都只涵盖了公共服务管理队伍中的一类。下一步，政府应该将重点放到知识管理上，通过构建完备的知识生产、交流、扩散和利用机制，协同相关知识，共同促进服务结果的达成。具体来看，落脚到特定服务领域、服务项目和地域，可以在按照公共服务委托政策框架梳理出政府可利用的人力资源存量的基础上，采取问题导向的"虚拟组织"结构。对于组织内缺失的高端采购人员、技术人员、谈判专家、评估专家等，政府可以考虑外聘。

（二）鼓励利益相关者的参与

党的十九届四中全会指出，"坚持人民当家作主，发挥人民民主，密切联系群众，紧紧依靠人民推动国家发展"，这是我国国家制度和国家治理体系的显著优势。由于发展阶段与发展水平的限制，政府作用得到了较为充分的发挥，一般民众、服务使用者、服务生产者没有得到充分重视。公共服务主要靠财政资源和公用资产，公民被动接受服务，自我管理和自我服务尚未得到充分调动。借鉴英国公共服务委托的做法，应从重视服务使用者入手，推动政府部门间合作，鼓励服务供应者参与。

首先，用制度明确相关主体的权责利。在英国，获取公共服务是一项公民权，提供公共服务是政府的法定义务。政府一旦无法履行公共服务的义务，公民有权请求公权力机关介入。当前我国已经出台了包括《中华人民共和国残疾人保障法》《中华人民共和国老年人权益保障法》《中华人民共和国妇女儿童权益保护法》等法律法规，接下来各服务领域应以制定实施细则和行动指南为重点，在充分考虑我国公序良俗、文化传统及现实条件的基础上，明确国家应该提供哪些扶持和帮助，公民应该承担什么义务，作为社会最小构成单位的家庭应该扮演什么样的角色。

其次，拓展公众参与渠道。褚蓥认为，我国公共服务购买中公民的缺位以及行政力量对社会力量的替代将"公民-政府-供应者"的双层委托-代理关系单层化，产生了受托方和委托方都可能承担沉没成本的"二难命题"。[①] 发动社

---

① 褚蓥. 政府购买服务中的沉没成本"二难命题"及其对策. 华南师范大学学报（社会科学版），2017（1）.

力量参与市场治理是破解"二难命题"的措施之一。为此,一方面,要推动人大以及政协制度改革,为公众参与提供自上而下的保障;另一方面,健全基层群众自治制度,让其成为公众参与的练习场和实践地。同时,提升全社会健康和福利意识,鼓励形成健康且可持续的生活方式,支持自我帮助、自我管理。

再次,推动部门合作。英国公共服务委托认为部门协同合作是解决界限不清、原因不明、性质不定的"棘手问题"的必然要求,能有效提升公众服务体验,增进整体福利。行政服务中心将公众与不同政府部门的单点多次交往简化为单点单次互动;职能部门间的"联合办理制"也成为重要的横向协作机制。未来应从提升现有机制效能入手,打破部门间的隐形鸿沟。当前,行政服务中心面临着法律地位不明确、定位模糊不清、设置与管理缺乏统一规范等诸多问题。授权不充分以及日常协调功能差等问题使行政服务中心成为集中办公场所和"文件收发室"。政府职能和组织结构的根本性变动是发挥行政服务中心潜能的保障。

最后,鼓励供应者参与。英国公共服务委托认为要打造多元且有活力的市场,发挥各类组织的比较优势。不同类型的供应者应该与政府合作,为需求评估、服务设计贡献力量。面对服务供应者,政府既不过分亲密,克服行政性干预导致的社会组织去志愿化、非专业化和价值偏移等问题,规避腐败风险;又要综合使用契约治理机制与关系治理机制,以制度化互动机制为骨架,以柔性治理为血肉,通过市场塑造为各类组织提供政策体系支持、场所和设备帮助,促使各类组织发挥专长,以优质公共服务实现服务结果,提升人民群众的福祉。

(三)构建服务供给的循环周期

当前我国公共服务的需求评估与服务规划较为薄弱,"一买了之"现象突出,招投标和合约签订受到较多关注,而服务全过程的监督和控制则有待加强。党的十九届四中全会明确提出,"坚持关注生命全周期、健康全过程,完善国民健康政策,让广大人民群众享有公平可及、系统连续的健康服务"。以英国公共服务委托为镜,未来应着力构建服务供给的循环周期。

第一,要重视需求评估。当前需求评估主要针对服务需求个体,既缺乏对服务人群整体人口统计数据、人群所处地区及社会环境的把控,也缺乏对市场的分析,在需求评估时,缺乏对公民自身作为的思考。未来除了持续推进针对个体的标准化评估外,还应该建立主管部门领导、整合相关部门及各方代表的人群需求评估小组，利用大数据技术汇集人群、地区各方面信息，从源头上思考资源配置问题。

第二，要加强公共服务实现过程的评估。该评估重在衡量公共服务实现过程及其制度设计对服务市场的结构和性质、供应者决策和服务生产行为以及用户结果的影响。以养老服务为例，当前我国评估仍然针对中标机构或者提供者，偏重服务结果，较少针对政府及其活动的绩效。包国宪、刘红芹明确提出，政府购买养老服务过程的效率、效益和质量是影响服务绩效的重要变量，与养老服务同样重要的是政府选择服务生产者的过程。[1] 黄佳豪将与购买服务相关的政府部门列为评估对象。借鉴英国公共服务委托的经验，为了有效实现公共服务，除了围绕服务具体生产方式积极探索服务质量、服务体验、服务结果等方面的评估外，还应该尝试建立政府履行公共服务职责的评估体系和问责机制，形成常规性的反省、自查制度。[2]

（四）发挥信息技术的支撑作用

信息技术使信息传播方式由集中单向变成分散多向。信息技术极大地推动了公共服务委托的发展。一方面，借助新技术，公众可以更方便地表达个性化且多样化的服务需求；另一方面，信息技术推动了信息共享，优化了决策。比如，服务使用信息被汇集到同一平台，相关部门能用身份识别号调取和使用，推动了基于大数据的政策创新；服务咨询、建议、供应者等信息被汇总，并通过设计优良的界面推向公众，方便了公众决策。英国公共服务委托在信息技术方面的启示主要包括以下几点。

第一，要将信息技术与政府流程再造相结合，从而为优化公共服务、增进群众获得感提供新机会。2016年国家发展改革委、财政部、教育部、公安部、民政部等10个部门共同制定了《推进"互联网＋政务服务"开展信息惠民试点实施方案》。该方案以服务流程、服务模式、服务渠道和群众办事满意度为改革对象，计划经过两年左右的时间在试点地区实现"一号一窗一网"，吹响了利用互联网重塑公共服务实现方式的号角。

第二，要利用信息技术打造"网络政府""平台政府"，实现治理模式升级。

---

[1] 包国宪，刘红芹. 政府购买居家养老服务的绩效评价研究. 广东社会科学，2012（2）.
[2] 黄佳豪. 地方政府购买居家养老服务评估研究：以合肥为例. 理论与改革，2016（2）.

丁元竹提出，"'平台政府'不是简单地使用信息技术，而是要实实在在改变自己的工作流程"[①]。目前我国技术发展和基础设施建设等日益成熟，但在利用信息技术实现政府决策和执行透明化，加强服务监督和评估以及信息共享方面仍有很大的发展空间。公共服务委托之所以能在英国卫生服务领域率先得到推广，离不开初级照顾与二级照顾之间的信息共享和互通。一旦接受了转诊病人，大医院的医生就能获取患者病历，而病人离开医院后相关治疗信息也会共享到全科医生那里。发挥信息技术的支撑作用需要打破部门分割的信息平台，形成大数据分析优势，从而为整体治理提供可能。

第三，要借助新信息技术创新公共服务供给。2011年《中国老龄事业发展"十二五"规划》明确提出要加快居家养老服务信息系统建设。这为信息技术的应用提供了制度保障。下一步要加强数据的挖掘和使用，让基于市场交易信息的大数据分析帮助政府更准确地掌握所采购服务和产品的市场价格区间，增强政府议价能力，更好地提供公共服务。

保证公共服务的有效供给是政府的职责，也是其合法性的重要来源。随着公共服务市场化改革热潮的全球性消退，各国政府开始调整政策，更加理性地看待购买服务和合约外包。在英国，这种调整表现为公共服务委托。英国公共服务委托的关注点从服务产出转向服务结果，服务过程变得更为开放和多样，政府正在努力成为能促者。英国公共服务委托是破解市场化改革困境的途径之一，其贡献体现在如下几个方面：首先，全要素视野。英国公共服务委托强调同时关注以政策主体为核心的管理体制及其能力建设、政策对象子系统的管理与调动，以及围绕核心目标而进行的供应体系营造。公共服务不再是政府提供、公民消费的服务，而是政府、公民和各类组织共同努力、增进全体成员福利水平的事业。其次，全生命周期观点。英国公共服务委托认为作为公共服务的最终责任人，政府不仅要决定通过"购买还是生产"来获取公共服务，还要评估服务需求以及满足需求的方式，更需要回溯性分析服务实现过程以持续改进服务。得益于全生命周期的观点，各主体以数据平台与信息系统作为支撑，相继选择各种工具和机制达成服务结果。最后，重视政府的战略规划和指导作用。英国公共服务委托需要重新设计公共部门的组织形式与责任。政府既不能枉顾服务个性化和社群参与，逗留于政府主导的窠臼，用命令控制方式垄断服务；

---

① 丁元竹. 积极探索建设平台政府，推进国家治理现代化. 经济社会体制比较，2016 (6).

也不能像运作公司那样管理政府，仅关注经济价值和服务底线，将提供服务授予私人公司。政府要鼓励个人和家庭管理自身、分担责任，改变双方合约式的交换关系。这就意味着政府要了解服务结果的影响因素，知道如何调用公民参与，增强与其他组织的伙伴关系，要跳出需求评估和购买服务，成为促进多方互动的能促者。

英国对政府战略性主导作用的强调，对利益相关方的吸纳以及对信息技术的利用为我国深化公共服务改革提供了多重启发。进入 21 世纪，中国公共服务购买如火如荼，但从总体上看，定向购买仍然是占主导地位的服务购买方式；市场主体发育尚不成熟，政府培育市场的行政干预手段对社会组织的独立性和专业性产生了外溢性；民众性格内敛，习惯依靠个人、家庭或者家族力量化解风险，制度化参与渠道不完善，不利于公众准确发声。搭乘新一轮信息技术的东风，有选择性地借鉴英国公共服务委托的经验，将有助于新时期更好地满足人民群众日益增长的美好生活需求。

后　记

　　20世纪最后20余年的新公共管理运动催生了"合约制政府""契约型国家"，催生了公共治理的新模式，合约制成为国家治理的一种新方式。诚如库珀在《合同制治理：公共管理者面临的挑战与机遇》一书中所言，在当代，政府改革趋势和发展的一个共同点，就是通过政府机构来行使政府权力的行动转向通过合约来治理。在我国国家治理体系和治理能力现代化实践中，合约制治理方式得到了日益广泛的应用，其理论与实践价值凸显。

　　本研究团队关注合约制治理领域的理论研究进展和实践应用，进行了多项相关研究，特别是承担了2014年度国家自然科学基金项目"作为一种国家治理新方式的合约制：机制设计与有效性检验"的研究工作。本书汇集了该项目的部分研究成果，旨在探讨作为一种国家治理新方式的合约制在推动国家治理体系和治理能力现代化过程中的作用、内容、范围和具体方式。

　　本书是集体合作研究成果，具体编写分工为：第一章，陈振明；第二章，陈振明、贺珍；第三章，谭康林；第四章，黄颖轩；第五章，赵旦；第六章，张乐；第七章，王友云；第八章，李倩倩；第九章，张婷。

　　合约制治理是一个重要而复杂的研究领域，尽管我们的研究取得了一些进展，但仍然存在诸多的问题和不足，有些拟研究的专题并未充分展开，只能留待后续研究来解决。书中难免有不足之处，敬请读者批评指正，以期不断修订和完善！

陈振明

图书在版编目（CIP）数据

合约制治理：一种国家治理的新方式/陈振明等著.
北京：中国人民大学出版社，2024.6. --（公共治理研究丛书）. -- ISBN 978-7-300-32533-0

Ⅰ.D630.1

中国国家版本馆 CIP 数据核字第 2024UA4237 号

公共治理研究丛书
合约制治理：一种国家治理的新方式
陈振明 等 著
Heyuezhi Zhili: Yi Zhong Guojia Zhili de Xinfangshi

出版发行	中国人民大学出版社		
社　　址	北京中关村大街 31 号	邮政编码	100080
电　　话	010-62511242（总编室）		010-62511770（质管部）
	010-82501766（邮购部）		010-62514148（门市部）
	010-62515195（发行公司）		010-62515275（盗版举报）
网　　址	http://www.crup.com.cn		
经　　销	新华书店		
印　　刷	唐山玺诚印务有限公司		
开　　本	720 mm×1000 mm　1/16	版　次	2024 年 6 月第 1 版
印　　张	16.75 插页 2	印　次	2024 年 6 月第 1 次印刷
字　　数	278 000	定　价	88.00 元

版权所有　侵权必究　印装差错　负责调换